ADRIENNE MENDELL

Erfolgsstrategien für Frauen im Beruf

Buch

Frauen, die in ihrem Beruf erfolgreich sein wollen, sollten die ungeschriebenen Regeln des »Spiels« kennen. Um auf dem beruflichen Spielfeld ihre eigenen Wege zum Erfolg finden zu können, hilft es, wenn sie zunächst das Verhalten ihrer männlichen Kollegen verstehen. Konkurrenzdenken und Erfolgsstreben, Stärke und ein gewisses Maß an Aggressivität stehen in der Regel in engem Zusammenhang mit dem beruflichen Erfolg, schreibt Adrienne Mendell.

Aus ihrer Arbeit mit berufstätigen Frauen, die von geschlechtsspezifischen Rollenproblemen betroffen sind, und aus dem Verhalten erfolgreicher Männer hat die Autorin sieben Regeln abgeleitet, die allen Frauen als Grundlage ihrer persönlichen Erfolgsstrategien dienen sollen.

Autorin

Adrienne Mendell ist als Psychotherapeutin spezialisiert auf geschlechtsspezifische Probleme am Arbeitsplatz. Für betroffene Frauen bietet sie Seminare und spezielle Programme auch für Kleingruppen an. Sie lebt in Philadelphia. In ihrer Freizeit leitet sie Segelkurse.

ADRIENNE
MENDELL

Erfolgsstrategien für Frauen im Beruf

Ungeschriebene Spielregeln kennen –
männliche Verhaltensweisen verstehen –
eigene Wege finden

Aus dem Amerikanischen
von Rosmarie Kahn-Ackermann

GOLDMANN

Die Originalausgabe erschien unter dem Titel
»How Men Think« bei Fawcett Columbine, New York

Deutsche Erstausgabe

Umwelthinweis
Alle bedruckten Materialien dieses Taschenbuches
sind chlorfrei und umweltschonend.
Das Papier enthält Recycling-Anteile.

Der Goldmann Verlag
ist ein Unternehmen der Verlagsgruppe Bertelsmann

Deutsche Erstausgabe August 1997

Umschlaggestaltung: Design Team München
Satz: Uhl + Massopust, Aalen
Druck: Elsnerdruck, Berlin
Verlagsnummer: 13984
Redaktion: Heidi Clausnitzer
CL · Herstellung: Stefan Hansen
Made in Germany
ISBN 3-442-13984-8

1 3 5 7 9 10 8 6 4 2

Inhalt

Teil Drei: Wie man selbstschädigendes Verhalten erkennt und überwindet

Teil Vier: Taktiken, die Männer bei Frauen anwenden und wie man ihnen begegnet

Anhang

Danksagung

So viele Menschen haben mir dabei geholfen, dieses Buch zu verfassen, daß es unmöglich ist, ihnen allen im einzelnen zu danken. Also möchte ich als erstes all denen ein generelles Dankeschön zukommen lassen, die mir im Leben begegnet sind und auf verschiedenste Weise etwas zu diesem Buch beigetragen haben.

Ich möchte den Männern und Frauen danken, die so freundlich waren, sich von mir interviewen zu lassen, den vielen Frauen in meinen Therapiegruppen, die mir ihre Geschichte erzählt haben, den Freunden und Freundinnen, die ganz zwanglos mit mir über ihre geschlechtlich bedingten Probleme gesprochen haben, und natürlich den Skippern und der Crew, die mit mir gesegelt sind und mir ihr Wissen und ihre Erkenntnisse zukommen ließen.

Danken möchte ich auch meiner Agentin Jane Dystel sowie meinen Lektorinnen Sherri Rifkin und Elizabeth Zack, die meine frühen Versuche, ein Manuskript zustande zu bringen, in ein geschliffenes Buch verwandeln halfen.

Wenn jemand sich bereit erklärt, Manuskripte in der Rohfassung durchzulesen, so kann es sich nur um gute Freunde handeln. Roberta Galati, Priscilla Rosenwald und Terri Smith lasen Teile der ersten Entwürfe und ermunterten mich weiterzuschreiben. Joanne Buzzetta, Roberta Galati, Judy Kornfeld, Terri Smith und Susan Swenk waren stets bereit, mit mir Geistesblitze auszutauschen, zuzuhören, wenn ich unbedingt reden mußte, und mir die Art von Unterstützung angedeihen zu lassen, wie sie nur guten Freundinnen möglich ist.

Philadelphia Women's Network und *Professional Women's Lunch Group* waren von unschätzbarem Wert, wenn es sich darum handelte, meine Lebensgeister und mein Selbstvertrauen in harten Zeiten anzuspornen.

Ganz besonderen Dank schulde ich Terri Smith, die bereit war, die für sie untypische Rolle der Nörglerin zu übernehmen. Wann immer es nötig war, lieferte sie Kritik von Weltklasse, um dafür zu sorgen, daß ich aufhörte, so lange zu segeln, bis ich unter Termindruck geriet.

Dank und Anerkennung auch für Joan Saltzman. Sie begann gemeinsam mit mir auf diesem Gebiet zu arbeiten und half mir dabei, eine vage Idee weiterzuentwickeln in eine Arbeitshypothese. Ihre Klarheit des Denkens und ihre organisatorischen Fähigkeiten werden mir immer Vorbild sein.

Teil Eins

Wie das Spiel begann

Einführung

Vor neunzehn Jahren beschlossen eine Freundin und ich, uns einen unserer Wunschträume zu erfüllen – wir nahmen an einem Wochenendkurs der Segelschule in Annapolis teil. Und dort verliebte ich mich umgehend in den Segelsport. Die Anmut der Boote, der mich umbrausende Wind und das Rauschen des Wassers entlang des Schiffskörpers lösten ein Gefühl innerer Befriedigung in mir aus, mit dem ich nicht gerechnet hatte. Mir wurde klar, daß dieser Sport zu einem Bestandteil meines Lebens werden mußte. Ich wollte so gut segeln lernen wie nur irgend möglich, und der unmittelbare Weg, dieses Ziel zu erreichen, schien mir das Training für Regatten zu sein. Also fing ich damit an, gehörte damals zu den ganz wenigen Frauen bei den Segelwettbewerben im Chesapeake Bay und war bei fast allen Regatten, an denen ich teilnahm, der einzige weibliche Skipper. In diesem Punkt hat sich seither nicht viel geändert. Es gibt zwar mehr Frauen, die sich an Rennen beteiligen, aber nach wie vor stehen nur wenige am Steuerruder.

Ich hatte zum damaligen Zeitpunkt keine Ahnung von den tiefgreifenden inneren Veränderungen, die mir dieser sportliche Wettbewerb abverlangen sollte. Der Gedanke, daß meine gesamte Konkurrenz männlicher Natur sein würde, kam mir anfangs gar nicht. Und als mir diese Tatsache bewußt wurde, steckte ich schon mittendrin und war viel zu besessen vom Segeln, um mir darüber den Kopf zu zerbrechen.

Als ich zum erstenmal meine Absicht äußerte, an einer Regatta teilzunehmen, sagte einer der Sportfreunde lachend zu mir: »Du glaubst also, du könntest segeln. Wart' mal ab, bis du versucht hast, *schnell* zu segeln!« Ich begriff damals nicht, was er damit meinte.

Heute verstehe ich, warum er lachte. Segelregatten stellen an alle Beteiligten höchste Anforderungen. Ich stürzte mich förmlich in die Sache, las jedes einschlägige Buch, das ich auftreiben konnte, und nahm an allen entsprechenden theoretischen Kursen teil. Aber einmal auf der Rennstrecke, konnte ich das, was ich gelernt hatte, nicht umsetzen. Ich hatte geglaubt, ich wüßte eine ganze Menge. Ich konnte alles Erforderliche aus meinen Büchern zitieren; ich wußte über Trimmen, Taktik und Vorschriften Bescheid. Aber ich spürte, daß sich da irgend etwas anderes abspielte, etwas, das ich nicht klar benennen konnte. Das Verhalten und die Reaktionen der übrigen Teilnehmer an der Regatta blieben mir unverständlich. Und schlimmer noch – die anderen Skipper mochten mich nicht und wollten mich eindeutig nicht in ihrer Nähe haben. Ich empfand Ärger, war gereizt und verwirrt. Die Erklärung für diese ganze Situation kam dann recht unerwartet.

Eines Tages machte ich – im Bemühen, freundlich zu sein – einer anderen Crew gegenüber eine spaßhafte Bemerkung über einen Fehler, der ihr am Tag zuvor unterlaufen war. Nie werde ich die Reaktion der Männer vergessen. Ein zorniges, bedrohliches männliches Grollen erhob sich im Boot, und sie wandten sich abrupt von mir ab. »Was habe ich denn gesagt?« rief ich erstaunt. Und noch erstaunter war ich, als einer der Männer sich anschickte, mich aufzuklären.

Ich hatte zuvor gehört, wie andere Segler diese Crew

wegen ihres Fehlers geneckt hatten, und war der Ansicht, ich würde nun auch nichts anderes tun. Aber was mir entgangen war, das war die Tatsache, daß das Gespött nach der Party, die der Regatta gefolgt war, völlig aufgehört hatte. Der Mann drückte sich zwar nicht so deutlich aus, aber im wesentlichen machte er mir klar, daß es sich hier um eine von mehreren ungeschriebenen Regeln handelte, an die sich alle zu halten hatten. Nicht nur, daß ich diese Regeln zu ignorieren schien, ich verstieß auch förmlich gegen sie. Ich hatte mich soeben gegen das unausgesprochene Gesetz versündigt, demzufolge der Zeitpunkt für Spötteleien seine festen Grenzen hat.

Mein Kollege erklärte mir, an Land sei ich ja eine ganz nette Person, aber über mein fürchterliches Benehmen am Steuerruder sei er überrascht und bestürzt gewesen. Er sei froh, jetzt Gelegenheit zu haben, mit der Sprache herauszurücken. Zum Glück siegte bei mir die Neugier über meinen Widerspruchsgeist, und ich begann Fragen zu stellen. Der Mann war schockiert über all das, was ich nicht wußte, und ich war völlig verblüfft über das, was er mir mitteilte.

Ich beschloß, meine Fähigkeiten als Psychologin einzusetzen, um den Rest dieser ungeschriebenen Verhaltensregeln in Erfahrung zu bringen. Also stellte ich endlose Fragen an die Männer, mit denen ich gemeinsam segelte, und sie antworteten mir auch bereitwillig. Ich beobachtete, wie sie miteinander und mit mir umgingen. Ich ahmte ihre Verhaltensweisen nach und experimentierte damit. Schließlich kam ich der Sache auf den Grund. Ich begann, mich an diese ungeschriebenen Regeln zu halten. Damit wurde ich zu einer viel besseren Regattaseglerin und hatte erheblich mehr Spaß am Ganzen. Und das überraschendste war, die anderen Skipper begannen mich zu schätzen, zu akzeptieren und sogar zu respektieren.

Ich bin von Beruf Psychotherapeutin. Meine Praxis liegt im Zentrum Philadelphias, und meine Patienten bestehen vorwiegend aus Geschäftsleuten und Berufstätigen – Männern wie Frauen. Meine Ausbildung hat mich gelehrt, in der jeweiligen Psyche meiner Patienten nach der Quelle für ihre Schwierigkeiten zu forschen; aber ich bekam allzu viele gleichgeartete Probleme zu hören, um sie für einmalige oder ausgefallene Beispiele halten zu können. Wenn ich annahm, daß der Ursprung dieser Probleme nur in der Psyche der jeweiligen Person lag, dann mußte ich zwangsläufig zu dem Schluß kommen, daß all diese berufstätigen Frauen in Philadelphia an einer Massenpsychose litten. Ich entschied mich also dafür, nach einer alternativen Erklärung Ausschau zu halten.

Eigenartigerweise mußte ich mit der Zeit erkennen, daß die Probleme dieser Frauen innerhalb ihres Berufs denen glichen, die ich selbst bei meinen Segelbootregatten erlebt hatte. Ich fragte mich, ob nicht dasselbe Sortiment ungeschriebener Regeln, das bei meinen Regatten eine Rolle gespielt hatte, auch im Geschäfts- und Berufsleben eine Rolle spielte. War es möglich, daß die Probleme dieser Frauen eine Konsequenz ihrer mangelnden Vertrautheit mit den unausgesprochenen Spielregeln war?

Ich empfand das Leiden so vieler Frauen als bedrückend und zugleich frustrierend. Schließlich rief ich Joan Saltzman an, die Rechtsanwältin und meine Freundin war, und sagte: »In meiner Praxis brechen einfach zu viele berufstätige Frauen in Tränen aus. Wir müssen etwas unternehmen.« Also trafen wir uns am nächsten Tag zum Mittagessen und fingen damit an, uns die Köpfe zu zermartern.

Joan und ich übernahmen systematisch die Aufgabe herauszufinden, wie Männer über Arbeit denken. Zuerst mußten wir die Probleme analysieren, die Frauen in ihren Berufen haben. Dann gingen wir daran, die Einstellung der Männer gegenüber ihrem Arbeitsplatz zu ergründen. Auf Grund von Joans Beruf machten wir uns ihre Erfahrungen zunutze und nahmen uns zuerst die Rechtsanwälte vor. Inzwischen habe ich mich auch mit anderen Berufszweigen beschäftigt.

Ich wandte verschiedene Techniken an, um die häufigsten und drängendsten Probleme von Frauen herauszufinden. So befragte ich die Patientinnen in meiner Praxis und meine weiblichen Bekannten. Ich überprüfte meine eigenen Erfahrungen. Ich führte Gruppengespräche mit berufstätigen Frauen ein, in denen über ihre spezifischen Probleme am Arbeitsplatz debattiert wurde. Joan und ich leiteten gezielt Gesprächsgruppen von Rechtsanwältinnen, um die Schwierigkeiten zu erforschen, mit denen sie zu kämpfen hatten. Dann organisierte ich ähnliche Debatten zwischen Geschäfts- und anderen beruflich engagierten Frauen. Es stellte sich schließlich heraus, daß es eine Reihe von übereinstimmenden Problemen gab, die auf alle diese verschieden gearteten Arbeitsplätze zutrafen. Und damit will ich mich in diesem Buch beschäftigen.

Meine nächste Aufgabe bestand darin herauszufinden, wie sich ein Arbeitsplatz in den Augen eines Mannes ausnimmt. Da ich die ungeschriebenen Regeln von Segelregatten in Erfahrung gebracht hatte, indem ich die betreffenden Männer ausgefragt hatte, versuchte ich es mit derselben Strategie auch im Geschäftsleben. Joan und ich begannen damit, sehr erfolgreiche Anwälte zu interviewen. Ich nahm dann Ärzte, Buchhalter, Ingenieure, Versicherungsdirektoren, Börsenmakler, Geschäftsinhaber und andere in mein Repertoire auf, bemüht um eine möglichst vielfältige Basis. Offiziell befragte ich über hundert beruflich sehr erfolgreiche Männer und unterhielt mich zwanglos mit ungezählten anderen. Zum Vergleich und um neue Einsichten zu gewinnen, sprach ich auch mit zwanzig beruflich ebenfalls äußerst erfolgreichen Frauen.

Keiner meiner männlichen Bekannten war vor mir sicher. Wann immer ich Gelegenheit dazu fand, fragte ich sie über die Art und Weise aus, in der sie ihre Arbeit erledigten. Ich stellte fest, daß die meisten von ihnen fasziniert waren und sich dadurch, daß ich sie als Studienobjekt behandelte, geschmeichelt fühlten. Es war überraschend, wie bereitwillig und offen sie sich mir gegenüber äußerten. Ich nahm die Gespräche auf Band auf, machte mir während der formellen Interviews Notizen und lernte, irgendwann unauffällig zu verschwinden, um eine besonders drastische Bemerkung oder einen neuen Gedanken, der mir bei dem Gespräch gekommen war, gleich irgendwo niederzuschreiben.

Ausreichend Stoff zu bekommen war bei den Interviews kein Problem. Die Leute, an die ich mich wandte, waren vielmehr entzückt, in eine Studie über besonders erfolgreiche Männer einbezogen zu werden. Jedes Interview verlief individuell verschieden, aber es gelang mir immer, bestimmte Standardfragen einzuflechten. So bat ich die Männer zum Beispiel, mir aufzuschreiben, auf welche Weise sie ihre Arbeit bewältigten, was sie von ihren weiblichen Kollegen hielten, und was ihrer Ansicht nach Frauen am besten und was am schlechtesten könnten. Ich erkundigte mich nach den besten und nach den schlimmsten Mitarbeiterinnen, auf die sie je gestoßen waren, und danach, was Frauen ihrer Meinung nach in beruflicher Hinsicht ändern sollten.

Meine Interviews bestätigten etwas, wovon diese Männer bereits völlig überzeugt waren: Frauen waren im Beruf »ein Problem«. Ich setzte meine ganzen professionellen Fähigkeiten ein, um die Unterhaltung von allgemein gehaltenen Beschwerden auf spezifische Schilderungen dieser »Probleme« zu lenken. Meine Gesprächspartner waren ganz glücklich, mir bei meiner Suche nach Lösungen behilflich zu sein, denn sie waren von vielen ihrer Kolleginnen frustriert worden. In ihren Augen legten diese Frauen konstant ein »unmögliches« Verhalten an den Tag, das auf sie, die Männer, verwirrend wirkte. Sie hatten das Gefühl, grundlos feindselig behandelt zu werden und wußten nicht, wie sie darauf reagieren sollten. Die Männer, die ich interviewte, schienen nur auf eine Gelegenheit gewartet zu haben, sich offen auszusprechen – besonders gegenüber einer Frau.

Diese männlichen Reaktionen innerhalb der Interviews stimmten allzusehr miteinander überein, um zweifelhaft zu wirken. Und diese Männer sprachen nicht nur bereitwillig über ihre Einstellung zu ihrem Beruf, mit der gleichen Bereitwilligkeit schilderten sie auch die Taktiken, die sie spezifisch gegen Frauen in beruflichen Situationen anwandten. Sie waren förmlich entzückt, daß sie mir dabei behilflich sein konnten, das herauszuarbeiten, was sie für ein »selbstschädigendes« Verhalten von Frauen hielten. Interessanterweise bestätigten zahlreiche der beruflich erfolgreichen Frauen, die ich befragte, diese männlichen Wahrnehmungen.

Die Ergebnisse der Interviews konnte man meiner Ansicht nach auf einen gemeinsamen Nenner bringen, den ich als »Spielregeln des Berufs« bezeichnen würde. Männer treten an ihren Arbeitsplatz heran, als handle es sich um ein Schlachtfeld oder um eine Rennbahn. Sie gehen ihre Arbeit mit derselben inneren Einstellung an wie einen sportlichen Wettkampf. Sportliche Wettbewerbe, militärische Auseinandersetzungen und – Arbeitsplätze werden beherrscht von ungeschriebenen Gesetzen, die den meisten Männern vertraut, den meisten Frauen aber unbekannt sind.

Um im Beruf bestehen zu können, ist es notwendig, diese Spielregeln zu erlernen. Die Männer haben sie mich gelehrt, und mit diesem Buch will ich sie Ihnen, den Frauen, nahebringen.

Meine Absicht dabei ist nicht nur, Sie mit diesen Spielregeln vertraut zu machen, sondern auch die, Ihnen das Wissen und die erforderliche Geschicklichkeit zu vermitteln, um Ihre Lebensqualität zu verbessern, Konflikte und Streß zu reduzieren und Ihnen dabei zu helfen, so erfolgreich zu sein, wie Sie sich das wünschen. Keineswegs alle Regeln, die ich beschreibe, sagen mir persönlich zu, aber im Augenblick bestimmen sie eben das Berufs- und Geschäftsleben. Und ich hoffe, dieses Buch wird dazu beitragen, daß Frauen einmal erfolgreich und mächtig genug sein werden, um diese Regeln neu zu schreiben.

Geschlechtsunterschiede zu erkennen und zu verstehen ist eine unerläßliche Fähigkeit am Arbeitsplatz. Wenn sowohl Männer wie Frauen diese Unterschiede begreifen, bekommt ein Verhalten, das anfangs verwirrend war, seinen Sinn. Je mehr Sie über die Männer wissen, mit denen Sie zusammenarbeiten, desto wohler werden Sie sich fühlen und desto erfolgreicher werden Sie sein. Um wirklich zu begreifen, wie Männer denken und handeln, müssen Sie dahinterkommen, wie und warum sich solche Verhaltensweisen entwickelt haben. Wenn Sie wissen, warum Männer sich so benehmen, wie sie es tun, dann wird Ihnen ihr Betragen verständlich und es ist für Sie vorhersehbarer.

Kapitel 1 gibt einen Überblick über die fundamentalen Unterschiede zwischen Männern und Frauen bezüglich ihrer biologischen, psychologischen und kulturellen Ausstattung. In ihm werden Ähnlichkeiten und Unterschiede zwischen Männern und Frauen über die Zeiten und verschiedenen Kulturen hinweg untersucht.

Das zweite Kapitel behandelt die wichtige Funktion des Spiels in der männlichen und weiblichen Entwicklung. Mädchen und Jungen spielen auf eklatante Weise unterschiedlich. Und diese geschlechtsbedingt voneinander abweichenden Spiele fördern jeweils ganz verschiedenartige Fähigkeiten und Methoden gegenseitiger Beeinflussung. Die Regeln und die Lebensphilosophien, die Männer in ihrer Kindheit beim Spielen lernen, werden später zu den Gepflogenheiten am Arbeitsplatz.

In Kapitel 3 werden Sie feststellen, daß die Probleme von Frauen am Arbeitsplatz auffallend häufig denen der vierjährigen Mädchen auf dem Spielplatz gleichen. Aufgrund dieser neuen Erkenntnis werden Sie die männlich-weibliche Wechselwirkung aus einer neuen Perspektive heraus betrachten.

Beim zweiten Teil dieses Buches handelt es sich um eine detaillierte Beschreibung der beruflichen »Spielregeln«. Im Beruf, im Geschäftlichen erwartet man – wie in jedem anderen Spiel – von den Beteiligten, daß sie die Regeln beherzigen und ihr Bestes tun, um zu gewinnen. In den ersten drei Kapiteln wird erklärt, was für Vorteile es bietet, den Beruf als Spiel zu betrachten, und es wird die allgemeine Struktur dieses Spiels beschrieben. Kapitel 4 bis 10 dienen dazu, die Spielregeln im Detail aufzuführen und zu schildern und Ihnen gleichzeitig praktische Hinweise zu geben, wie Sie sie anwenden sollen.

Gelegentlich können wir unsere eigenen schlimmsten Feinde sein. Ich bat die Männer, die ich interviewte, mir die schwierigste Frau zu schildern, mit der sie je beruflich zu tun gehabt hatten, und das geschah auch äußerst bereitwillig. Die jeweiligen Auskünfte waren bemerkenswert übereinstimmend. Die Verhaltensweisen, die dabei am häufigsten erwähnt wurden, waren Unfähigkeit, gelassen mit Fehlern umzugehen, Passivität und Probleme mit dem Setzen von Prioritäten. Diese destruktiven Verhaltensweisen waren nicht ausschließlich auf Frauen beschränkt, aber doch bei ihnen viel häufiger anzutreffen als bei Männern. Im dritten Teil, Kapitel 11 bis 13, möchte ich Ihnen zeigen, wie man herausfindet, ob diese Probleme Sie tatsächlich betreffen, und wenn ja, wie man sie lösen kann. Diese Kapitel enthalten Eigentests, mit deren Hilfe man besondere Schwierigkeiten erkennen kann, und zudem schrittweise vorzunehmende Anweisungen, wie diese zu bewältigen sind.

Ich fragte die Interviewten auch nach den Strategien, die sie bei ihren Gegnern anwandten – bei Kollegen oder Kolleginnen, die sich um den gleichen Job bewarben, bei Widersachern in geschäftlichen Verhandlungen. Sie schilderten Techniken, die sie sowohl gegen Männer wie auch gegen Frauen einsetzten, aber ich bat sie, sich ausführlich über die Taktiken zu äußern, die sie speziell bei Frauen für wirkungsvoll hielten. Der vierte Teil dieses Buches, Kapitel 14 bis 18, beschreibt diese Strategien im Detail und bietet Ihnen konkrete Vorstellungen, wie man ihnen entgegenwirkt.

Kapitel 19 enthält eine Art Bestandsaufnahme – es zeigt auf, wo wir standen, wo wir jetzt stehen und wohin wir gehen können.

Der Versuch, die Ursachen zu begreifen und Lösungen für die Probleme zu finden, auf die Frauen an ihren Arbeitsplätzen stoßen, hat sich für mich zu einem fortlaufenden Prozeß entwickelt. Ich habe weiterhin beruflich erfolgreiche Männer befragt. Ich halte Vorträge, leite Workshops, fördere entsprechende Gruppen und nütze die Informationen aus meiner therapeutischen Praxis. Zu begreifen, wie Männer denken, ist für die Frauen, mit denen ich arbeite, enorm hilfreich.

Dieses Buch zu schreiben war für mich eine außergewöhnliche Erfahrung. Ich habe viel dazugelernt über die Art und Weise, wie die Welt funktioniert, fand neue Kräfte in mir selbst und traf auf einige bemerkenswerte Menschen. Ich hoffe, daß Ihnen diese Lektüre in ähnlicher Form helfen kann. Und ich hoffe, sie trägt dazu bei, daß Ihnen der Respekt und die Anerkennung zuteil werden, die Ihnen in Ihrem Tätigkeitsfeld zustehen.

1

Jungen bleiben Jungen

Was wollen Männer wirklich?
(ANONYM)

Das ist eine Frage, über die wir schon alle einmal nachgegrübelt haben – ganz besonders aber Frauen am Arbeitsplatz. Hier sind einige Erfahrungen, die weibliche Berufstätige heutzutage gemacht haben:

Natalie: »Als ich in der Ausschußsitzung einen ausgezeichneten Vorschlag machte, wurde das mit Schweigen quittiert. Ein paar Minuten später machte Arthur, einer meiner Kollegen, genau denselben Vorschlag. Mein Boss gratulierte ihm prompt für seine originelle Idee. Warum ignorieren Männer Frauen einfach?«

Celeste: »Ich war sehr zufrieden mit mir, weil ich das Problem auf so energische Art gelöst hatte. Aber dann hörte ich Will zu Joe sagen: »Bleib' heute bloß von ihr weg. Sie muß ihre Tage haben.« Warum nimmt Will mich einfach nicht ernst?«

Helen: Es war eine wirklich brutale Verhandlung: Sam, unser Gegenspieler; Joe, mein Partner, und ich hatten die Sache am Ende wirklich ausgefochten. Als ich zusammenpackte, um zu gehen, verschwanden Sam und Joe gemeinsam aus dem Zimmer, lachten und ließen mich allein zurück. Wie konnten sie nur so freundschaftlich miteinander umgehen, nachdem sie vorher so ekelhaft zueinander gewesen waren? Und weshalb haben sie mich auf diese Weise links liegenlassen?«

Doris: »Die Firma wies meinen Antrag auf Beförderung ab. Mein Abteilungsleiter behauptete, meine Fähigkeiten reichten nicht aus, und fügte hinzu, ich sei schroff, aggressiv und könne nicht mit Leuten umgehen. Männer mit deutlich weniger Fähigkeiten, die ausgesprochen grob und wesentlich aggressiver sind, als ich es je sein könnte, werden routinemäßig befördert. Was soll ich angesichts einer derartigen Diskriminierung tun?«

Cynthia: »Meine Darstellung der geschäftlichen Situation war einwandfrei. Ich war ganz sicher, alle überzeugt zu haben. Aber als der Kunde nur lächelte und sagte: »Vielen Dank, Schätzchen«, wußte ich, daß ich keine Chance hatte. Wie geht man mit einem solchen Mann um?«

Warum gelingt es so vielen durchaus kompetenten Frauen einfach nicht, beruflich weiterzukommen? Warum sind so viele Männer gegenüber Frauen am Arbeitsplatz so wenig hilfsbereit, verhalten sich sogar feindselig? Wieso gibt es so viele Kommunikationsschwierigkeiten und einen solchen Mangel an gegenseitigem Verständnis? Wie ist es überhaupt dazu gekommen, daß wir uns so weit voneinander entfernt haben?

Es ist erforderlich, daß wir zu den Anfängen zurückkehren, denn dort haben all die Schwierigkeiten am Arbeitsplatz ihre Wurzeln.

In unserer Gesellschaft werden Männer und Frauen auf so unterschiedliche Weise aufgezogen, als wüchsen wir in zwei verschiedenen Welten heran. Fast schon von Geburt an weichen unsere Erfahrungen derart voneinander ab, daß wir Seite an Seite stehend den gleichen Vorfall beobachten können und trotzdem mit total gegensätzlichen Eindrücken von dem, was sich ereignet hat, zurückbleiben. Es ist keine Übertreibung zu behaupten, daß Männer und Frauen in völlig voneinander getrennten realen Welten leben.

Psychologen, Psychiater, Soziologen, Anthropologen und Biologen – sie alle studieren die menschliche Entwicklung. Experten auf diesen Gebieten mögen sich uneins über die Gründe sein, wie und inwiefern Männer und Frauen sich unterscheiden, aber alle stimmen darin überein, daß geschlechtsbedingte Unterschiede bestehen. Sie streiten sich darüber, in welchem Maß dieser Unterschied in der Natur und wie weit er in der Erziehung begründet ist, aber im allgemeinen sind sie sich darüber einig, daß Kinder von beidem beeinflußt werden. Zu begreifen, wie und warum sich geschlechtsbedingte Unterschiede herausbilden, ist entscheidend. Auf Grund dieses Wissens ergeben Verhaltens- und Reaktionsweisen, die bis dahin unerklärlich schienen, plötzlich einen Sinn. Statt sich durch die Zusammenarbeit mit Männern verwirren und frustrieren zu lassen, können Sie mit Hilfe dieser Erkenntnisse lernen, die Probleme wirkungsvoll zu lösen.

Unser grundlegendes Rüstzeug

Es ist unmöglich, männlich-weibliche Unterschiede zu verstehen, ohne die biologischen Aspekte zu berücksichtigen. Ganz eindeutig unterscheiden sich Männer und Frauen in physischer Hinsicht: in Größe, Körperform, Kraft und hormonaler Ausstattung. Es ist kaum überraschend, daß diese biologischen Komponenten Einfluß auf das Verhalten haben.

Biologische Unterschiede zwischen Männlichem und Weiblichem beginnen bei der Empfängnis und verstärken sich während der Schwangerschaft. Bei der Empfängnis besteht der einzige physische Unterschied der Geschlechter darin, daß weibliche Embryonen zwei X-Chromosomen und männliche ein X- und ein Y-Chromosom haben. Während der ersten sechs Wochen der Schwangerschaft entwickeln sich die Embryonen beiderlei Geschlechts identisch. Oder, um es genauer auszudrücken, während der ersten sechs Wochen sind praktisch alle Embryos, physiologisch gesehen, weiblich. Im Verlauf der sechsten Woche beginnt das männliche Y-Chromosom zu wirken und veranlaßt den Fötus, ein Hormon namens Testosteron zu produzieren.

Testosteron ist das männliche Hormon. Ohne es würden alle Kinder weiblich geboren. Das Vorhandensein von Testosteron im Uterus bewirkt eine Veränderung beim Fötus, in physischer Hinsicht entwickeln sich männliche Charakteristika. Die Wirkung des Testosteron ist so stark, daß ein genetisch weiblicher Embryo (mit zwei X-Chromosomen), sofern er Testosteron ausgesetzt wird, alle sekundären sexuellen Charakteristika eines männlichen Wesens entwickelt.

Nach der Geburt bildet sich der größte Teil des Testosterons in den Hoden, aber ein kleiner Prozentsatz wird auch durch die Nebennierendrüsen ausgeschieden. Nur Männer haben Hoden, aber beide Geschlechter verfügen über Nebennierendrüsen, und insofern produzieren auch beide Testosteron. Die jeweilige Menge variiert von Person zu Person, aber Männer produzieren wesentlich mehr als Frauen.

Der Testosteronspiegel wird sowohl bei Frauen als auch bei Männern mit Aggression in Verbindung gebracht.[1] Männer, die außerordentlich viel Testosteron produzieren, sind aggressiver als der Durchschnitt der anderen Männer. Frauen mit mehr als üblicher Testosteronproduktion sind aggressiver als der Durchschnitt der anderen Frauen. Da Männer über so viel mehr Testosteron in ihrem Körper verfügen als Frauen, glauben viele Wissenschaftler, daß Männer eine biologisch bedingte Neigung zur Aggressivität haben.

Bei allen tierischen Lebewesen, einschließlich der Menschen, beeinflussen physische Instinkte das Verhalten. Aber bei menschlichen Wesen haben Gesellschaftsordnung, Kultur und die Fähigkeit zu denken eine vermittelnde Wirkung. Meistens hat die Gesellschaftsordnung die Oberhand über physische Instinkte, aber deren Spuren sind nach wie vor existent. Zum Beispiel scheint sexueller Reiz mit unsichtbaren Molekülen, genannt Pheromone, im Zusammenhang zu stehen. Das bedeutet, daß wir uns, zumindest in geringem Ausmaß, von einer bestimmten Person angezogen fühlen, weil wir seinen oder ihren Geruch mögen. Ähnlich werden unsere Schlafgewohnheiten von Hormonen diktiert. Hormonspiegel und Körpertemperatur verhalten sich innerhalb eines Zyklus von rund 24 Stunden wie Ebbe und Flut. Wir alle haben ein natürlich bedingtes Schlaf- und Wachverhalten, das durch unseren Körper bestimmt wird. Dieses Verhalten variiert von Mensch zu Mensch. Manche Leute ziehen es vor, morgens früh aufzustehen, während andere dazu neigen, spät aufzustehen und abends lange aufzubleiben. Aber ungeachtet unseres angeborenen Verhaltensmusters gewinnt hier unsere Gesellschaftsordnung die Oberhand, und wir richten uns in unserer Arbeit nach dem erforderlichen Zeitplan.

Das Echo des Höhlenmenschen

Darwins Begriff vom »Überleben des bestangepaßten Organismus« liefert eine Erklärung dafür, weshalb Aggression bei Männern und Hege und Pflege bei Frauen weltweit gefördert werden. Überleben des am besten angepaßten Organismus bedeutet, daß mit diesen Merkmalen ausgestattete Lebewesen dazu beitragen, das Fortbestehen der Spezies zu sichern. Lebewesen ohne diese Züge sterben aus. Diese Merkmale werden von Generation zu Generation weitergegeben. Denken Sie an die bei den Menschen von einer Generation zur nächsten weitervererbten Eigenschaften.

Darwin zufolge haben weibliche Lebewesen in sich die speziellen, für das Gebären und die Aufzucht von Kindern erforderlichen Merkmale entwickelt und weitervererbt. Männliche Lebewesen haben dagegen die notwendigen Merkmale entwickelt und weitervererbt, die das Überleben der Geschöpfe sichern, die die Kinder hervorbringen. Die Schwangerschaft macht sie verletzbar und zeitweise schutzbedürftig. Die Rolle des Beschützers fällt demjenigen zu, der nicht schwanger wird – dem männlichen Teil. Um erfolgreich beschützen zu können, müssen männliche Lebewesen physisch stark und, sofern erforderlich, zum Kämpfen bereit sein. Um das Überleben des Nachwuchses zu sichern, muß der weibliche Teil für Pflege und Aufzucht sorgen.

Zu viel Fürsorge für den Nachwuchs hätte die Fähigkeit, wenn nötig zu kämpfen, bei einem männlichen Höhlenmenschen herabmindern können. Zuviel Aggression bei der Frau hätte zu wenige Schwangerschaften bedeuten können. Diese beiden Charakterzüge – Aggression beim Mann und Pflegetrieb bei der Frau, trugen dazu bei, die Menschheit zu vermehren. Viele Jahrhunderte lang war diese Spezialisierung der Geschlechter sinnvoll.

Rund um die Welt

In ihrem Buch *Feminism and Psychoanalytic Theory*[2] faßt Dr. Nancy Chodrow die kulturellen Unterschiede zwischen Männern und Frauen zusammen. Es gibt keine Persönlichkeitsmerkmale, die *nur* bei Männern oder *nur* bei Frauen vorkommen, gewisse Persönlichkeitsmerkmale existieren jedoch in verschiedenem Ausmaß bei beiden Geschlechtern. Quer durch die Gesellschaftsformen gibt es in den ersten sechs Lebensjahren nur wenige geschlechtsspezifische Unterschiede zwischen Jungen und Mädchen. Aber im Alter von sieben sind Jungen dominanter und möchten mehr die Aufmerksamkeit auf sich lenken, Mädchen hingegen sind fürsorglicher. In allen Kulturen ist ein Verhaltensmuster praktisch universal: Jungen sind aggressiver als Mädchen. Aggression ist *die* Verhaltensweise, die Jungen und Mädchen in allen Altersstufen durchwegs voneinander unterscheidet.

Das genaue Ausmaß und die Art des Unterschieds in der Geschlechterrolle variiert nach dem Typus der jeweiligen Gesellschaft. Das kennzeichnende Muster in primitiven Gesellschaften besteht darin, daß die Arbeit der Männer anstrengend und kooperativ ist und lange Reisen oder jedenfalls Abwesenheit erfordert. Die Arbeit der Frauen ist im wesentlichen verbunden mit der Sorge für die Nahrung und deren Zubereitung, mit handwerklichem Geschick, Kleidungsherstellung und Kinderpflege. Es ist unschwer zu erkennen, daß dieses generelle Unterscheidungsmuster sich auch in industriell weiterentwickelten Gesellschaften erhalten hat, obwohl sich das in der heutigen Zeit zu ändern beginnt.

Quer durch die Kulturen werden Jungen erheblich mehr auf Leistungsorientiertheit und Selbstvertrauen hin getrimmt als Mädchen. Dementsprechend lernen Mädchen ebenso deutlich mehr, sich ein fürsorgliches Verhalten anzueignen. Die menschlichen Gesellschaften variieren, was ihre Aggressivität oder Passivität betrifft, in dem Ausmaß, das sie jeweils für normal halten – aber in jeder dieser einzelnen Gesellschaftsformen verhalten sich Männer aggressiver als Frauen. Die Balance zwischen passivem und aggressivem Verhalten bleibt universal erhalten.

Natur oder Erziehung?

Jungen und Mädchen sind in vielerlei Hinsicht von Geburt an verschieden. Kleine Jungen sind aktiver, schreien mehr und sind wißbegieriger als kleine Mädchen. Sie sind nicht so leicht einzuschüchtern und ertragen eine Trennung von ihren Müttern besser. Aber auch die Erwachsenen behandeln männliche und weibliche Kinder schon von Geburt an unterschiedlich. Sie lassen zum Beispiel Jungen länger schreien als Mädchen, bevor sie ihnen Trost spenden. Sie spielen mit Jungen derber als mit Mädchen. Sie ermuntern Jungen, beim Spielen aktiver und entdeckungsfreudiger zu sein als Mädchen. Andererseits werden kleine Mädchen von ihnen mehr gehätschelt.

Ich habe mit vielen Eltern gesprochen, die bemüht sind, ihre Kinder ohne geschlechtsbedingte Klischees zu erziehen. Aber sie sind zumeist frustriert, weil trotz ihrer Bemühungen auch diese Kinder geschlechtsspezifische Spielzeuge vorziehen. Wenn man sie ihnen vorenthält, dann schaffen die Sprößlinge sie sich selbst. Kleine Mädchen wiegen Spielzeugautos in den Armen, als wären sie Puppen. Kleine Jungen behandeln ihre Puppen so, als wären sie Schießgewehre. Immer wieder werde ich von Eltern gefragt, ob die temperamentsmäßigen Unterschiede zwischen Jungen und Mädchen genetisch bedingt seien. Meine Antwort lautet dann »ja und nein«. Ich ermuntere diese Eltern immer, weiterhin ihr Bestes zu tun, um ein nicht sexistisches Milieu zu schaffen. Aber kulturelle Stereotypien herrschen überall vor; für Eltern ist es unmöglich, ihre Kinder in diesem Punkt zu isolieren. Ganz unbeabsichtigt werden die einschlägigen Klischees von Pflegerinnen, Lehrern, Fernsehen und sogar den Eltern selbst weitergegeben.

In einem aufschlußreichen Experiment[3] kleideten die Experten jeweils zwei Babies, eines männlich, das andere weiblich, in Kleider, die abgesehen von der Farbe völlig identisch waren. Zuerst steckten sie die Jungen in Blau und die Mädchen in Rosa. Dann wechselten sie die Kleidung aus, die Jungen in Rosa und die Mädchen in Blau. Jedesmal fragten die Wissenschaftler die erwachsenen Versuchspersonen, welches Baby sie hübscher und welches sie kräftiger fänden. Und die Befragten, sowohl Männer als auch Frauen, entschieden durchweg, daß das Kind in Blau kräftiger und das in Rosa hübscher sei.

Die Schlußfolgerung der Wissenschaftler ist klar: Es ist unmöglich, die Einflüsse von Natur und Erziehung voneinander zu trennen. Geschlechtsbedingte Unterschiede sind ein Resultat aus der Kombination und der Wechselwirkung von beidem.

Unser Innerstes

Die Psychiater Jean Baker Miller, Janet L. Surrey und andere im »Stone Center for Developmental Services and Studies« am Wellesley College[4] gehören zu den führenden Forschern auf dem Gebiet geschlechtsspezifischer Unterschiede während der kindlichen Entwicklung. Die unschätzbaren Ergebnisse ihrer Forschung liefern sozusagen den Unterbau unserer Erkenntnisse dafür, inwiefern und warum Männer und Frauen so verschieden sind.

Alle Menschen brauchen ein Gefühl der Identität. Es ist das, was jeden von uns zu etwas Einmaligem macht. Die Art und Weise, wie Kinder diesen Sinn für Identität entwickeln, bestimmt die Form, in der sie sich als Erwachsene gegenüber ihrer Umwelt verhalten. Jungen und Mädchen entwickeln das Gefühl ihrer eigenen Persönlichkeit auf höchst unterschiedlichem Weg. Das schafft einen fundamentalen Unterschied zwischen der männlichen und der weiblichen Betrachtungsweise der Welt und ebenso der Art des Verhaltens und der jeweiligen Beziehungen, die als positiv empfunden werden. Es sind diese Unterschiede, die die Verhaltensweisen von Männern und Frauen am Arbeitsplatz beeinflussen.

Warum gibt es zwischen Jungen und Mädchen eine fundamentale Gegensätzlichkeit in der Entwicklung ihrer jeweiligen Identität? Der Hauptgrund ist der, daß Frauen nun einmal die Mütter und in erster Linie für Pflege und Erziehung zuständig sind. Anfänglich ist die Mutter für jedes Kind die wichtigste Person. Sie ist diejenige, mit dem es sich identifiziert. Kleine Mädchen können lernen, Frauen zu werden, indem sie ihre Mütter nachahmen – aber kleine Jungen können nicht lernen, Männer zu werden, indem sie ihre Mütter nachahmen, selbst wenn sie es gerne tun würden. Lernen, ein Mann zu werden bedeutet, sorgsam darauf zu achten, »anders als Mutter« zu sein. Ein Junge entwickelt seine Identität dadurch, daß er danach strebt, sich von allem Weiblichen zu unterscheiden.

Da Mädchen sich mit ihren Müttern identifizieren können, basiert ihre eigene Identität auf Beziehungen und inneren Bindungen. Kernpunkt weiblicher Identität ist eine »Self-in-relation«[5], eine auf Beziehung gegründete Eigenidentität. Da Frauen sich mit den für sie Sorgenden identifizieren, lernen Mädchen, selbst fürsorglich zu sein. Sie erfahren, wie wichtig es ist, andere voranzustellen. In einem stabilen Zuhause lernen sie, andere zu betreuen, sich ihnen hinzugeben, einfühlsam und – in unterschiedlichen Maßen – fügsam zu sein.

Für Frauen stehen andere Menschen und seelische Bindungen im Mittelpunkt der Welt. Sie lernen, sensibel auf die wechselseitigen zwischenmenschlichen Beziehungen zu reagieren und diese Beziehungen hoch einzuschätzen und zu erhalten. Frauen sind sich immerfort bewußt, wie ihr Verhalten auf andere wirkt. Für eine Frau ist die Welt ein Netz aus menschlichen Beziehungen.

Was Jungen betrifft, so ist bei ihnen genau das Gegenteil der Fall. Da ihr Verlangen, sich mit ihren Müttern zu identifizieren, unterdrückt werden muß, müssen sie sich femininen Charakterzügen strikt verweigern. Sie müssen zwangsläufig Fürsorglichkeit, Hingabe, Einfühlungsvermögen und Fügsamkeit abwerten. Männliche Identitätsgestaltung beruht auf Isolierung, auf der Definition und Betonung von Unterschieden. Im Kern ist männliche Identität ein Selbst, das innere Bindungen negiert.

Für Männer dreht sich die Welt um Aktionen und deren Resultate. Bindungen an sich sind nicht wichtig. Wichtig ist lediglich, wie weit diese Bindungen oder Beziehungen Ergebnisse bewirken.

Karen Horney, eine der ersten Psychoanalytikerinnen, beschrieb die Verschiedenheiten in der männlichen und weiblichen Entwicklung als die von »Sein« und »Tun«. Horney bezeichnete die weibliche Identität als »zugeschrieben«, während männliche Identität »erlangt«[6] wird. Frauen sind Frauen, weil sie sind, was sie sind, Männer sind Männer, weil sie tun, was sie tun. Die Identität einer Frau als Frau basiert einfach auf der Tatsache, daß sie Kinder gebären kann. Die Identität eines Mannes als Mann basiert auf dem fortwährenden Bemühen, die Verschiedenheit zwischen ihm und seiner Mutter, bzw. allen Frauen schlechthin nachzuweisen.

Dieser männlich-weibliche Unterschied in der Identitätsforschung wurde mir schlagartig anläßlich einer Unterhaltung mit meiner Crew auf dem Heimweg von einer Regatta klar. Die Männer verstrickten sich in eine überaus angeregte Diskussion über das neueste Videospiel. Als ich mich erkundigte, was sie daran eigentlich so faszinierte, erklärte mir der zwölfjährige Isaac, unser furchtloses Besatzungsmitglied vom Vorderdeck, den Grund für die allgemeine Begeisterung.

»Das liegt doch im Menschen drin. Du bist kein Mann, bevor du nicht auf was geschossen hast.«

2

Spiele, Spiele, Spiele

Jungenspiele und Mädchenspiele

Experten für kindliche Entwicklung bezeichnen das Spiel als »Arbeit der Kindheit«[1]. Kinder schaffen sich ihre Identität durch Spiele. Während dieser Spiele entwickeln und schulen sie die physischen, geistigen und sozialen Fähigkeiten, die sie später als Erwachsene brauchen. Die Kenntnisse, die wir auf Grund unserer Kindheitsspiele erwerben, bilden das Fundament für unseren Arbeitsstil als Erwachsene.

Die Psychologinnen Carol Nagy Jacklin und Eleanor Maccoby untersuchen und schreiben ausführlich über die Unterschiede in männlicher und weiblicher Entwicklung und gesellschaftlicher Einstellung[2]. Sie sind auf signifikante Verschiedenheiten zwischen den Geschlechtern gestoßen. Fast von Anfang an ziehen Kinder Spielgefährten ihres eigenen Geschlechts vor – mit ungefähr vier Jahren dreimal so häufig wie Spielkameraden des anderen Geschlechts. Im Alter von sieben vergrößert sich dieser Unterschied auf elfmal.

Diese nur aus Jungen und nur aus Mädchen bestehenden Gruppen entwickeln untereinander sehr verschiedenartige Formen im Spielverhalten. In geschlechtsgetrennten Gruppen spielen Jungen und Mädchen Spiele, in denen unterschiedliche Zuständigkeiten und Geschicklichkeiten gefördert werden. Da Spiele von Jungen sich mehr nach dem späteren Arbeitsplatz ausrichten als die der Mädchen, eignen sie sich Geschicklichkeiten an, die sie schließlich als Erwachsene beruflich nutzen können. Die Fähigkeiten, die Mädchen bei ihren Spielen entwickeln, sind ihnen zu Hause und in persönlichen Beziehungen nützlich, aber nicht am Arbeitsplatz.

In ihren Spielen erfahren Jungen das Erforderliche über Konflikte und Konkurrenz. Sie lernen, wie wichtig es ist, die Konflikte zu lösen, und sie lernen, auf welche Weise man sie löst. Sie lernen, mit ihren Gegnern sowohl zu kämpfen als auch zu spielen. Da sie in großen, heterogenen Gruppen spielen und dies die Koordination der Aktivitäten vieler verschieden gearteter Mitspieler erfordert, lernen sie zu führen und zu organisieren. Sie lernen, wie man seinen Status in der männlichen Hierarchie erwirbt und beibehält. Jungenspiele finden in erster Linie fern von zu Hause statt – auf Straßen, in Parks und an anderen öffentlichen Plätzen –, auf diese Weise lernen Jungen, ihr häusliches Dasein von ihren Spielen und später von ihrem Arbeitsleben zu trennen.

Gemeinschaftssport ist die häufigste Spielform für Jungen, aber auch sonst treiben alle Sport in irgendeiner Form. Ein paar der Männer, die ich interviewte, behaupteten, sie hätten sich nie an sportlichen Wettbewerben beteiligt. Aber als ich intensiver nachfragte, wurde deutlich, daß sie als Kinder doch in den Turnstunden bei Ballspielen mitgemacht oder sich mit den physisch harmloseren Wettspielen mit Murmeln vergnügt hatten. Selbst Männer, die sich als Kinder nichts aus Wettkampfsportarten gemacht hatten, empfanden Wettbewerbsspiele als unvermeidlich. Zumindest in Amerika ist es für einen Jungen unmöglich, ohne irgendwelche wettbewerbsbedingten Spiele aufzuwachsen. Man braucht nur auf den Bildschirm zu sehen oder Sendungen anzuhören, in denen eine Gruppe von Jungen oder Männern beisammensteht, um sich darüber im klaren zu sein, daß der Wettbewerbssport einen Teil ihrer Lebensstruktur ausmacht.

Mädchenspiele lehren einen völlig anderen Stil wechselseitiger Aktivität. Der Schwerpunkt liegt hier auf Kooperation und der Entwicklung von Fähigkeiten, die nichts mit Konkurrenz zu tun haben. Mit Puppen umzugehen oder »Vater, Mutter und Kind« zu spielen stellen Rollenspiele ohne jeglichen Wettbewerb dar. In den Wettbewerbsspielen der Mädchen, wie zum Beispiel »Himmel und Hölle«, lernen sie eher individuelle als gruppenspezifische Geschicklichkeit.

Da Mädchen in kleinen kooperativen Gruppen miteinander spielen, sind sie nicht gezwungen, sich organisatorische Fähigkeiten anzueignen. Sie haben keinen Grund, sich auf die von komplizierten und strengen Regeln beherrschte Spielweise einzulassen, die eine große Jungengruppe für ihren Teamsport benötigt. Um »Familie« zu spielen bedarf es nur weniger Personen, die versuchen zusammenzuarbeiten, und so bedarf es auch nur sehr weniger Regeln. Da diese Spiele im Haus oder ganz in seiner Nähe stattfinden, lernen Mädchen gar nicht erst, häusliches Dasein und Spiel voneinander zu trennen.

Mädchen spielen die Bedeutung des Gewinnens herunter, weil ihnen die Aufrechterhaltung von Beziehungen wichtiger ist als der Beweis der Überlegenheit. Sie lernen, einander für zunehmende Geschicklichkeit zu loben, ganz gleich, wer in irgendeiner Form gewonnen hat. Mädchen erleben in ihren Gruppen wenig Konflikte, weil diese Gruppen homogen sind und ihre Spiele um so weniger Regeln bedürfen, gegen die verstoßen werden könnte. Aber dies bedeutet zugleich, daß Mädchen wenig Gelegenheit haben zu lernen, wie man Konflikte löst. Stattdessen lernen sie, ihnen eher aus dem Weg zu gehen.

Der Unterschied in der Konfliktlösung zwischen Jungen und Mädchen ist ebenso ins Auge fallend wie die daraus folgenden Konsequenzen. 1976 untersuchte Dr. Janet Lever die Unterschiedlichkeit in den Spielen von Jungen und Mädchen.[3] Sie stellte fest, daß die Spiele der Jungen länger dauern als die der Mädchen – nicht weil sie komplizierter sind, sondern weil Jungen eher Kontroversen beilegen können. Jungen streiten sich an sich viel häufiger als Mädchen, aber sie finden dabei eine Möglichkeit, die Auseinandersetzung zu beenden und das Spiel fortzusetzen. Sie wiederholen das Spiel, indem sie es »nochmal probieren« oder darüber debattieren, mit welchen Regeln man dem entsprechenden Verstoß beikommen kann. Die Spiele der Mädchen dauern meist kürzer, denn wenn sie streiten, hat das Spiel ein Ende. Sie packen ihre Spielsachen zusammen und gehen heim.

Richtlinien sind für Jungen wichtiger als für Mädchen. Jungen versuchen, sich buchstabengetreu an ihre Spielregeln zu halten, aber sie werden sich untereinander darüber streiten, wie sie nun genau ausgelegt werden müssen. Wenn Jungen über die sich aus einer Regel ergebenden Resultate unglücklich sind, debattieren sie über die Anwendbarkeit dieser Regel oder sie versuchen, ein Hintertürchen zu finden. Dr. Lever stellte fest, daß Jungen solche Debatten ebenso zu genießen scheinen wie das Spiel selbst. Mädchen ihrerseits bewerten Beziehungen höher als Regeln. Sie sind bereit, letztere zu opfern, um diese Beziehungen aufrechtzuerhalten. Falls die Befolgung von Regeln eine Beziehung gefährden oder die Gefühle eines anderen Menschen verletzen könnte, werden Mädchen einfach besagte Regeln ignorieren oder neue erfinden.

Als Erwachsene übertragen Männer ihr Vertrauen auf Richtlinien und ihren Respekt vor ihnen aus ihrer Kindheit auf ihren Arbeitsplatz. Dort dabattieren sie mit der gleichen Begeisterung wie in ihrer Kindheit über deren genaue Auslegung. Erwachsene Frauen bewerten nach wie vor menschliche Beziehungen höher als die Tyrannei von Vorschriften. Sie empfinden angesichts strikter Regeln Frustration und würden es vorziehen, nutzlose oder wenig hilfreiche Vorschriften zu ändern oder gänzlich zu streichen, statt sich nach ihnen zu richten. Aber da die meisten Arbeitsplätze nach wie vor von Männern dominiert werden, sind Regeln und Vorschriften sakrosankt. Als Frau können Sie nicht dagegen verstoßen oder die Regeln ändern, um jemand anderen nicht zu verletzen. Aber Sie können sie sich zurechtbiegen. Ein Begreifen der Regeln, richtiges Einschätzen der Bedeutung, die Männer ihnen beimessen, und die Fähigkeit, diese Regeln zu manipulieren, sind für Frauen am Arbeitsplatz unerläßlich.

Männliche und weibliche Definitionen von Moral

Kinder entwickeln und praktizieren im Spiel ihre Vorstellung von Moral. Die völlig verschieden gearteten Spiele von Jungen und Mädchen bestärken beide Teile darin, bei sich Definitionen von Moral entstehen zu lassen, die sich auf dramatische Weise voneinander unterscheiden. 1982 veröffentlichte Dr. Carol Gilligan eine bahnbrechende Studie, in der diese unterschiedliche moralische Entwicklung von Männern und Frauen untersucht und definiert wurde.

Psychologen testen diese Entwicklung, indem sie Kinder mit einem moralischen Dilemma konfrontieren und ihre jeweiligen Lösungen in eine sorgfältig konstruierte Tabelle eintragen. Eine typische Frage – entnommen einer klassischen Studie von Dr. Lawrence Kohlberg – ist folgende:

Mrs. Heinz ist sehr krank und wird sterben, wenn sie nicht eine bestimmte Arznei bekommt. Dieses Heilmittel ist sehr teuer. Mr. Heinz hat nicht genügend Geld, um es zu kaufen, und der Apotheker weigert sich, einen Preisnachlaß zu gewähren. Sollte Mr. Heinz das Heilmittel stehlen?[4]

Dr. Gilligan fand heraus, daß die Jungen für dieses Dilemma rasch eine Lösung parat hatten, während die Mädchen unschlüssig waren. Die Jungen begegneten dem Problem unbefangen. Für sie war es eine Frage nach der Gewichtung von Eigentum: Diebstahl des Heilmittels oder Rettung des Lebens. Da Leben wichtiger ist als Eigentum, kamen die Jungen ohne weiteres zu dem Schluß, daß es richtig sei, wenn Mr. Heinz das Mittel stehlen würde, weil seine Frau ja sonst sterben müsse. Die Jungen waren auch der Ansicht, daß Mr. Heinz, wenn er dabei ertappt würde, vor ein Gericht gestellt werden sollte. Sie meinten, der Richter würde Mr. Heinz ohnehin freisprechen oder ihn mit einer geringen Strafe davonkommen lassen, weil er – moralisch gesehen – das Richtige getan habe.

Statt sich auf die Rettung von Mrs. Heinz' Leben zu konzentrieren, bewegte die Mädchen das Problem, inwieweit der Diebstahl des Heilmittels die Beziehungen der Beteiligten beeinträchtigen würde. Statt die Relation zwischen dem Wert des Eigentums und dem des Lebens abzuwägen, bemühten sie sich, eine Lösung zu finden, die weder dem Apotheker noch Mrs. Heinz weh tun würde. Da dies ein hoffnungsloses Unterfangen war, konnten die Mädchen für Mr. Heinz' Dilemma keine befriedigende Lösung finden. Sie versuchten es mit dem Vorschlag, der Ehemann solle den Apotheker davon überzeugen, daß er ihm das Heilmittel für seine Frau geben *müsse*, oder daß er, Heinz, zur Bank gehen und ein Darlehen aufnehmen solle. Da diese Möglichkeiten ausgeschlossen wurden, waren die Mädchen ratlos. Sie waren nicht der Ansicht, daß Heinz die Medizin stehlen sollte, weil dem Apotheker nichts weggenommen werden dürfte, und außerdem befürchteten sie, Mr. Heinz könne ins Gefängnis wandern.

Weibliche Moralvorstellungen bewerten Spielregeln im Kontext mit der Situation. Die Mädchen beharrten eigensinnig darauf, die Spielregel müsse darin bestehen, daß der

Apotheker Mr. Heinz die Medizin in jedem Fall geben sollte, auch wenn das zu lösende Problem ja ebendies ausschloß. Es war bedrückend mitanzusehen, wie sich die Mädchen mit diesem Problem über Leben und Tod abquälten, während die Jungen es mit solcher Leichtigkeit bewältigten. Das Ganze erinnert mich an die vielen Male in meiner Praxis, bei denen Frauen sich zwar darüber beschwerten, daß irgendeine Entscheidung innerhalb ihres Berufslebens unfair sei, selbst jedoch keine Alternative bieten konnten, weil jede andere in Betracht kommende Lösung irgend jemanden verletzt hätte.

Dieses Dilemma veranschaulicht den verblüffenden Unterschied bei Jungen und Mädchen in der Einstellung gegenüber allgemeingültigen Regeln. Jungen respektieren sie. Sie wissen, daß Diebstahl ein Unrecht ist, und daß Leute, die dabei erwischt werden, ins Gefängnis wandern. Wenn Jungen mit dem, was aus diesen Vorgaben entsteht, nicht einverstanden sind, dann erkennen sie zwar die Regeln nach wie vor an, suchen jedoch gleichzeitig nach irgendwelchen Schlupflöchern. Sie nehmen dann an, daß der Richter schon eine Möglichkeit finden wird, Mr. Heinz laufenzulassen.

Mädchen dagegen betrachten festgesetzte Regeln als Mittel zum Zweck. Sie sehen ihren Nutzen nur im Zusammenhang mit dem, was geschieht. Mädchen finden nicht, daß gesetzliche Regeln unverletzbar sein müssen. Es macht ihnen nichts aus, sie zu mißachten, wenn sie sie als nicht hilfreich oder sogar als destruktiv empfinden. Im Fall Heinz erachten sie die Bestimmungen, die besagen, Medikamente gäbe es nur gegen Bezahlung und Banken gäben nur den Leuten Kredit, die das Geld zurückzahlen können, für irrelevant.

Dr. Gilligans Studie veranschaulicht die Gründe, weshalb Männer und Frauen die Vorstellungen der jeweils anderen Gruppe als so verwirrend empfinden. Das moralische Gebot für Männer besteht darin, daß niemand seiner individuellen Freiheit beraubt werden dürfe. Im Beispiel Heinz hat der

Apotheker das Recht, nicht mit dem Arzneimittel herauszurücken. Für Frauen bedeutet Moral, seiner Verantwortung gegenüber der Welt nachzukommen, dafür zu sorgen, daß niemand geschädigt wird. Der Apotheker *müßte* das Heilmittel Mr. Heinz eben trotzdem geben.

Moral am Arbeitsplatz ist männliche Moral, die auf der Bedeutung gründet, die Gesetzmäßigkeit und Logik für die Männer besitzen. Das Problem von Lösungen auf der Basis menschlicher Beziehungen kommt in ihren Gleichungen nicht vor. Ausschlaggebend ist allein die Vorrangstellung des Prinzips.

Das Problem Heinz zeigt, was geschieht, wenn diese beiden so verschiedenartigen Moralvorstellungen miteinander kollidieren. Die Mädchen hoffen weiter, daß der Apotheker zu plötzlicher Erleuchtung gelangt und Heinz hilft. Was sie nicht verstehen ist, daß der Apotheker in dieser Situation keinerlei Grund sieht, seine Einstellung zu ändern. Somit stellt das Begreifen männlicher Moralvorstellungen ein unerläßliches Werkzeug für Frauen dar. Auch Ihre Chancen, einen Mann davon überzeugen zu können, daß er seine Ansicht ändern sollte, sind weit besser, wenn Sie verstehen, wie er zu ihr gekommen ist.

Mädchengruppen und Jungengruppen

Eine weitere Konsequenz aus der Absonderung der Geschlechter in der Kindheit besteht darin, daß Männer und Frauen sehr unterschiedliche Formen der Beziehungen und der Kommunikation innerhalb von Gruppen entwickeln. Dr. Deborah Tannens Bücher *You just don't understand* und *Talking from 9 to five* schildern diese Unterschiede zu Hause und bei der Arbeit. Wenn Männer und Frauen den gleichen Arbeitsplatz haben, bringen sie ihre ausgeprägten – und gegensätzlichen – Kommunikationsweisen dort ein. Das Ergebnis sind Frust und Verwirrung.

Psycholinguisten untersuchen Kommunikationsformen, indem sie Unterhaltungen in Jungen- und Mädchengruppen aufnehmen und diese anschließend analysieren.[5] Dabei stellten sie bemerkenswerte Unterschiede fest. Mädchen nehmen Rücksicht auf Beziehungen zu den anderen in der Gruppe. Sie nutzen Unterhaltungen, um soziale Bindungen zu schaffen und beizubehalten, und trachten danach, zur Verbundenheit und positiven Einstellung der Gruppe beizutragen. Mädchen verfolgen immer ein doppeltes Ziel – sie wollen sowohl »nett« sein und soziale Verbindungen aufrechterhalten als auch ihren eigenen individuellen Anteil bekommen. Sie verstehen es, Übereinkommen zu erzielen und die Gruppe funktionsfähig zu erhalten, und versuchen, Zwang und Dominanz zu vermeiden.

In ihren Gruppen konzentrieren sich Jungen auf Dominanz. Sie benutzen Unterhaltung für egoistische Zwecke, zur Selbsterhöhung und dazu, ihr Territorium zu etablieren und zu schützen. Ihr Vorhaben ist eindeutig – alles dient der Selbstbehauptung. Ihre Methoden bestehen darin, Kommandos zu erteilen, aufzuschneiden und autoritäre Drohungen auszustoßen.

Da Mädchen und Jungen den jeweiligen Gegensätzen wie Beziehungspflege und Dominanz ein solches Gewicht beimessen, ist auch ihr Verhalten untereinander sehr verschieden. Bevor zum Beispiel ein Mädchen etwas äußert, hat es zur Kenntnis genommen, was die vorherige Sprecherin gesagt hat, und es wird sich mit einer anderen Sprecherin erst ins Einvernehmen setzen, bevor es ihr widerspricht. Jungen machen lediglich ihren Standpunkt klar. Jungen unterbrechen einander; Mädchen machen eine Pause, um einander die Chance zu geben, auch etwas zu sagen. Mädchen mildern ihre Anweisungen ab und beziehen ihre Partnerinnen mit in den

Planungsprozeß ein. Jungen geben einfach Informationen von sich oder sagen ihren Partnern, was sie tun sollen.

Mädchen hören einander höflich zu und äußern sich auf ermunternde Weise zum Thema. Jungen reden dazwischen, erzählen Späße und versuchen, die Geschichten der anderen durch eigene Geschichten zu übertreffen. Sie beschimpfen einander und weigern sich, auf die Ansprüche eines anderen einzugehen. Wenn es zum Konflikt kommt, versuchen Mädchen, die Wogen zu glätten; Jungen setzen Drohungen und physische Gewalt ein, um ihn zu beenden.

Das Verhalten von Jungen in der Gruppe ist in der Tat trotz ihres aggressiven Benehmens äußerst wirkungsvoll, wie es sich in Sportteams oder Armeeinheiten ja auch erweist. Diese Gruppen werden nicht durch das Interesse an den Empfindungen anderer Leute bestimmt, wie das in Mädchengruppen der Fall ist. Jungengruppen funktionieren dadurch, daß sie strikt an den Regeln festhalten. Männer brauchen eine rigide Gruppenstruktur, klar abgegrenzte Rollen, dominante Hierarchien und Teamgeist, um auf Dauer wirkungsvoll zusammenarbeiten zu können. Und dies ist eben auch der hierarchische Stil des Arbeitsplatzes.

Gemeinschaft von Jungen und Mädchen

Was passiert angesichts dieser unterschiedlichen Verhaltensweisen, wenn Jungen und Mädchen zusammen spielen? Dasselbe wie am Arbeitsplatz: Die Jungen nehmen das Heft in die Hand. Immer wieder bin ich überrascht, wie frühzeitig Kinder beginnen, sich an die gängige Geschlechterrolle anzupassen. In ihren eigenen Gruppen sind vierjährige Mädchen keineswegs passiv. Aber in gemischten Gruppen stehen die Mädchen an der Seitenlinie und überlassen den Jungen, was das Spiel betrifft, das Monopol.

Im Alter von drei Jahren wenden Jungen und Mädchen bereits sehr unterschiedliche Methoden an, um ihre Spielkameraden zu irgend etwas zu bewegen[6] – es sind die gleichen wie später bei den Erwachsenen. Dreijährige Mädchen machen höfliche Andeutungen, während dreijährige Jungen direkte Forderungen stellen. Mädchen benutzen Phrasen wie »Gib mir doch mal bitte...« Oder, noch indirekter: »Ach, ich möchte das auch gern mal...« Jungen sagen: »Gib mir's!«

Mit zunehmendem Alter werden Jungen den höflichen Bitten der Mädchen gegenüber immer weniger zugänglich. Wenn sie vier sind, werden sie, von einem Mädchen gebeten, irgendein Verhalten keineswegs ändern, sehr wohl aber auf den Befehl eines Jungen hin. Dieses Schema setzt sich dann ins Erwachsenenalter fort – mit verheerenden Folgen für die Frauen am gemeinsamen Arbeitsplatz. Waren Sie je in einer Gruppe Menschen, die einen von Ihnen als Frau vorgebrachten Vorschlag einfach ignoriert, aber dann sofort reagiert, wenn der gleiche Vorschlag von einem Mann kommt?

Angesichts dieses wechselseitigen Verhaltensmusters ist es kaum überraschend, daß kleinen Mädchen das Spielen mit Jungen zuwider ist und sie es nach Möglichkeit vermeiden. Aber da sie diesem unangenehmen Zusammenspiel mit Jungen ausweichen, lernen die meisten nie, wirkungsvoll mit dem Verhalten dieser Jungen umzugehen. Die einzigen von mir befragten Frauen, die keine Probleme im Umgang mit Männergruppen hatten, waren entweder mit Brüdern oder in einer Umgebung aufgewachsen, in deren Nähe es keine anderen Mädchen gab. Diese Frauen waren gezwungen, in ihrer Kindheit mit Jungen zu spielen und lernten daher wirksame Methoden, mit ihnen umzugehen.

Männer und Frauen bringen also die Muster moralischer Beurteilungen, gegenseitiger Beziehungen und Kommunikation, so wie sie sie als Kinder gelernt haben, an den Arbeitsplatz mit. Aber dieser Arbeitsplatz ist ein männliches Phänomen. Dort läuft alles so ab, wie Jungen das bei ihren Kinderspielen gelernt haben, im selben Stil wie bei ihren Sportteams und im Krieg. Männer stehen zu anderen Männern in derselben Beziehung wie damals als Jungen. Dadurch sind Frauen, die auf ihre gewohnte weibliche Art versuchen, die Beziehungen zu gestalten, auf drastische Weise im Nachteil. Aber wenn Sie einmal verstehen, wie und warum Männer sich so verhalten, wie sie es tun, können Sie lernen, wirkungsvoll mit ihnen zusammenzuarbeiten.

3

Der Beruf ist ein Spiel

Betrachten Sie Ihre Arbeit als ein Spiel. Männer tun das. Männer gehen mit der gleichen Einstellung an ihren Beruf heran wie an sportliche Wettbewerbe. Wettkämpfe, der Krieg und der Arbeitsplatz werden beherrscht von einer Reihe ungeschriebener Gesetze, die zwar den meisten Männern, aber nur den wenigsten Frauen bekannt sind. Um also in diesem Spiel »Beruf« erfolgreich zu sein, müssen Sie die Spielregeln kennenlernen.

Ich fragte die Männer, die ich interviewte, was sie unter »Spiel« verstehen. Sie definierten es als Geschicklichkeitswettbewerb zwischen einander bekämpfenden Spielern. Es handle sich um einen einzelnen Vorgang mit einem Anfang und einem Ende. Jedes Spiel habe seine eigenen Regeln. Es gäbe dabei jedesmal Gewinner und Verlierer, und der Zweck eines Spiels sei es zu gewinnen. Dies ist eine Definition, die ebensogut auf den Beruf wie auf Rugby oder Fußball zutreffen könnte.

Spiele haben für Männer eine andere Bedeutung als für Frauen, und sie sind maßgeblich für die Art und Weise, in der sie, die Männer, Beziehungen aufnehmen. Mädchen lernen den Umgang miteinander, indem sie Beziehungen entwicklen und beibehalten; Jungen lernen den Umgang miteinander durch ihre Spiele, die von Dominanz und Wettstreit bestimmt sind. Sie lernen, die Welt als Gegner zu betrachten. Da sie gelernt haben, Beziehungen über den Weg von gestellten Aufgaben und Spielen aufzunehmen, fühlen sich Männer angesichts konkreter Aufgaben und einer zweckmäßig strukturierten Umgebung – wie eben bei Spielen oder im Beruf – am wohlsten.

Manche Männer benutzen die Arbeit, um jeder Intimität aus dem Weg zu gehen. Sie ziehen den Arbeitsplatz ihrem Heim und ihrer Familie vor. Für diese Männer ist Arbeit einfach eine angenehmere Institution. Sie können den Wert einer lockeren Unterhaltung oder Beziehungsaufnahme nicht erkennen und sind auch nicht sonderlich dafür geeignet. Sie fühlen sich unter anderen Leuten am wohlsten, wenn sie eine Funktion innerhalb einer strukturierten Umgebung erfüllen, so wie das bei Arbeit und Sport der Fall ist. Bei beidem muß man sich an die Regeln halten.

Die Idole von Jungen sind die Sportasse. Sport stellt ein Band zwischen Vätern und Söhnen dar. Männer genießen es, wenn sie ihren Söhnen in sportlicher Hinsicht etwas beibringen können, und applaudieren ihnen, wenn sie dabei tüchtig sind. In der Kindheit ist die Einheit von Jungen und Sport das, was zählt. Im Dasein des Erwachsenen ist es die Einheit von Mann und Beruf.

Die Verbindung zwischen der Welt des Sports und der des Berufs kann man erkennen, wenn man aufmerksam den Männern bei einer Unterhaltung untereinander zuhört. Wie oft hört man bei Geschäftsleuten Sätze wie diese, wenn sie ihre beruflichen Strategien erörtern:

»In der Sache wird's mich auf die Matte hauen.«
»Was hat er in der Rückhand?«
»Der kämpft mit harten Bandagen.«

Achten Sie einmal darauf, wie oft sie ihre Anekdoten über ihre Arbeit mit Sports- und Kriegsanalogien würzen. Beobachten Sie nur, wie sich ihre Einstellungen und Verhaltensweisen gegenüber Krieg, Sport und Beruf ähneln.

Die Arbeit ist für Männer sehr wichtig, weil sie sich selbst nach ihrer Fähigkeit einschätzen, Verantwortung zu tragen und Verpflichtungen zu erfüllen. Arbeit ist der Sektor, auf dem Männer ihren sozialen Status erlangen und somit die Hauptquelle ihrer Selbstachtung und ihres Selbstwertgefühls. Ein »guter Mann« zu sein bedeutet für die Männer, einen respektablen Platz inmitten der anderen Männer einzunehmen.

Für Männer sind Spiele ein ernst zu nehmendes Geschäft und Geschäfte ein ernstzunehmendes Spiel. Die Männer, die ich befragt habe, waren in ihren Sportarten ebenso erfolgreich wie in ihrer Arbeit. Erfolgreiche Männer teilen miteinander das Wissen darum, wie man spielt – sei es nun beim Sport oder beim Beruf. Dieses Wissen macht sie zu Gewinnern in allen Wettbewerbssituationen. Sie sind Experten für Spielregeln.

Es wird erwartet, daß Sie die Regeln kennen

Die Verbitterung meines Nachbarn Hal ob seiner Versuche, ein weibliches Fußballteam zu trainieren, spiegelt die verwirrenden Erfahrungen wider, die Männer mit Frauen am gemeinsamen Arbeitsplatz machen. Hal war vorher Trainer bei einem Fußballteam von Jungen gewesen. Als er erfuhr, daß in der Nähe eines für Mädchen gegründet werden sollte, hatte er sich eifrig darum beworben, auch deren Trainer zu werden. Nach einer Saison gab Hal auf und schwor Stein und Bein, daß er niemals wieder ein Mädchenteam übernehmen würde. Der Frust, den er empfand, glich genau dem der Männer, wenn sie es beruflich mit Frauen zu tun haben.

Als Beispiel erzählte er mir folgendes:

»Wenn ein Junge zu spät zum Training kommt, lasse ich ihn zusätzlich Kniebeugen oder Liegestützen machen. Die Jungen wissen das und machen das klaglos. Ich hatte für die Mädchen die gleichen Regeln festgelegt, aber als dann eine von ihnen wirklich zu spät kam, fing sie, statt die Übungen zu machen, an zu heulen. Ihre Kameradinnen behaupteten, es sei unfair, sie zum Weinen zu bringen. Inwiefern habe ich sie zum Weinen gebracht? Das begreife ich nicht. Ich dachte, die Mädchen würden die Regeln kennen.«

Seine Auffassung von der Situation war die, daß ein Spieler, der gegen eine Vorschrift verstoßen hat, die entsprechende Strafe auf sich nehmen müsse. Hal erwartete, daß die betreffende Spielerin das Ganze vergessen würde, sobald sie ihre Strafübungen hinter sich gebracht hatte. Zwar bin ich persönlich in diesem Fall auf Vermutungen angewiesen – aber wahrscheinlich glaubte sie, daß Hal ihr, weil er sie mochte, die Strafe erlassen würde. Sie und ihre Mitspielerinnen legten Hals Festhalten an den Regeln als unbarmherziges Zeichen dafür aus, daß er sie nicht mehr gernhätte. Die Mädchen kannten zwar die Spielregeln für Fußball, aber nicht die ungeschriebenen allgemeingültigen Verhaltensregeln.

Wenn Sie nun beim Spiel der Arbeitswelt mitmachen, erwartet man von Ihnen, daß Sie zweierlei Kategorien von Regeln kennen. Die eine gilt für Ihr berufliches Können, für das, was Sie in der Schule oder während ihrer Ausbildung gelernt haben. Diese Regeln kennen Frauen gut. Aber es gibt in der Wirklichkeit noch eine weitere Kategorie von Richtlinien, die Frauen eben nicht kennen: die ungeschriebenen Spielregeln, die niemals ausdrücklich erwähnt werden. Männer erwarten nun einmal, daß sie beide Arten beachten.

Wenn Sie in Weiß gekleidet und mit einem teuren Schläger

in der Hand bei einem Tennismatch auftauchen, wird Ihr Gegner logischerweise annehmen, daß Sie wissen, wie Sie spielen müssen. Wenn Sie in korrekter Kleidung und mit einer Aktenmappe unter dem Arm am Arbeitsplatz erscheinen, werden Ihre männlichen Kollegen zu derselben Annahme kommen. Sie erwarten, daß Sie mit den »Spielregeln« vertraut sind und sie respektieren. Unseligerweise trifft das auf viele Frauen nicht zu.

Selbst die verständnisvollsten Männer, mit denen ich sprach, waren verwirrt ob des Verhaltens von Frauen bei der Arbeit. Unzählige Male baten sie mich, ihnen Freuds berühmte Frage »Was wollen Frauen wirklich?« zu beantworten. Ich erklärte ihnen, das sei ganz einfach – Frauen strebten dasselbe Ziel an wie Männer. Was diese Männer durcheinander bringt, ist, auf welche Weise Frauen dieses Ziel zu erreichen suchen.

Ich weiß dank meiner Erfahrungen bei den Segelregatten, wie schockiert Männer reagieren, wenn ihnen schließlich aufgeht, daß Frauen die Regeln nicht kennen. Als ich mit meinen zwanglosen Studien der ungeschriebenen Spielregeln begann, stellt ich meinen Segelpartnern eine Menge Fragen, die sie zwar bereitwillig beantworteten, aber häufig einfach nicht fassen konnten. Sie glaubten, ich wollte sie verkohlen. Ich weiß nicht, wie oft ich zu hören bekam: »Das wußtest du nicht? Komm schon – das weiß doch jeder!« Nicht jeder weiß es, aber von jedem wird das erwartet.

Erwachsene Männer übertragen ihr Vertrauen in und ihren Respekt vor den Spielregeln ihrer Kindheit auf den Arbeitsplatz. Dort genießen sie es ebensosehr wie als Jungen, über deren genaue Auslegung zu debattieren. Erwachsene Frauen schätzen nach wie vor Beziehungen höher ein als willkürliche Vorschriften.

Die meisten Frauen empfinden angesichts rigider Regeln Frustration und würden sie, sofern sie nutzlos sind, lieber ändern oder gänzlich eliminieren, als sich an sie zu halten. Aber der Arbeitsplatz wird eben im wesentlichen von Männern beherrscht, und die Regeln sind sakrosankt. Als Frau können Sie nicht dagegen verstoßen oder sie ändern, um niemanden zu verletzen, aber Sie können lernen, über ihre Anwendbarkeit zu debattieren und nach Hintertürchen zu fahnden. Diese Regeln und den Wert, der ihnen von den Männern beigemessen wird, zu begreifen und sie dann manipulieren zu können, sind unschätzbare Fähigkeiten für Frauen am Arbeitsplatz.

Regeln »ausweiten« ist Bestandteil des Spiels

Wie wichtig Regeln und Vorschriften für Männer sind, wurde mir durch einen Abschnitt in der Sonntagsausgabe des *NEW YORK TIMES MAGAZINE* klar. Es handelte sich um einen Artikel über Kochkunst, reichhaltig garniert mit Fotos köstlicher Speisen.

Der Autor, William Grimes, einer der Herausgeber des Magazins, schrieb über das gemeinsame Kochen mit seiner Frau:

»... Was zum Konflikt Nummer zwei führt: die Rolle, die das Rezept spielt. Ich bin entsetzt über ihren legeren Umgang damit. Sie mißt mit der Hand ab, tauscht Ingredienzien nach Lust und Laune aus, kümmert sich nicht um die Kochzeiten. Sie hält sich nicht an die Vorschriften im Kochbuch, was für mich dasselbe bedeutet wie, sich nicht an die Spielregeln zu halten.«[1]

Für Männer sind Vorschriften in der Küche ebenso wichtig wie auf dem Fußballfeld oder bei der Herausgabe einer Zeitschrift.

Es ist nicht nur wichtig, diese Regeln zu kennen, es ist auch unerläßlich zu begreifen, wie Männer diese Regeln anwenden. Während Frauen jede Situation aus ihrem eigenen Kontext heraus betrachten, erfassen Männer Situationen nach Regeln und Vorschriften. Während Frauen sich Gedanken machen, ob jemand dabei verletzt wird, überprüfen Männer in erster Linie, ob alles der vorgeschriebenen Ordnung entspricht.

Nicht, daß Männer sich blindlings jeder Ordnung unterwerfen – sie haben durchaus Methoden, Regeln, die sie an sich befolgen wollen, zu manipulieren. Ich würde das nicht als »Verstoß« bezeichnen, sondern eher als ein »Fünf-gerade-sein-lassen«. Wenn Frauen irgendwelche Regeln nicht gefallen, dann versuchen sie, sie zu ändern – genauso wie Mrs. Grimes eben das Rezept änderte. Aber für Männer bedeutet das einen Verstoß. Männer drücken sich um Regeln oder Vorschriften, die sie nicht befolgen wollen, dadurch, daß sie nach einem Hintertürchen suchen. Falls Mrs. Grimes, statt nach Lust und Laune Ingredienzien auszutauschen, sich ein Schlupfloch geschaffen und zum Beispiel gesagt hätte: »An solche Rezeptvorschriften kann man sich bei schwülem Wetter nicht halten!«, dann hätte sich Mr. Grimes wesentlich wohler gefühlt.

Bestandteil des Spiels ist es, so nahe wie möglich an einen Verstoß heranzukommen, ohne wirklich gegen die Regeln zu verstoßen. Für die meisten Frauen ist das eine schwerverständliche Auffassung – aber erwähnen Sie das einmal einem Mann gegenüber, so wird er sofort begreifen. Er wird genau wissen, was man unter »Nicht-so-genau-nehmen« versteht. Der Grund für diese mangelnde Verständigung liegt darin, daß Frauen versuchen, dem Geist der Vorschrift zu folgen, während Männer sich an den Buchstaben der Vorschrift halten.

Mein Freund Robert war mir unbeabsichtigt dabei behilflich, diese Behauptung zu veranschaulichen. Bei einem

Abendessen gestand er mir seinen Wunsch ein abzunehmen und bat mich um Unterstützung. Ich sah, wie seine Augen die Dessertkarte überflogen. »Nichts von dieser Karte!« sagte ich, bevor ich mich entschuldigte, um Bekannte an einem anderen Tisch zu begrüßen. Als ich zurückkehrte, ertappte ich ihn beim Verzehr einer Eiscreme. Er grinste verlegen und murmelte: »Das stand nicht auf der Karte...«

Der Beruf des Anwalts beruht zum Teil auf dem Konzept, nicht gegen Gesetze zu verstoßen, aber sie auf Abweichungsmöglichkeiten hin abzuklopfen. Die Rechtsprechung beruht auf einer Ansammlung von Gesetzen. Diese Gesetze sind unumstößlich. Aber wenn Sie als Anwalt das Gericht davon überzeugen können, daß eine abweichende Interpretation zulässig ist, können Sie ein gänzlich anderes Resultat erreichen. Rechtsanwälte argumentieren bei Verfassungsdebatten genau auf der Basis der Gründerväter, als diese die amerikanische Konstitution formulierten. Ein cleverer Anwalt wird versuchen, den Sinn eines Gesetzes zu verändern, indem er ein paar Sätze neu interpretiert.

Zugegeben, ein Teil des Konflikts zwischen Männern und Frauen im Berufsleben beruht auf dem Ressentiment der Männer gegen Frauen am Arbeitsplatz an sich – aber nicht zur Gänze. Einige dieser Konflikte und Feindseligkeiten werden duch Mißverständnisse verursacht, die aus der verschiedenartigen Auffassung über die Funktion der Vorschriften und Regeln resultieren. Auf Grund der Bedeutung, die sie diesen Dingen beimessen, ärgern sich Männer über Frauen, weil sie sie nicht respektieren oder sich nicht an sie halten. Da Frauen sich des Werts nicht bewußt sind, den Vorschriften und Gesetze für Männer haben, empfinden Frauen das Verhalten dieser Männer als persönliche Feindseligkeit, obwohl es sich dabei lediglich um deren Einstellung gegenüber Vorschriften und Verhaltensregeln handelt.

Nach wie vor wird der Arbeitsplatz im großen und ganzen

von Männern kontrolliert. Er ist vom männlichen Stil geprägt und wird deshalb von einer ganzen Reihe unausgesprochener männlicher Spielregeln beherrscht. Wenn Sie also auf dem gleichen Spielfeld wie die Männer bestehen wollen, so müssen Sie Regeln kennen – und wissen, wie man sie manipuliert.

Das Ziel ist der Erfolg

Am besten kann ich die unterschiedlichen Gefühle bei Männern und Frauen bezüglich ihres persönlichen Erfolgs an Hand einer eigenen Erfahrung beschreiben:

Bestandteil des Vergnügens und der Geschicklichkeit bei Segelbootregatten ist die Fähigkeit, auf Unerwartetes zu reagieren und mit Mißgeschicken fertig zu werden. Immer wieder tauchen Probleme auf, mit denen man nicht gerechnet hat. Während einer großen Regatta in der Chesapeake Bay riß das Fall meines Boots – also das Tau, mit dem die Segel oben gehalten werden. Mein Segel fiel herab, und wir mußten mühsam zum Hafen zurückkehren, um die Sache in Ordnung zu bringen. Als wir dann schließlich wieder auf der Rennstrecke auftauchten, waren sämtliche anderen Boote bereits verschwunden. Unnötig zu sagen, daß wir dieses Rennen nicht gewannen. Meine Crew war zwar alles andere als glücklich, aber wir alle wußten, daß solche Situationen nun einmal Bestandteil sportlicher Spiele sind.

Vergleichen Sie dies nun mit meiner Erfahrung bei einer von Frauen organisierten und mit ausschließlich weiblicher Besatzung durchgeführten Segelregatta. Derartige Frauenveranstaltungen machen Spaß und sind förderlich für den Aufbau von Selbstvertrauen – wie das folgende Erlebnis in besonderer Weise verdeutlicht:

Während der letzten einer ganzen Reihe von Regatten riß auf einem der Boote das Fall, und das Segel fiel herab. Da die Crew an Land fahren und das Tau richten lassen mußte, kam sie als letzte ans Ziel. Den Organisatorinnen der Regatta taten die Frauen so leid, daß sie beschlossen, die Spielregeln zu ändern.
Sie verfügten, daß das Team seine Punktzahl bei dieser Regatta durch den Durchschnitt seiner Bewertung bei den anderen Regatten ersetzen dürfe. Diese Umwandlung der Regeln bedeutete für die Crew, daß sie insgesamt auf den ersten Platz kam statt auf den vierten, wie es nach den ursprünglichen Bestimmungen der Fall gewesen wäre. Den Organisatorinnen lag mehr daran, die Frauen auf dem defekten Boot zu trösten, als eine wirkliche Regatta abzuhalten.

Wann immer ich einem Mann diese Geschichte erzähle, zeigt er sich bestürzt. »Das ist nicht fair!« pflegt er zu reagieren. Männer können nicht begreifen, wieso niemand Einwand dagegen erhob – vor allem nicht die Frauen im zweitplazierten Boot, denen doch in Wirklichkeit der Sieg zugestanden hätte. Weshalb begehrten sie nicht wütend auf, als er ihnen einfach weggenommen wurde? Männer können nicht fassen, daß diese Frauen bereit waren, auf den Sieg zu verzichten, um verletzte Gefühle zu vermeiden. Für Männer ist es das Ziel einer sportlichen Veranstaltung zu gewinnen und nicht das, dafür zu sorgen, daß alle zufrieden sind.

Ich war beeindruckt von einer Bemerkung André Agassis bei einem Interview, nachdem er ein Tennismatch verloren hatte. »Das beste gleich nach Spielen und Gewinnen ist Spielen und Verlieren«, sagte er.

Er sagte nicht einfach »Spielen«. Wenn man spielt, ist man hinterher entweder Sieger oder Verlierer. Für ihn gehörte Gewinnen oder Verlieren einfach zum Spiel.

Der Unterschied im männlichen und weiblichen Verhalten, was das Gewinnen betrifft, beruht auf unseren Kindheitsspielen. Jungenspiele sind Wettbewerbe zwischen Partnern, während Mädchenspiele Kooperation und Geschicklichkeit fördern. Mädchenspiele sind im allgemeinen so angelegt, daß jede Beteiligte einen Preis bekommt oder gewinnt. Bei Jungenspielen dagegen gibt es Gewinner und Verlierer.

Selbst wenn Männer und Frauen die gleichen Spiele betreiben, so sind doch die jeweiligen Ziele verschiedene. Im Tennis zum Beispiel entscheiden sich zwei Frauen oft dafür, einen Ball zu verschenken oder auf einen Punkt zu verzichten, während Männer im allgemeinen eisern spielen. Ballwechsel betrachten sie als eine Herausforderung zur Übung oder um einen meisterhaften Schlag zu landen, nicht als möglichen Endzustand. Für Männer ist das absolute Ziel beim Tennisspiel der Sieg.

In der Berufswelt entspricht der verschenkte Ball dem Tatbestand, daß Sie zwar Ihre Arbeit geleistet haben, aber deshalb trotzdem nicht befördert werden. Wenn es Ihr Bestreben ist, befördert zu werden, dann müssen Sie sich mit Ihrem Zögern, sich auf einen Wettbewerb einzulassen, innerlich auseinandersetzen. Fürchten Sie sich zu verlieren – oder fürchten Sie sich zu gewinnen? Für die meisten Frauen lautet die Antwort: »Beides!« Konkurrenz bringt Frauen in Zwiespalt.

Einen Sieg davonzutragen bedeutet für sie kein ungeteiltes Vergnügen, denn sie sind darin geschult, niemandes Gefühle zu verletzen, auch nicht die des Gegenspielers. Wenn es Sie beunruhigt, daß diejenigen, über die Sie triumphiert haben, Sie deshalb nicht leiden mögen, bleibt Ihnen nichts anderes übrig, als eben zu verlieren. Wenn Sie einen Konkurrenzkampf gewinnen wollen, müssen Sie lernen, anderer Leute Unbehagen und Abneigung zu ertragen.

Ein weiteres Problem für Frauen stellt die Tatsache dar, daß in unserer Kultur Kompetenz für unweiblich gehalten wird – vor allem, wenn es zu beweisen gilt, daß man einem Mann qualitativ überlegen ist. Das kulturell bedingte Gebot für Frauen besteht darin, Männern das Gefühl ihrer eigenen Stärke zu vermitteln und nicht, stattdessen ihre Schwächen aufzudecken. Außerdem wird die Aggressivität, die eine Frau braucht, um erfolgreich konkurrieren zu können, aller Wahrscheinlichkeit nach kritisiert werden.

Wenn Sie erfolgreich bestehen wollen, *müssen* Sie bereit sein, Ihre Gegner zu besiegen. Wo es Gewinner gibt, muß es Verlierer geben. Ihre Gegenspieler müssen durch ihren Sieg nicht unbedingt gedemütigt werden. Wenn es so ist, so sind Sie entweder keine gute Gewinnerin oder die anderen keine guten Verlierer.

Konzentrieren Sie sich völlig auf den Wettkampf, so lange er dauert und vergessen Sie alles, wenn Sie nach Hause gehen

Männer trennen den Beruf vom Rest ihres Lebens auf die gleiche Weise, wie sie eine sportliche Betätigung von der anderen trennen. Die Arbeit ist eben ein Spiel wie irgendein anderes auch.

Denken Sie zum Beispiel an ein Handballspiel: Sie ziehen Ihren Sportdress und entsprechende Schuhe an, gehen auf den Sportplatz, konzentrieren sich auf das Spiel und geben Ihr Bestes. Am Ende gewinnt das Team, das die meisten Tore geschossen hat. Und danach gehen Sie wieder heim.

Ihre Arbeit völlig hinter sich zurückzulassen, wenn Sie heimgehen, ist leichter gesagt als getan. Aber wenn Sie Ihren Beruf vom übrigen Dasein trennen, werden Sie damit am besten fahren, denn dies unterstreicht den Unterschied zwischen Ihrem eigenen Ich und der Rolle, die sie im »Spiel«

übernommen haben. Dieser Trennungsstrich befähigt Sie, sich bei der Arbeit an andere Regeln zu halten als zu Hause. Es fällt Ihnen leichter, sich im Beruf nach für Sie unangenehmen Vorschriften zu richten, wenn Sie wissen, daß Sie sie, sobald Sie weggehen, hinter sich lassen werden. Wenn Sie gewinnen, tragen Sie irgendeine Trophäe mit nach Hause, die Sie an Ihren Erfolg erinnert. Wenn Sie verlieren, können Sie ihre Fehlschläge zurücklassen, sobald Sie Ihren Arbeitsplatz verlassen haben.

Um die Trennung von Beruf und Privatleben leichter zu machen, bringen Sie am besten ein paar Dinge und Örtlichkeiten ausschließlich mit Ihrer Arbeit in Verbindung. Dienstkleidung ist hilfreich. Wenn Sie gewisse Kleidungsstücke nur zur Arbeit tragen, werden Sie feststellen, daß Sie sich besser auf das konzentrieren, was Sie tun. Das gleiche gilt für Arbeitsplätze. Wenn Sie nur an bestimmten Orten arbeiten, so werden Sie sich dort völlig auf Ihre Tätigkeit konzentrieren. Auch Rituale sind eine große Hilfe. Setzen Sie sich zu Hause zu einer geruhsamen Tasse Tee nieder, genießen Sie ein heißes Bad, machen Sie ein paar gymnastische Übungen oder unternehmen Sie einfach einen Spaziergang rund um den Häuserblock, einfach um damit das Ende des Arbeitstags zu signalisieren. Sie werden überrascht sein, wie Ihnen solche Rituale das Abschalten vom Beruf erleichtern.

Männer machen sich oft über das Interesse der Frauen an Kleidern lustig, aber haben Sie je versucht, den schäbigen Lieblingspullover eines Mannes wegzuwerfen? Männer wissen, daß das Anziehen eines Lieblingspullovers dazu beiträgt, sich zu entspannen. Männer, die davor zurückscheuen, sich am Wochenende elegant anzuziehen, tun das deshalb, weil Anzüge »Arbeitsuniformen« sind. Wenn sie sich im Augenblick ihres Nachhausekommens umziehen, verhilft ihnen das zu der Erkenntnis, welche Rolle sie nun übernehmen. Wenn Männer zu Hause arbeiten, gehen sie dazu in ein spezielles

Zimmer, in ein Studio oder einen als Büro eingerichteten Raum, in dem sie arbeiten und erwarten, ungestört zu bleiben. Erst wenn sie daraus wieder auftauchen, sind sie wirklich zu Hause.

Also versuchen Sie, in Ihrer Garderobe einen deutlichen Unterschied zwischen Ihrer Arbeits- und Ihrer Freizeitkleidung zu machen. Selbst Ihre Gesellschaftskleidung sollte sich in ihrem Stil maßgeblich von dem unterscheiden, was Sie im Beruf tragen. Und ziehen Sie diese Berufskleidung aus, sobald Sie zu Hause angelangt sind. Wenn Sie daheim arbeiten müssen, dann schaffen Sie dieselbe Distanz zu den übrigen Räumen, so wie Männer das tun. Schaffen Sie sich innerhalb Ihres Heims Ihren Arbeitsplatz, und lassen Sie nicht zu, daß Sie dort gestört werden.

Was die ausschließliche Konzentration auf Ihre Arbeit betrifft, so ist das eine schwer zu bewerkstellende Angelegenheit. Die Aufgaben der Frauen überschneiden sich häufiger als die der Männer. Der Job einer Mutter nimmt zum Beispiel vierundzwanzig Stunden pro Tag in Anspruch.

Ihr Zuhause können Sie bei der Arbeit nur vergessen, wenn jemand sich um Haushalt und Kinderbetreuung kümmert. Unglücklicherweise obliegt den meisten Frauen, selbst wenn sie einen Partner haben, in erster Linie die Verantwortung für Heim und Kinder. Ich habe schon gehört, wie Männer davon redeten, daß sie »Babysitter« bei ihren Kindern spielen müßten, so als ob die eigentliche Zuständigkeit für ihr Kind bei jemand völlig anderem läge. Nur allzu viele Männer prahlen damit, »im Haushalt mitzuhelfen«, und realisieren überhaupt nicht, daß sie damit die maßgebliche Verantwortung ihrer Partnerin zuschieben, auch wenn die beruflich tagsüber ebenso lange arbeitet wie sie selbst.

Das Berufsleben ist gefühllos gegenüber Frauen, denen noch andere Verantwortlichkeiten auferlegt sind. Allein die Tatsache, daß sie noch andere Verpflichtungen erfüllen müssen, kann schon als Unzuverlässigkeit ausgelegt werden. Jedenfalls war das bisher die Regel. Diese Einstellung beginnt sich nun zwar zu ändern, aber Veränderungen brauchen lange Zeit. So unfair es zu sein scheint – sich um das häusliche Leben zu kümmern, gehört nicht mit zum Spiel.

Da Ihre Verantwortlichkeiten sich nicht in Luft auflösen, werden Sie eine Methode finden müssen, den Anschein zu erwecken, daß Sie sich, während sie berufstätig sind, lediglich auf Ihre Arbeit konzentrieren. Denken Sie daran – es muß nur den *Anschein* haben, als widmeten Sie der Arbeit Ihre gesamte Aufmerksamkeit. Falls andere Verpflichtungen sich Ihnen während Ihrer beruflichen Arbeitszeit aufdrängen, tun Sie so, als sei das für sie unwichtig. Sie werden erstaunt sein, wieviel Respekt Sie von Männern ernten, wenn sie glauben, Ihr Beruf stünde für Sie absolut im Vordergrund.

Wenn der Wettkampf vorüber ist, soll der Gegner zum Freund werden

Helen, Unternehmensanwältin, schildert ihre erste Verhandlung:

»Beide Seiten lagen sich mit solcher Heftigkeit in den Haaren, daß ich schon glaubte, sie knurren zu hören und die gefletschten Zähne zu sehen. Irgendwann versuchte ich, als mein Partner Doug und der die Gegenseite vertretende Anwalt anfingen, sich gegenseitig anzuschreien, zu vermitteln. Sie ignorierten mich einfach.
Als wir schließlich dann doch zu einer Vereinbarung kamen, rechnete ich eigentlich damit, gemeinsam mit Doug auszugehen und zu feiern. Aber stattdessen mußte ich zusehen, wie er hinausging und mit dem Mann zusammen, den er noch wenige Minuten zuvor angebrüllt hatte, lachte und Witze riß«.

Diese Szene ist beim Sport durchaus geläufig. Wie oft haben Sie schon Gruppen von Jungen, die sich beim Sport als Gegner gegenüberstanden, nach dem Spiel gemeinsam in irgendeine Kneipe gehen sehen?

Als ich mit den Regatten begann, war ich abgestoßen von der Art und Weise, in der sich die Segler gegenseitig anschrien. Ich weiß jetzt, woher der Ausdruck »Er flucht wie ein Matrose« stammt. Aber wenn die Regatta vorüber ist, gehen die gleichen Segler dann gemeinsam zu einer Party. Einer von ihnen erklärte das so: »Hinter der Ziellinie ist der ganze Ärger vorbei.«

Helen wunderte sich, daß Doug und sein Gegner einander nach ihrem wütenden Streit so schnell verzeihen konnten. Aber sie hatte das Wesentliche nicht begriffen: Männer verzeihen einander gar nicht, weil es nichts zu verzeihen *gibt!* Im Zusammenhang mit ihren Verhandlungen stellt Streit nur ein angemessenes Mittel dar. Ihr feindseliges Verhalten war einfach Bestandteil des Spiels. Nachdem die Verhandlung vorbei war, waren sie auch keine Gegner mehr.

Als Kinder lernen Jungen, mit ihren Gegnern befreundet zu sein. Ihre Spiele sind konkurrenz- und konfliktgeladener und gewalttätiger als die der Mädchen. Wenn kleine Jungen sich nicht mit ihren Gegnern befreundeten, so hätten sie überhaupt keine Freunde, denn die Gegenspieler vom einen Tag sind am nächsten ihre Teamgefährten. Aus schierer Notwendigkeit heraus lernen Jungen, Spiele von Freundschaften zu trennen. Da kleine Mädchen bei ihren Spielen Konflikte vermeiden, gibt es für sie keinen zwingenden Grund, eine solche Trennung zu erlernen.

Je besser es Ihnen gelingt, sich innerlich von der Rolle zu distanzieren, die Ihnen Ihr Beruf abverlangt, desto natürlicher wird es für Sie, mit Ihrem Gegner gut zu stehen. In einer Konkurrenzsituation muß es Ihr Ziel sein zu gewinnen. Wenn aggressives Verhalten Ihnen dazu verhilft, dann ist das unter Umständen ein angemessener Bestandteil des »Spiels«. Aber denken Sie daran – richten Sie die Beschimpfungen lediglich an den Konkurrenten in diesem Wettkampf, nicht an Ihr Gegenüber persönlich. Und wenn das Spiel vorüber ist – seid Freunde!

ZUSAMMENFASSUNG

Betrachten Sie Ihren Beruf als sportlichen Wettkampf:

1. Es wird erwartet, daß Sie die Regeln kennen.
2. Die Regeln »auszuweiten« ist Bestandteil dieses Spiels.
3. Das Ziel ist der Erfolg.
4. Konzentrieren Sie sich ausschließlich auf den Wettkampf, so lange er dauert, und vergessen Sie alles, sobald Sie nach Hause gehen.
5. Wenn der Wettkampf vorüber ist, soll Ihr Gegner zum Freund werden.

Teil Zwei

Wie man die Regeln des Spiels »Arbeit« erlernt

Einführung

Ungeschriebene Spielregeln bilden die Grundlage für die Ausübung eines Berufs. Männer haben diese Spielregeln ihr Leben lang praktiziert, aber für die meisten Frauen sind sie neu. Niemand vermittelt einem Jungen derartige Richtlinien direkt, er nimmt sie durch Beispiele anderer während seiner sportlichen Betätigung auf und überträgt sie später ganz mühelos auf seinen Beruf. Diese Spielregeln werden vom Mann als so natürlich empfunden, daß ihm der Gedanke, er müsse sie Ihnen als Frau erklären, gar nicht erst kommt – er setzt einfach voraus, daß sie Ihnen ebenso geläufig sind wie ihm selbst.

Die Regeln, mit denen ich Sie vertraut machen will, habe ich keineswegs erfunden. Sie bilden eine Synthese aus all dem Material, das ich bei meinen Interwiews mit beruflich erfolgreichen Männern gesammelt habe. Manche dieser »Spielregeln« waren mir aus der Welt des Sports bekannt, andere aber überraschten mich. Vielleicht gefallen sie Ihnen nicht, aber es ist wichtig, daß Sie sie verstehen lernen.

Ich verbinde mit der Darstellung dieser Regeln keinesfalls die Absicht, Sie dazu zu ermutigen, sich wie ein Mann zu verhalten. Ich möchte Ihnen nur helfen, Männer und die Richtlinien, nach denen ihre Arbeit abläuft, zu verstehen. Wenn Sie sie begriffen haben, können Sie das Verhalten von Männern voraussehen, was Ihnen bei Verhandlungen und in einer Konkurrenzsituation einen gewissen Vorteil verschafft. Die Berufswelt wird Ihnen dadurch sinnvoller erscheinen. Ihr Streß wird nachlassen. Sie können Feindseligkeiten vermeiden, die aus einem unbeabsichtigten Verstoß gegen Regeln heraus entstanden sind, von deren Existenz Sie gar nichts ahnten. Sie werden ab sofort mit Ihren männlichen Kollegen besser zurechtkommen, die männliche und die weibliche Art der Betrachtung der Welt richtig einschätzen und sich von beidem das Beste aneignen können.

In diesem Abschnitt möchte ich Ihnen besagte Regeln so erklären, wie ich sie von Männern dargestellt bekommen habe. Einige von ihnen werden Ihnen zusagen, denn sie entsprechen einer vernünftigen Lebenseinstellung, andere werden Sie vielleicht als abstoßend empfinden. Wie sollen Sie Richtlinien befolgen, die Ihnen zuwider sind? Nun, Sie können die Regeln, die Ihnen mißfallen, nicht *ändern*, aber Sie können sie in irgendeiner Weise *umgehen.*

Vergessen Sie nie, daß Sie zwar ungeschriebene Gesetze nicht umstoßen, sie jedoch »ausweiten« können. Tun Sie das, was Männer in diesem Fall tun: Suchen Sie sich ein Schlupfloch. Lassen Sie dabei Kreativität walten. Passen Sie die Regeln Ihren Vorstellungen an. Debattieren Sie mit anderen Frauen. Ich werde Ihnen die Hintertürchen und effektiven Möglichkeiten des Ausweitens von Richtlinien und Vorschriften schildern, so wie ich sie von Männern selbst erfahren habe. Mit einiger Phantasie können Sie eine akzeptable und wirkungsvolle Methode finden, sich an die Spielregeln zu halten und dabei zu obsiegen.

Diese Spielregeln bedürfen dringend einer Veränderung. An der Art, wie die Welt ihre Geschäfte und beruflichen Angelegenheiten betreibt, ist ernsthaft vieles auszusetzen. Die

Arbeit könnte und sollte ebenso menschlich erfreulich wie auch produktiv sein. Aber der effektivste Weg, diese Veränderung zu bewirken, setzt nun einmal eine Machtposition voraus. Das Verständnis der gültigen Regeln wird Ihnen beim Erfolg in der Berufswelt hilfreich sein. Wenn Sie es dann zu Einfluß gebracht haben, so werden Sie ihn hoffentlich dazu nutzen, die in der Arbeitswelt so dringend erforderlichen positiven und dauerhaften Veränderungen herbeizuführen. Je mehr von uns Frauen die gläserne Wand durchbrechen, desto leichter wird es uns fallen, uns an eine Neufassung der Spielregeln zu machen.

Aber bis es so weit ist, erst einmal zu denen, die derzeit noch gültig sind.

4

Regel Nr. 1
Wirken Sie kompetent

Susan gehört zum Mitarbeiterstab der Marketing-Abteilung einer großen Aktiengesellschaft. Sie hat während der vergangenen fünf Jahre in dieser Position ausgezeichnete Arbeit geleistet. Als eine der ihren übergeordnete Position frei wurde, bewarb sich Susan darum und war auch zuversichtlich, diese Stellung zu erhalten. Sie wußte, daß sie die erfahrenste und fachkundigste Kandidatin war. Aber der Posten wurde an Harry vergeben, einen weit weniger erfahrenen und tüchtigen Mitarbeiter, der noch nicht einmal ein Jahr bei der Firma war.

Wie war das möglich?

Harry war weder so kenntnisreich und begabt wie Susan, noch hatte er so lang und so schwer gearbeitet wie sie. Susan war oft bis in die Nacht hinein im Büro geblieben, um ein Problem qualitativ gut zu lösen. Harry war weit seltener dageblieben als sie – aber wenn ja, so hatte er dafür gesorgt, daß seine Manager davon erfuhren. Wie andere auch, machte Harry Fehler – nur erwähnte er sie anderen gegenüber nie. Er achtete jedoch sorgfältig darauf, daß jedermann erfuhr, wenn er einen Auftrag erfolgreich zu Ende geführt hatte. Er weigerte sich niemals, eine Aufgabe zu akzeptieren, ob er nun eine Ahnung hatte, wie sie zu bewältigen war, oder nicht. Um

Hilfe bat er selten. Harry erweckte den Anschein, als ob er hart arbeitete, bei all seinen Vorhaben Erfolg hätte und in allem, was er in die Hände nahm, Experte sei.

Susan kannte Regel Nr. 1 nicht: Man muß fachkundig *wirken*.

Harry hingegen wußte, daß der Anschein von Kompetenz Teil der beruflichen Spielregeln ist. Das maßgebliche Wort ist hier »Wirken«. Die richtige Wirkung und Darstellung seiner selbst gehört zu den unerläßlichen Fertigkeiten des Spiels, ebenso wie der Bluff. Wenn Sie Ihren Manager überzeugen können, daß Sie kompetent sind, obwohl es gar nicht zutrifft – nun ja, auch das gehört zum Spiel.

Da Harry genau wußte, daß er nur befördert würde, wenn er in seinen Vorgesetzten die Überzeugung weckte, daß er der Beste für diesen Job sei, wandte er genau diese Taktik an.

Die Wettkämpfe in großen Sportgruppen stellen das Trainingslager für die Darstellung von Kompetenz dar. Beim Jungensport kommen nur die besten Spieler zum Zug, der Rest sitzt auf der Reservebank. Für Jungen wird das Auserwähltwerden zum Ziel schlechthin. Mädchen sind in diesem Punkt im allgemeinen nicht einem solchen Druck ausgesetzt. Um die Gefühle anderer nicht zu verletzen, bemühen sie sich eher darum, jedem eine Chance zu lassen. Aber wenn Sie nun wirklich bestrebt sind, in ein Team hineingewählt zu werden, so ist der Anschein von Kompetenz mindestens so wichtig wie wirkliche Kompetenz – wenn nicht wichtiger. Jungen, die für das aktive Team ausgesucht werden wollen, lernen deshalb die Bedeutung eines neuen Spiels kennen, das heißt: »Wie kann ich alle glauben machen, daß ich ungeheuer tüchtig bin?« Da Mädchen wissen, daß sie die Möglichkeit haben, unbefangen zu spielen, empfinden sie gar nicht die Notwendigkeit, dieses Spiel zu erlernen.

So wie Frauen das Handicap haben, aus kulturell begründetem Druck heraus schwach wirken zu müssen, haben Männer das Handicap, die Starken spielen und das Kommando führen zu müssen. Bestandteil der Definition eines Mannes ist die, daß er immer weiß, was zu tun ist, immer die Führung übernimmt. Wenn Jungen sich bemühen, ihre Identität als Mann zu entwickeln, ziehen sie häufig irgendeinen Schwindel dem Geständnis vor, daß sie etwas nicht wissen. »Nicht wissen« wird mit Mädchen auf eine Stufe gestellt. Jungen lernen also die Wirksamkeit von »kompetent scheinen« sehr früh im Leben. Die Befähigung dazu wird zu einer Kunst, die nicht hoch genug eingeschätzt werden kann.

Unsere Gesellschaft definiert traditionellerweise Frauen als das schwächere Geschlecht. Genau wie Jungen lernen, die Starken zu spielen, selbst wenn sie es nicht sind, so lernen Mädchen, die Schwachen zu spielen, ohne es unbedingt zu sein. Um weiblich zu wirken, werden Mädchen darin bestärkt, Kompetenz zu verbergen. Als Erwachsene sind Frauen dann inzwischen daran gewöhnt, so zu tun, als seien sie sich ihrer eigenen Fähigkeiten nicht sicher. Leider fühlen sich in vielen Institutionen dadurch Männer in weiblicher Umgebung wohler. Trotzdem, auch wenn es für Ihren Vorgesetzten noch so tröstlich ist, sich für tüchtiger zu halten als Sie, es wird ihn nicht dazu bewegen, Sie zu befördern.

In einer sehr aufschlußreichen Studie über die Praxis bei beruflichen Einstellungen wurden den Versuchspersonen Aufzeichnungen der Arbeitsleistungen von Stellenbewerbern vorgelegt mit der Bitte, sie zu beurteilen. Alle Versuchspersonen bekamen die gleichen Aufzeichnungen. Die Auftraggeber der Studie sagten jedoch der einen Hälfte der Versuchspersonen, daß der jeweilige Bewerber ein Mann sei, und der anderen Hälfte, daß es sich um eine Frau handle. Obwohl die Aufzeichnungen sich aufs Haar glichen, beurteilten die Versuchspersonen die Männer als geeigneter. Um als ebenso fähig betrachtet zu werden wie ein Mann, müssen Frauen Ungewöhnliches leisten.

Frauen haben sich bei mir darüber beklagt, daß sie, selbst wenn sie förmlich Kompetenz ausstrahlen, von manchen Männern nach wie vor als weniger fachkundig empfunden werden. Manchmal geschieht das aus dem soeben erwähnten kulturell bedingten Vorurteil heraus, gelegentlich aber auch deshalb, weil Frauen nicht an die »angemessenen« Gepflogenheiten gewöhnt sind, die Männer an sich haben, um einander mitzuteilen, wie sachkundig sie sind. In vielen Fällen ist es so, daß das, was sich in den Augen der Frauen wie Prahlerei, Grobheit oder sogar Unehrlichkeit ausnimmt, einem Mann als durchaus passendes Verhalten erscheint. Um Ihre Kompetenz einem Mann zu übermitteln, müssen Sie also in einer Weise agieren, die er als Zeichen Ihrer Zuständigkeit verstehen kann.

Ich finde nicht, daß Harry, von dem vorhin die Rede war, nachahmenswert ist. Wirklich tüchtig zu sein ist erheblich besser, als nur so zu tun. Aber Kompetenz hervorzukehren ist wesentlicher Bestandteil des Spiels. Ich habe nicht vor, Sie dazu zu ermutigen, Ihre Karriere durch Schwindel zu fördern, aber ein bißchen was können Sie schon von Harry lernen.

Es gibt einfach Situationen, in denen es für Sie unerläßlich ist, sich als kompetenter hinzustellen, als Sie sich in Wirklichkeit fühlen. Wenn Sie davor zurückschrecken, die Sachkundige zu mimen, so fragen Sie sich, was es Sie kosten wird, wenn Sie damit das Falsche tun. Wenn ein Fehler Ihre Karriere ruinieren oder gar lebensgefährlich sein könnte, riskieren Sie es nicht. Aber in den meisten Fällen sind die Kosten für einen Irrtum weniger hoch. Und dann würde ich Ihnen raten, so zu tun als ob. Wenn Sie wissen, daß sie wirklich fachkundig sind, dann würde ich Sie auch ermuntern, dies entsprechend herauszustellen. Setzen Sie nie voraus, daß Leute Ihre gute Arbeit und Zuständigkeit von selbst als solche erkennen. Sie müssen sie möglicherweise davon überzeugen. Lassen Sie mich Ihnen zeigen, wie das geschehen muß.

Treten Sie so auf, als wüßten Sie genau, was Sie tun, auch wenn Sie sich dessen nicht sicher sind

Saul, ein hervorragender Verteidiger, schildert seine Gefühle, als er mit seiner Praxis begann, folgendermaßen:

»Ich wußte gar nicht, was ich da tat. Ich war eingeschüchtert, aber so viel wußte ich – ich durfte mir meine Unsicherheit nicht anmerken lassen. Ich spürte sie zwar deutlich, aber wie gesagt, ich ließ sie mir nicht anmerken. Dann kam ich dahinter, daß auch die Kollegen nicht wußten, was sie taten und fühlte mich gleich viel besser.«

Sobald Saul begriff, daß im Berufsleben die gleichen ungeschriebenen Gesetze gültig waren wie beim Sport, wurde ihm sofort wohler. Er wußte, daß er sich lediglich den *Anstrich* des Allwissenden zu geben hatte. Saul war es durchaus geläufig, beim Spiel den Fach- und Sachkundigen zu spielen, er hatte bloß nicht gewußt, daß dies auch im Beruf von ihm erwartet wurde. Im Gegensatz dazu Martha, als *sie* in ihrer Anwaltspraxis begann:

»Ich wunderte mich, daß junge Kollegen mit so wenig Übung und Erfahrung über genügend Wissen verfügten, um solch schwere Aufgaben auf sich zu nehmen. Sie hatten dieselbe Ausbildung und dasselbe Praktikum wie ich hinter sich, und doch schienen sie so viel mehr zu wissen. Ich fragte mich, wo ich eigentlich gesteckt hatte, als diese Fachkenntnisse gelehrt wurden. Lange Zeit war ich völlig eingeschüchtert.«

Da Sport traditionellerweise in der Erziehung eines Jungen eine erhebliche Rolle spielt, sind erwachsene Männer in der Kunst, sich für ein entsprechendes Team auswählen zu lassen, geschult. Niemand möchte in diesem Punkt der letzte sein. Die meisten Männer haben gelernt, daß umfangreiche Kenntnisse über Sport die eine Möglichkeit ist, voranzukommen. Die andere besteht darin, so zu tun, als verstünde man eine Menge davon. Saul wurde schnell klar, daß das gleiche Prinzip für seine Arbeit galt, aber Martha war des guten Glaubens, daß die anderen wirklich über so viel Wissen verfügten, wie sie vorgaben.

Auf dieses Phänomen bin ich beim Segeln häufig gestoßen. Immer wenn ich ein neu hinzugekommenes männliches Besatzungsmitglied bitte, irgend etwas zu tun, weiß ich, daß er ja sagen und versuchen wird, es zustande zu bringen. Als Neuling hat er das Gefühl, sich mir gegenüber als absoluter Experte beweisen zu müssen. Statt nach dem Wie oder Was zu fragen, wird er stets *irgend etwas* versuchen. Das kann auf einem Segelboot natürlich gefährlich werden, denn wenn er das Falsche unternimmt, kann er sowohl sich selbst wie auch die Crew gefährden. So erschreckend das klingt – manche Männer riskieren eher, einen gefährlichen Fehler zu begehen als zuzugeben, daß sie etwas nicht wissen.

Frauen tun genau das Gegenteil. Wenn ich ein neues weibliches Mitglied um etwas Entsprechendes bitte, erkundigt sie sich, wie das geschehen soll. Das wird sie sogar dann tun, wenn sie es auf einem anderen Boot schon viele Male geübt hat – nur um sicher zu gehen, daß sie es auch richtig macht. Dies ist ebenso gefährlich wie die männliche Reaktion, denn manche Aufgaben müssen sofort erledigt werden. Wenn die Frau es nicht tut, dann muß vielleicht ein weniger erfahrener Mann dafür einspringen.

Als Skipper habe ich gelernt, diese jeweiligen Reaktionen auszugleichen, indem ich das, was männliche Neulinge an

Kenntnissen vorgeben, innerlich halbiere und dafür die angegebenen Kenntnisse der neu hinzugekommenen Frauen verdopple. Letztere ermutige ich dann, auch etwas in Angriff zu nehmen, das sie zuvor nicht gemacht haben, denn ich weiß, daß sie beim ersten Auftauchen eines Problems um Hilfe bitten werden. Bei einem männlichen Neuling werde ich so lange Beistand leisten, bis ich sicher bin, daß er weiß, was er tut. Das trägt dazu bei, das Beste aus der Crew herauszuholen und gleichzeitig für die Sicherheit des Boots zu sorgen. Im Arbeitsleben werden solche Ausgleichsmaßnahmen von Managern kaum wahrgenommen.

Alfred, Versicherungsdirektor, schilderte seine Reaktion auf eine von Annettes Antworten während ihres Einstellungsgesprächs. Als Alfred erklärte, daß der in Frage kommende Job auch Vertragsverhandlungen umfasse, sagte sie: »Oh, das habe ich noch nie gemacht. Ich weiß nicht, ob ich das kann.«

Er war wie vom Schlag gerührt. Annette war der Meinung, sie sei einfach ehrlich gewesen, aber Alfred glaubte, sie hätte ihm damit mitgeteilt, daß sie unfähig sei. Er begriff nicht, wie sie auf die Idee kommen konnte, er würde jemand einstellen, der die Arbeit nicht würde leisten können.

Bevor Sie sagen, Sie könnten etwas nicht, fragen Sie sich selbst erst einmal genau, was Sie damit ausdrücken wollen. Soll es heißen, Sie hätten keine Ahnung davon und so etwas nie miterlebt? Meinen Sie, Sie seien darin nicht formal ausgebildet? Oder handelt es sich um etwas, das Sie zwar nie gemacht haben, bei dem Sie sich aber die erforderlichen Kenntnisse aneignen bzw. herausfinden können, wie man die entsprechende Aufgabe bewältigt?

Trauen Sie sich zu, von einer Sache genügend zu verstehen, um auch hinter das zu kommen, was Sie noch nicht wissen. Versuchen Sie es einfach einmal. Es gibt immer ein erstes Mal – denken Sie an das, was Sie bisher geleistet haben. Sie werden überrascht sein, wie oft Sie eine Aufgabe lösen können, ohne Hilfe in Anspruch nehmen zu müssen. Und wenn Sie wirklich Hilfe brauchen, sehen Sie zu, daß Sie sie bekommen, ohne Aufsehen zu erregen.

Wenn Sie bei neuen Aufträgen mit »Kein Probelm« statt mit »Wie macht man das denn?« reagieren, werden Sie in den Ruf der Selbstsicherheit kommen. Ihre Beurteilung wird am Jahresende besser sein, wenn Ihr Vorgesetzter Ihnen beruhigt einen Auftrag erteilen kann, weil er das Gefühl hat, Sie werden die Sache gut bewältigen, als wenn Sie Ihren Job zwar im Grund ebenso einwandfrei ausüben, er aber durch Ihren unsicheren Gesichtsausdruck irritiert wird.

Bitten Sie nur um Hilfe, wenn sie unbedingt erforderlich ist

Phil und Lois fuhren zu einem ihnen unbekannten kleinen Bootshafen in einem ländlichen Bezirk von Maryland. Sie merkten, daß sie sich verfahren hatten. Wie in diesem Teil Marylands üblich, waren die Straßen dort zu klein, um auf der Landkarte verzeichnet zu sein. Lois schlug vor, anzuhalten und nach der Richtung zu fragen. Phil war ebenfalls verärgert, aber nicht willens, auf ihren Vorschlag einzugehen. Er murrte über den Wagen, über die unklare Beschilderung, über Lois' Unfähigkeit, mit Landkarten umzugehen. Alles machte er für die derzeitige Situation verantwortlich, nur nicht seine eigene Weigerung anzuhalten.

Obwohl es nicht Phils Schuld war, daß sie sich verfahren hatten, fühlte er sich dafür verantwortlich und als Versager. Lois wußte, daß er schließlich doch jemanden nach dem richtigen Weg fragen würde, und das tat er dann auch. Aber sein Gefühl für den geeigneten Zeitpunkt, sich zu erkundigen, unterschied sich völlig von dem Lois'. Männer stellen keine Fragen, bevor sie nicht jede andere Möglichkeit ausgeschöpft haben. Sie *müssen* zuerst versuchen, das Problem selbst zu lösen, auch wenn es unmöglich ist. Für Männer kommt die Frage nach der richtigen Richtung dem Eingeständnis einer Niederlage gleich.

Männer stellen ihre Fragen in einem Stil, der ihr Gefühl eigener Unfähigkeit kaschieren soll. Lois hätte gesagt: »Ich habe mich verfahren; können Sie mir sagen, wie ich zu Harveys Hafen komme?« Oder: »Ich bin noch nie hier gewesen. Können Sie mir sagen, wo Harveys Hafen liegt?« Aber für Phil hätte eine solche Fragestellung das Eingeständnis von Schwäche bedeutet.

Als Phil dann schließlich doch neben jemandem anhielt, sagte er: »Ich suche Harveys Bootshafen. Ich bin erst westlich in Richtung Ashe gefahren und dann südlich nach Tilson, aber ich habe ihn bisher nicht finden können.« Auf diese Weise vermittelte er dem anderen, daß er ein Mann der Tat war, daß er eine Situation nicht einfach passiv hinnahm. Er bat erst um Hilfe, nachdem sein eigenes Repertoire möglicher Lösungen erschöpft war. Phil hätte zudem gern in einer Form gefragt, der deutlich zu entnehmen war, daß er an dieser Irrfahrt nicht schuld sei. Solche Unterschiede mögen Ihnen spitzfindig oder unnötig erscheinen, aber sie beziehen sich auf die Art und Weise, in der Männer einander wahrnehmen – und wie sie Sie als Frau wahrnehmen.

Für Männer sind Fragen nicht einfach eine Methode, um Antworten zu erhalten. Sie sollen zugleich Dominanz signalisieren. Wenn man eine Auskunft haben will, befindet sich der Fragende sozusagen in einer untergeordneten Position. Der Antwortende dominiert. Und dominierend zu sein ist für Männer vordringlich. Dominanz und Wettbewerb prägen ihre Beziehungen. Der Mann mit den umfangreichsten Kenntnissen hat die größte Macht. Um mächtig zu wirken, muß man also kenntnisreich erscheinen. Eine Frau verhält sich, wenn sie um Informationen bittet, ihrer kulturell bedingten Rolle gemäß. Diese Rolle besteht darin, passiv, abhängig oder schwächer zu sein. Für Männer bedeutet eine von ihnen gestellte Frage, in direkter Opposition zu der kulturbedingten Forderung zu stehen, der Größte und Stärkste zu sein.

Allzuoft formulieren Frauen Fragen so, als müßten sie sich dafür entschuldigen: »Darf ich Sie eine Minute stören?« »Verzeihung, können Sie mir vielleicht helfen?« Solche Fragen deuten an, daß es eigentlich ein Fehler ist, nicht Bescheid zu wissen. Wenn Sie Hilfe brauchen – und manchmal brauchen Sie sie eben –, so sollten Sie Ihre Bitte so formulieren, daß sie als durchaus angemessen empfunden wird – selbstsicher und so direkt wie möglich. »Ich brauche eine Information von Ihnen« oder »Würden Sie mir bitte sagen...« ist durchaus angemessen. Heben Sie das hervor, was Sie in der Angelegenheit bereits unternommen haben, um das Problem zu lösen. Üben Sie sich darin, Fragen mit so wenig Rechtfertigungen und Entschuldigungen vorzubringen wie nur möglich.

Es gibt Momente, in denen Frauen Fragen aus einem anderen Grund stellen als dem, eine Information zu erhalten. Für sie kann das auch eine Methode sein, Beziehungen herzustellen, eine Unterhaltung zu beginnen, Mitgefühl auszudrücken, Interesse zu bekunden. Wenn Sie eine Freundin etwas fragen, dann weiß sie, daß Sie sich für ihre Gedanken interessieren, und das verstärkt ihre Sympathie für Sie. Ein Mann ist eher geneigt, Sie für neugierig oder unsicher zu halten.

Der Ausspruch »Fragen kann nie schaden« ist unzutreffend. Es kommt ganz darauf an, wie Sie fragen, weshalb Sie fragen und wann Sie fragen. Fragen schaden nicht, wenn sie mit einer Bitte verbunden sind. Aber sie können schaden, wenn sie beinhalten, daß Sie etwas nicht wissen oder können. Wenn Sie also Informationen brauchen und sie auf andere Weise nicht bekommen können, stellen Sie Fragen – aber knapp und selbstsicher.

Rühmen Sie sich Ihrer Leistungen und stellen Sie Ihre Talente zur Schau

Phyllis, Buchhalterin einer großen Beratungsfirma, arbeitete gemeinsam mit ihrem Kollegen Jerry an einer wichtigen Dokumentation. Sie empfand Jerry als faul und hielt ihn für nicht besonders intelligent. Den größten Teil der Arbeit hatte sie selbst zu bewältigen. Wie verabredet, begann Phyllis mit der Darstellung des Falls und achtete sorgfältig darauf, Jerry bei dem Anteil, den er dabei geleistet hatte, lobend hervorzuheben. Während seiner darauffolgenden eigenen Darstellung erwähnte Jerry Phyllis' Beitrag mit keinem Wort. Er wies lediglich auf seine eigene Arbeit hin. Wo immer es möglich war, sorgte er dafür, daß seine Zuhörer die Arbeit, die Phyllis geleistet hatte, ihm selbst zuschrieben.

Dreimal dürfen Sie raten, wem zu seiner guten Arbeit gratuliert wurde und wen man als nützliche Hilfskraft bezeichnete?

Phyllis hatte es Jerry leicht gemacht, sie auszustechen. Sie hatte weder vor noch während der Konferenz irgendwie durchblicken lassen, daß die ausgezeichnete Darstellung des Falls im wesentlichen ihr Verdienst war. Wie sollte es also irgend jemand wissen? Männer *erwarten*, daß man sich herausstreicht. Wenn Sie nicht ausdrücklich sagen, Sie seien die Urheberin irgendeiner Sache, dann nehmen sie an, daß Sie es auch nicht sind.

Frauen sind daran gewöhnt zu spüren, was sich *unter* der

Oberfläche abspielt, aber das trifft auf Männer nicht zu. Sie sehen lediglich, was *auf* der Oberfläche ist, sie akzeptieren das, was ihnen gezeigt wird.

Audrey, eine junge Anwältin mit mehrjähriger Berufserfahrung, arbeitete mit einem Kollegen zusammen, der frisch von der Rechtsakademie kam. Sie wußte, daß sie selbst eine gute Juristin war, war stolz darauf und davon überzeugt, daß ihre Kollegen das auch anerkannten. Arthur, nicht sonderlich begabt, prahlte ausgiebig mit seinen Fähigkeiten, und Audrey fand ihn lästig und irritierend. Zu ihrer Überraschung stellte sie fest, daß die Partner in der Kanzlei Arthur glaubten und seine Aufschneidereien wohlwollend hinnahmen. Sie reagierten auf ihn so, als sei er wirklich so hervorragend wie er von sich behauptete.

Männer prahlen viel unbefangener als Frauen. Als Jungen lernen sie, daß sie ihre Leistungen herausstreichen und gelegentlich ausschmücken *müssen*, um bei Spiel und Sport etwas zu erreichen.

Kindern wird beigebracht, daß Bescheidenheit eine Tugend ist. Aber Frauen scheinen sich das mehr zu Herzen zu nehmen als Männer. Unsere traditionelle Vorstellung von Manneskraft schließt Rücksichtslosigkeit und herausforderndes Verhalten mit ein, die von Weiblichkeit beinhaltet in erster Linie Zurückhaltung, Bescheidenheit und Schüchternheit. Die seltenen Gelegenheiten, bei denen ein Mann sich bescheiden gibt, sind zumeist die, bei denen seine Leistung so offensichtlich ist, daß sie ohnehin jedermann anerkennen muß.

Frauen hat man seit ihrer Kindheit beigebracht, ihre Kompetenz zu verbergen. Lyn Mykel Brown und Carol Gilligan verfolgten die Entwicklung von hundert Mädchen im Alter zwischen sieben bis achtzehn Jahren, als sie ins Erwachsenenalter eintraten und damit umgehen mußten.[1] Sie beobachteten, wie ausgesprochen selbstsichere Acht- und Neunjährige zu unsicheren, zurückhaltenden jungen Frauen wurden, die sich scheuten, frei von der Leber weg ihre Meinung zu äußern. Mädchen machen die Erfahrung, daß Jungen sie nicht mögen, wenn sie zu gescheit oder zu tonangebend sind. Für Mädchen, die darauf bestehen, gute Studentinnen zu sein, gilt es, mit ihren Fähigkeiten hinter dem Berg zu halten.

Ihre Leistungen zu verbergen oder herunterzuspielen bedeutet genau das Gegenteil dessen, was Männer und Jungen tun – nämlich sie herauszustreichen und damit zu prahlen. Um kompetent zu wirken, sollen Sie das, was Sie zustande gebracht haben, zur Schau stellen und mit Ihren Talenten prunken. Sie müssen die Leute wissen lassen, wie tüchtig Sie sind. Seien Sie stolz auf Ihre Begabungen. Zeigen Sie der Umgebung, was Sie auf die Beine gestellt haben.

Hängen Sie Ihre Fehler nicht an die große Glocke

Paul, Marketing-Abteilungsleiter, bemerkte einen Brief, der auf meinem Schreibtisch lag. Es mochte indiskret von ihm sein, ihn zu lesen, aber er las ihn nun einmal. Anschließend fragte er mich, warum ich diesen Brief mit: »Entschuldigen Sie meine verspätete Antwort...« angefangen hätte.
Ich dachte, das sei eigentlich offensichtlich. »Weil ich verspätet geantwortet habe!«

Ich fand, eine Entschuldigung sei angebracht. Paul schüttelte ungläubig den Kopf. Geduldig erklärte er mir, daß der Adressat, sofern man ihn nicht darauf aufmerksam mache, unter Umständen gar nicht merken würde, wie lange der Antwortbrief schon überfällig sei. Falls er es aber doch gemerkt habe, so würde er es bald vergessen haben – es sei denn, es fiele ihm jedesmal wieder ein, wenn ihm mein Brief erneut in die Hände geriete.

Wie unhöflich... und wie einleuchtend. Mein Brief war ein gutes Beispiel für das, was Männer als »einen Fehler an die große Glocke hängen« bezeichnen. Es fällt den Leuten leichter, Ihre Fehler zu übersehen oder zu vergessen, wenn Sie sie einfach unter den Tisch fallen lassen, statt auch noch darauf hinzuweisen.

Jeder macht Fehler. Aber nicht jeder muß wissen, daß *Sie* welche machen. Ich behaupte nicht, daß Sie Ihre Fehler verbergen oder ableugnen sollen. Ich schlage nur vor, sie nicht zur Sprache zu bringen.

Als ich mich bei den von mir interviewten Männern erkundigte, ob sie anderen Leuten gegenüber ihre eigenen Fehler erwähnten, sahen sie mich fassungslos an. Ihre nahezu einhellige Antwort war: »Natürlich nicht!« Sie erklärten, die einzige Gelegenheit, bei der es richtig sei, über eigene Fehler zu sprechen, sei die, wenn man mit jemand rede, der einem helfen könne, sie zu korrigieren.

Fehler zu begehen verleiht Ihnen einen Anstrich von Inkompetenz. Darüber zu sprechen lenkt die Aufmerksamkeit auf Ihr Versagen. Bestandteil des Rezepts für ein kompetentes Erscheinungsbild ist es, so gut wie möglich dafür zu sorgen, daß die Leute Ihre Fehler vergessen.

Denken Sie immer daran – das Image, das Sie zu schaffen versuchen, ist das der *Kompetenz*! Sie wollen, daß die Leute Ihre Stärken erkennen und Ihre Schwächen übersehen. Also verbergen Sie diese Schwächen, statt sie zur Schau zu stellen.

ZUSAMMENFASSUNG

Regel Nr. 1: Wirken Sie kompetent.

1. Treten Sie so auf, als wüßten Sie genau, was Sie tun, auch wenn Sie sich dessen nicht sicher sind.
2. Bitten Sie nur um Hilfe, wenn es unbedingt erforderlich ist.
3. Rühmen Sie sich Ihrer Leistungen und, stellen Sie Ihre Talente zur Schau.
4. Hängen Sie Ihre Fehler nicht an die große Glocke.

5

Regel Nr. 2
Demonstrieren Sie Stärke

Halte die Ohren steif!
Große Jungen weinen nicht!
Bist du ein Mann oder eine Maus?

In unserer Kultur gilt Stärke als wesentliche Komponente der Männlichkeit. Von Kindesbeinen an lernen kleine Jungen bereits, wie wichtig es ist, stark zu sein. Sie werden dazu gedrängt, ihr Gemüse zu essen, damit sie »groß und kräftig« werden. Clint Eastwood, Sylvester Stallone und Arnold Schwarzenegger gehören zu unseren männlichen Rollenmodellen.

Natürlich sind nicht alle Männer stark, und ganz gewiß fühlen sich Männer nicht immer stark. Aber sie lernen, so auszusehen und so zu erscheinen. So wie in Regel Nr. 1 der springende Punkt ›Wirken Sie kompetent‹ ist, so gilt für Regel Nr. 2: ›Stärke demonstrieren heißt Stärke darstellen‹.

Versuchen Sie immer, das Heft in die Hand zu bekommen und es dort zu behalten

Janine, TV-Produktionsleiterin, beschwerte sich über ihren Vorgesetzten:

»Ich weiß nicht, wie ich mit ihm zurechtkommen soll. Er will über alles Bescheid wissen, was vorgeht. Ich muß bei der Arbeit ausschließlich nach seiner Pfeife tanzen. Aber ich

möchte meine Programme eigenverantwortlich in die Hand nehmen. Wenn ich ihm das nahelege, sagt er immer okay, aber hinterher mischt er sich trotzdem in alles ein. Was bleibt mir anderes übrig, als ihn immer wieder darum zu bitten?«

Janine macht einen weitverbreiteten, aber fatalen Fehler: Sie *bittet* um Eigenverantwortung. Aber was das betrifft, muß man sich unbedingt klarmachen, daß man sich Verantwortung von niemandem *geben* lassen kann. Wenn jemand das tut, so hat der Geber nach wie vor das Heft in der Hand. Eigenverantwortung müssen Sie sich *nehmen*.

Nutzen Sie diese Erkenntnis zu Ihrem Vorteil. Ob Sie es glauben oder nicht, eine wirkungsvolle Methode, eine Sache unter Kontrolle zu bringen, ist, sie demjenigen zu übertragen, der die Kontrolle bereits ausübt. Wenn Sie wissen, daß Sie vom Gegner ja doch in die Knie gezwungen werden, dann ersuchen Sie ihn, die Angelegenheit selbst in die Hand zu nehmen. Wenn er darauf eingeht, folgt er Ihrer Anweisung – und überläßt Ihnen damit im Grund das Feld.

Wenn zum Beispiel Janines Vorgesetzter im Begriff ist, sich wieder in ihre Arbeit einzumischen, so kann sie das in den Griff kriegen, indem sie mit ruhiger und selbstsicherer Stimme verkündet: »Ich sehe schon, Ihnen gefällt der Hintergrund nicht. Sagen Sie mir bitte, wie Sie ihn geändert haben wollen.« Wenn er darauf eingeht, tut er damit das, was Sie gewollt haben. Obwohl das eher simpel klingt, ist doch ein starker psychologischer Effekt damit verbunden. Janines Worte hören sich zwar ehrerbietig an, die unterschwellige Botschaft besagt jedoch, daß ihr Vorgesetzter tun soll, was sie ihm sagt. Beim Versuch, wieder das Heft in die Hand zu bekommen, reagieren die Betreffenden oft mit einem: »Das ist doch *Ihre* Arbeit!« So oder so gewinnen Sie dabei.

Der Mächtigste bei jedem Spiel ist der Spielleiter, der das Ganze in der Hand hat und zu seinen Gunsten lenken kann.

Über Informationen zu verfügen, stellt ein Schlüsselelement der Macht dar. Sie können Ihre Ideen bei Ihrem Boss nur zur Geltung bringen, wenn Sie einen Termin mit ihm vereinbaren können. Wenn Sie dann nicht das Heft in der Hand haben, werden Ihre Ideen, mögen sie noch so brillant sein, nicht wahrgenommen. Ihre Argumente werden am überzeugendsten sein, wenn Sie sie in der Form vorbringen, die Sie am besten beherrschen. Wenn Ihnen Schriftliches eher liegt als Verbales, so bringen Sie Ihre Argumente zu Papier. Bleiben Sie sich immer der Tatsache bewußt, daß Ihr Gegenspieler konstant versuchen wird, die Situation zu seinem eigenen Vorteil auszunutzen. Also werden Sie den Verlauf der Dinge Ihrerseits so hindrehen müssen, daß sie sich zu Ihren Gunsten entwickeln.

Viele Frauen empfinden es als unangenehm, in einer Situation die Initiative zu ergreifen, ohne offiziell dazu aufgefordert worden zu sein. Von Kindheit an sind sie dazu angehalten worden, zum »Gefolge‹ zu gehören«. Viele Frauen empfinden es als natürlicher zu reagieren als aktiv einzugreifen. Wenn Sie letzteres ohne ausdrückliche Erlaubnis tun, gehen Sie das Risiko ein, die Mächtigen dieser Welt zu verärgern. Aber der potentielle Erfolg ist das Risiko wert.

Wenn Sie die Initiative übernehmen, so übernehmen Sie zugleich die Verantwortung. Wenn etwas schiefgeht, wird man Ihnen die Schuld geben. Aber dafür ernten Sie auch Ansehen, wenn Sie Ihr Ziel erreichen. Falls Sie das Gefühl haben, es sei unhöflich, jemand anderem zu sagen, was er tun soll, so ignorieren Sie Ihr Unbehagen. Denken Sie immer daran, daß Sie einfach Ihre Arbeit tun. Diese Form des Unbehagens wird sich mit der Zeit vermindern.

Wer immer Initiativen übernimmt, wird auf irgendwelchen Widerstand stoßen. Handelt es sich um eine Frau, erfährt sie abgesehen von diesem naturbedingten Widerstand noch eine weitere Ablehnung. In unserem Kulturkreis ist die einzige

Frau, die einem Mann sagen darf, was er tun soll, die Mutter. Oft unbewußt, fühlen sich Männer geradezu kastriert, wenn eine Frau das Kommando übernimmt, und verhalten sich entsprechend negativ.

Matthew, ein Biotechniker, gestand:

»Wenn eine Frau ein Ansuchen in anderer Form als dem einer höflichen Bitte vorbringt, sträuben sich mir innerlich die Haare. Ich versuche das allerdings zu verbergen und tue, was getan werden muß. Aber ja – ich muß meine Emotionen ganz bewußt beiseite lassen.«

Faustregel ist: Je mehr Selbstvertrauen ein Mann besitzt, desto mehr wird er es begrüßen, wenn Sie die Initiative ergreifen. Aber seien Sie vorsichtig, wenn es sich um einen innerlich unsicheren Mann handelt. Er wird es Ihnen wahrscheinlich übelnehmen. Dann bleibt Ihnen nichts anderes übrig als abzuwarten, welche Form sein Groll annehmen wird und zu versuchen, den Folgen auszuweichen.

Wenn Sie es scheuen, Autorität walten zu lassen, fragen Sie sich selbst, ob Sie von anderen Leuten Fairneß erwarten. Wahrscheinlich trifft das auf Sie zu. Frauen nehmen das eher an als Männer. Unglücklicherweise ist diese Grunderwartung häufig falsch. In der Arbeits- und Geschäftswelt sind die Leute keineswegs immer fair oder aufrichtig. Falls Sie das voraussetzen, werden Sie bald frustriert oder verärgert sein. Aber vergessen Sie eines nicht: Indem Sie eine Sache selbst in die Hand nehmen, sorgen Sie auch für die nötige Fairneß.

Meiden Sie offensichtliche Abhängigkeit von einem Vorgesetzten

Georgio, Eigentümer einer internationalen Reederei, erzählte mir, nach welchen Kriterien er Frauen beurteilt, mit denen er unter Umständen geschäftliche Beziehungen aufnehmen möchte:

»Ich brauche jemanden, der sich seinem Boss gegenüber durchsetzen kann. Das gehört zu den Befürchtungen, die ich bei der Zusammenarbeit mit Frauen habe. Ich hege immer den Verdacht, daß ihr Vorgesetzter sie möglicherweise nicht ausreichend respektiert. Also versuche ich, mit beiden gemeinsam zu sprechen. Und wenn sie dann dasitzt und den Mund nicht auftut, komme ich zu der Ansicht, daß sie kein ausreichendes Durchsetzungsvermögen hat.«

Georgio hegt die Besorgnis, daß eine Frau sich nicht ausreichend für seine Interessen einsetzt, vor allem nicht bei ihren Vorgesetzten. Er gab zu, daß er Männer einem derartigen Test nicht aussetzt. Unglücklicherweise ist sein Vorurteil weit verbreitet. Männer erwarten, daß Frauen als zweite im Kommando gut funktionieren, aber nicht als Chefin. Um diesem Image entgegenzutreten, müssen Sie Ihre Unabhängigkeit deutlich herausstellen.

Überprüfen Sie Ihr Verhalten und überzeugen Sie sich davon, daß Sie nicht den *Eindruck* der Abhängigkeit von einem Vorgesetzten erwecken. Seien Sie also nicht einfach unabhängig – sorgen Sie dafür, daß das auch offensichtlich ist. Äußern Sie *Ihre* Ansichten. Sprechen Sie von Entscheidungen, die *Sie* treffen, von Aktionen, die *Sie* unternehmen wollen. Männer sind bei allem, was bei einer Frau nach Abhängigkeit aussieht, überempfindlich.

Für Männer ist Abhängigkeit ein Zeichen von Schwäche, ein deutliches Signal, daß Sie nicht über die Kraft verfügen, mit einer schwierigen Situation allein fertig zu werden, daß Sie nicht kämpfen werden, wenn Kampf erforderlich ist. Machen Sie eindeutig klar, daß Sie die Entscheidungen treffen und zu Ihrem Wort stehen.

Es wird vorkommen, daß Sie mit einem Bürochef etwas zu klären haben. Wenn das der Fall ist, lassen Sie keinesfalls erkennen, daß Sie Rückenstärkung brauchen. Oder zumindest: Erwähnen Sie es nicht ausdrücklich. Sagen Sie etwas Unverfängliches wie: »Darüber müssen wir noch einmal reden«, das ist besser, als: »Ich muß noch einmal mit meinem älteren Kollegen reden und ihn fragen, ob er damit einverstanden ist.« Ihre Gegenüber wollen sich darauf verlassen können, daß *Sie* die Arbeit erledigen werden.

Lassen Sie Ihren Gesprächspartner niemals merken, daß er einen empfindlichen Nerv bei Ihnen getroffen hat

Brett, Leiter eines Architekturbüros:

»Ich hasse es, eine Frau weinen zu sehen, es sei denn, ich will, daß sie es tut.«

Seine Aussage weist auf einen Bestandteil der Spielregeln hin, bei dem es einem eiskalt über den Rücken läuft. Lassen Sie Ihren Gegner niemals wissen, daß er Sie innerlich getroffen hat, auch wenn es so ist, und lassen Sie ihn ja niemals Ihre Tränen sehen.

Wenn ein Mitbewerber spürt, daß seine Taktik bei Ihnen eingeschlagen hat, wird er sie weiterhin anwenden. Bei einer Auseinandersetzung empfinden Männer es als Erfolg, die

Gegenseite aus der Fassung gebracht zu haben. Wenn Ihr Gegner merkt, daß er Sie »drangekriegt« hat, so wird er diese Methode, die sich Ihnen aufs Gemüt schlägt, weiter anwenden. Eine stoische Miene aufzusetzen, ist eine schwer erlernbare, aber äußerst nützliche Technik.

Einen der wichtigsten Beweise für die Stärke eines Mannes stellt seine Fähigkeit dar, angesichts eines Gegners kühl zu bleiben. Wenn es Ihnen glückt, sich selbst klar zu machen, daß ein Geschäft ein Spiel – und nur das – ist und morgen wieder ein anderes Spiel stattfindet, dann wird es Ihnen leichter fallen, ungerührt zu wirken. Tatsache ist, je deutlicher Ihnen das bewußt ist, desto weniger verletzte Gefühle müssen Sie verbergen.

Schmollen Sie nicht und beklagen Sie sich nicht, wenn etwas anders verläuft, als Sie es sich vorgestellt haben

Als ich mich auf meine erste Erfahrung als Skipper bei einer einwöchigen Segeltour freute, erlebte ich eine unangenehme Überraschung. Das Boot, das ich hatte chartern wollen, hatte acht Tage zuvor einen Unfall gehabt. Das einzige andere, das der Charteragent noch zur Verfügung hatte, war in trostlosem Zustand. Es sah so aus, als könnte es sich kaum über Wasser halten. Ich erwartete Mitgefühl von den anderen – durchweg männlichen – Skippern, als ich mich darüber beschwerte. Statt dessen wirkten sie irritiert und gingen mir aus dem Weg. Als ich schließlich anfing, das Boot in Ordnung zu bringen, kam Rock, einer der anderen Skipper, zu mir, um zu helfen. »Denk dran«, sagte er, »wenn dir das Leben Zitronen schickt, dann mach' Limonade draus.«
Sofort taufte ich mein Boot auf ›Limonade‹ um und kam anschließend in den Genuß einer wundervollen Woche. Kei-

ner der damals an der Tour Beteiligten kann sich heute noch an den ursprünglichen Namen des Segelboots erinnern, aber »Limonade« ist uns allen im Gedächtnis geblieben.

In der soeben erwähnten Situation fühlte ich mich hilflos und wußte nicht, wie ich etwas daran ändern sollte. Keiner half mir dabei, bis ich dann die Sache selbst in die Hand nahm. Ich lernte damals eine wichtige Lektion: Schmollen und sich beklagen verstoßen gegen die »Halt-die-Ohren-steif«-Ethik. Von Männern wird erwartet, daß sie keine Emotionen zeigen. Bei der Arbeit wie beim Segeln wird das auch von Frauen erwartet.

Schmollen und sich beklagen sind Zeichen für Kraftlosigkeit. Wenn Sie eine Sache fest in der Hand haben, ist beides unnötig. Schmollen und sich beschweren sind indirekte Methoden, jemanden zu bitten, eine Situation zu ändern, weil man selbst dafür zu ängstlich oder davon überzeugt ist, diese Änderung selbst nicht zustande zu bringen. Leute beklagen sich und schmollen, wenn sie sich machtlos fühlen.

Männer werden ärgerlich, wenn sie einer Frau begegnen, die schmollt oder sich beschwert, weil sie beides als indirekte Aufforderung zur Hilfe ansehen. Da Männer dazu erzogen wurden, Frauen zu helfen, fühlen sie sich dazu verpflichtet, und im Geschäftsleben irritiert sie das. Wenn sie einen anderen Mann sehen, der murrt oder lamentiert, fühlt keiner seiner Geschlechtsgenossen sich verpflichtet, ihm zu helfen. Er stempelt ihn als »übellaunig« ab oder hält ihn für einen Schwächling. Weit eher ist er bereit, ihm zu helfen, wenn sich der andere *nicht* beklagt.

Wenn Sie schmollen oder sich beschweren, bringen Sie die Männer in Ihrer Umgebung in eine doppelte Zwangslage. Sie werden über Sie verärgert sein, weil sie selbst genügend Probleme zu bewältigen haben. Wenn sie aber Ihr Problem lösen, verschwenden sie damit kostbare Zeit an Sie, etwas, das Sie nicht verdient haben. Wenn sie Ihnen aber nicht helfen, bekommen sie Schuldgefühle. So oder so empfinden sie Abneigung gegen Sie, und Sie geraten dadurch auf die Verliererseite.

Wenn Sie sich selbst beim Schmollen und Klagen ertappen, betrachten Sie das als ein Signal. Es bedeutet, daß Sie sich in einer Situation befinden, die einer Änderung bedarf.

Wenn Sie sich bei schlechter Laune erwischen, fragen Sie sich, ob Sie dabei hoffen, jemand würde das bemerken und Sie bedauern. Und denken Sie dann daran, daß die Reaktion, die Sie aller Wahrscheinlichkeit nach auslösen, Verärgerung und keineswegs Ritterlichkeit sein wird. Außerdem, wozu sich überhaupt mit Schmollen aufhalten? Es ist soviel produktiver, selbst einen Versuch zur Problemlösung zu unternehmen. Sehen Sie das als neue Herausforderung an.

Aber wir sind alle nur Menschen, und deswegen ist uns eben manchmal nach Grollen und Schmollen zumute. Hier ein paar Tips, wie Sie sich davon befreien können.

1. Gehen Sie irgendwohin, wo Sie allein sein können – machen Sie die Bürotür hinter sich zu oder schließen Sie sich in einem Abteil der Damentoilette ein. Bemühen Sie sich darum, sich so scheußlich zu fühlen wie nur möglich. Lassen Sie sich dazu eine bestimmte Spanne Zeit – zehn Minuten sind angemessen –, um sich so schlecht zu fühlen, wie Sie wollen. Brüten Sie vor sich hin, empfinden Sie Hoffnungslosigkeit, pflegen Sie Ihren Ärger und enthalten Sie sich während dieser Periode jedes nutzbringenden Gedankens. Wenn Ihre »Brützeit« zu Ende ist, werden Sie merken, daß Sie erleichtert sind – und auch in der Lage, aktiv etwas zur Lösung Ihres Problems zu unternehmen.
2. Machen Sie einen flotten Spaziergang – rund ums Büro, wenn es nicht anders geht. Wenn Sie schmollen, sitzen Sie für gewöhnlich still da und starren auf Ihre Hände

oder ins Leere. Es ist äußerst schwierig, sich körperlich zu bewegen und dabei gleichzeitig schlechte Laune beizubehalten. Ein kurzer Fußmarsch wird Ihren Energiespiegel anheben und Ihren Kopf so weit klären, daß Sie die Lösung des Problems in Angriff nehmen können.

3. Konzentrieren Sie Ihre Aufmerksamkeit auf jemand anderen oder etwas anderes. Wenn möglich, sprechen Sie mit jemand über irgendein beliebiges Thema – und wenn es das Wetter ist. Führen Sie ein kurzes Telefongespräch mit einem Freund oder einer Freundin. Wenn niemand zur Verfügung steht, hören Sie auf zu grübeln und sehen Sie sich um. Lenken Sie sich selbst ab, indem Sie an das denken, was sich um Sie herum abspielt.

Ist Schmollen ein eher stummes Ersuchen um Hilfe, läuft das Sich-Beklagen weniger tonlos ab. Indirekt bitten Sie damit jemand anderen, Ihre Lage zu ändern, weil Sie glauben, es selbst nicht zu können – wahrscheinlich, weil Sie sich vor jemandem oder vor etwas fürchten. Fragen Sie sich, vor wem oder vor was. Und überlegen Sie, ob die Situation wirklich so furchterregend ist.

Wenn Sie sich beklagen, gibt es etwas, mit dem Sie nur schwer fertig werden. Kann Ihnen die Person, bei der Sie sich beschweren, helfen? Wollen Sie, daß sie etwas unternimmt? Wenn ja, so bitten Sie sie direkt und reden Sie nicht um den heißen Brei herum. Was *wollen* Sie verändern? Warum wollen Sie es ändern? Und warum können Sie es nicht selbst ändern?

Wir spüren, daß wir unfähig sind, eine Situation umzukrempeln, weil wir uns machtlos fühlen. Sobald Sie den Eindruck haben, etwas nicht ändern zu können, denken Sie daran: Kleine Mädchen sind machtlos – Frauen nicht.

Das Schlimmste, was Ihnen passieren kann, ist, daß jemand nein sagt, den Sie um etwas gebeten haben. Ersetzen Sie den

Gedanken, der Sie von aktivem Handeln abhält, durch den folgenden:

Es ist unentschuldbar, keinen Versuch zu unternehmen, eine Situation, die einem nicht zusagt, in Ordnung zu bringen.

Wenn Menschen Sie gekränkt haben, sagen Sie es den Betreffenden *direkt*, und erklären Sie ihnen ebenso *direkt*, wie Sie behandelt werden möchten. Bitten Sie ganz *direkt* um das, was Sie wünschen. Sie werden angenehm überrascht sein, wie oft Sie das auch bekommen, was Sie wollen.

Ich habe mitangehört, wie Männer eine Frau beschuldigten, sich zu beklagen, obwohl sie das, wie ich wußte, gar nicht getan hatte. In Unterhaltungen mit anderen weiblichen Wesen schildern Frauen unter Umständen irgendwelche Probleme nur deshalb, um sich Luft zu machen, um die Konversation in Gang zu halten oder um Unterstützung zu finden. Männer mißdeuten diese Art der Unterhaltung als »sich beklagen«. Sobald ein Mann anfängt, Ihnen dergleichen anzudeuten oder verärgert dreinblickt, auch wenn Sie in Wirklichkeit nur einfach ein Problem diskutieren oder schildern wollten, können Sie mit Sicherheit annehmen, daß er glaubt, Sie würden sich beschweren. Wechseln Sie dann entweder das Thema oder stellen Sie die Sache richtig. Entschärfen Sie diese mißverständliche Form der Kommunikation sofort, weil sie Gefahren in sich birgt.

Treten Sie wie die kompetente Fachfrau auf, die Sie sind, und nicht wie das Klischee einer Geschäftsfrau

Julius, Vizepräsident einer großen Industriefirma, fragte mich:

»Woran liegt es, daß die männlichen leitenden Angestellten immer im vollen Spektrum ihrer Persönlichkeit zu sehen sind, weibliche hingegen nicht? Die meisten Frauen sind so formell und steif.«

Weibliche Angestellte verfügen natürlich ebenso über das volle Spektrum ihrer Persönlichkeit; viele Frauen scheuen jedoch davor zurück, ihre Persönlichkeit zur Schau zu stellen. Aber Sie müssen nicht steif auftreten, um ernstgenommen zu werden.

Männer setzen Humor im Geschäftsleben viel unbefangener ein als Frauen. Daran mußte ich während eines vom »World Affairs Council« in Philadelphia organisierten Symposiums denken, das dem Thema »Kann Philadelphia mit der Weltwirtschaft konkurrieren?« gewidmet war. Der Diskussionsleiter eröffnete diese ernsthafte Veranstaltung damit, daß er zehn Minuten lang Witze erzählte wie ein erprobter Komiker. Danach stellte er jeden Redner mit einem einzigen Satz vor. Das Publikum war begeistert von ihm. Ich wandte mich an eine Freundin und fragte sie, ob sie es für möglich hielte, daß eine Frau dergestalt eine Fachdiskussion einleiten würde. Bedauerlicherweise konnte sie sich das nicht vorstellen – so wenig wie ich. Was für ein Jammer.

Zu oft verwechseln Frauen ihr Verständnis für die Art und Weise des Spielverhaltens der Männer damit, es ihnen gleichzutun zu wollen. Frauen geben armselige Imitationen von Männern ab. Versuchen Sie also gar nicht erst, sich wie ein Mann zu verhalten.

Im Spiel wie im Beruf nehmen Sie am besten die Position ein, die Ihrer Begabung entspricht. Wenn Sie nur einen Meter dreiundfünfzig groß sind, ist Basketball bestimmt nicht Ihre Sportart, aber vielleicht sind Sie exzellent in Gymnastik. Also tun Sie das, worin Sie am besten sind!

Und treten Sie als die Person auf, die Sie *sind*. Stellen Sie Ihre Kompetenz und Stärke ins beste Licht. Spielen Sie nicht die Hartgesottene, weil Sie glauben, so sollte eine Geschäftsfrau wirken. Sie brauchen nicht übermäßig formell zu sein. Zeigen Sie ruhig Ihren Sinn für Humor. Sie werden ihn brauchen. Sie können sich an die Spielregeln halten und gewinnen, indem Sie Ihre starken Seiten betonen und entsprechend einsetzen.

ZUSAMMENFASSUNG

Regel Nr. 2: Demonstrieren Sie Stärke.

1. Versuchen Sie immer, das Heft in die Hand zu bekommen und es dort zu behalten.
2. Meiden Sie offensichtliche Abhängigkeit von einem Vorgesetzten.
3. Lassen Sie Ihren Gesprächspartner niemals merken, daß er einen empfindlichen Nerv bei Ihnen getroffen hat.
4. Schmollen Sie nicht und beklagen Sie sich nicht, wenn etwas nicht so abläuft, wie Sie es sich vorgestellt haben.
5. Treten Sie wie die kompetente Fachfrau auf, die Sie sind, und nicht wie das Klischee einer Geschäftsfrau.

6

Regel Nr. 3
Setzen Sie weiter auf Sieg, selbst wenn das Spiel keinen Spaß mehr macht

Immer wenn ich an diese Regel denken muß, erinnere ich mich an eine Regatta an einem kalten, regnerischen Dezembertag. Ich hatte so viele Kleidungsstücke am Leib, daß ich wie eine Vogelscheuche aussah. Durch den stürmischen Regen hindurch konnten wir kaum etwas erkennen. Da waren wir nun, durchnäßt und vor Kälte schlotternd, als einer aus unserer Mannschaft sich zu mir umdrehte und sagte: »Warum tun wir uns das eigentlich an?« Alle begannen zu lachen. Ja, warum? Spaß machte es mit Sicherheit nicht. Aber wir wußten, warum wir es taten: Wir befanden uns mitten in einem Wettkampf.

Bei allen sportlichen Wettkämpfen gibt es Partien, bei denen man nicht gerade von Vergnügen reden kann. Denken Sie an Rugby, Hockey, Skifahren, Rennen, Boxen. Ein Läufer nach einem Marathonlauf, ein Boxer nach einem Boxkampf – sehen sie so aus, als hätten sie irgendwelchen Spaß an der Sache gehabt? Mit Widrigkeiten zurechtzukommen gehört zur Charakteristik eines guten Mitspielers. Derjenige, den man in der Mannschaft haben möchte, ist einer, der auch in schlechten Zeiten durchhält, einer, der mit den anderen durch dick und dünn geht.

Das Ziel eines Wettkampfes ist nun einmal der Sieg. Wenn Sie sich darüber aufregen, daß die erforderliche Anstrengung zu schmerzhaft ist oder zuviel Zeit in Anspruch nimmt, dann können Sie nicht damit rechnen, daß Sie gewinnen. Denken Sie daran, wieviel Zeit und Energie Olympiasportler in ihr Training stecken. Wenn Sie in der Konkurrenz der Olympischen Spiele der Arbeitswelt bestehen wollen, müssen Sie die unerfreulichen Aufgaben ebenso hinnehmen wie die erfreulichen. Es ist herrlich, wenn man fortgesetzt sein Dasein genießen kann – aber Genuß stellt einen Extra-Bonus dar. Eine Freude, mit der Sie aber garantiert rechnen können, ist die, mit Stolz auf eine gut geleistete Arbeit zu blicken.

Die beste Möglichkeit, mit einer widerwärtigen, aber unerläßlichen Aufgabe fertig zu werden, ist die, sich auf sein Ziel zu konzentrieren und an dem, was man tun muß, etwas Positives zu entdecken. »Das Gute an Nachtarbeit ist, daß man den Sonnenaufgang miterlebt.« Mobilisieren Sie Ihren Sinn für Humor, Ihre Kreativität. Auch bei Widrigkeiten gibt es stets einen positiven Aspekt. Und wenn Sie sonst gar keine positive Seite erkennen können, verschafft die Bewältigung einer solchen Aufgabe an sich ein Gefühl der Befriedigung.

Überstunden gehören zum Beruf

Die meisten Männer mögen Überstunden nicht, aber sie empfinden deren Streß nicht so ausgeprägt wie Frauen. Überstunden sind eben Bestandteil des Jobs. Sam, technischer Berater, erklärte geradeheraus: »Arbeit ist ein notwendiger Teil meines Lebens, und wenn dabei eine Menge Überstunden erforderlich sind, dann ist das eben so.« Tanya, ebenfalls Beraterin, bemerkte, daß die Männer, mit denen sie zusammenarbeitete, ein Ausfallen des Mittagessens wie eine Ehrenmedaille hinnähmen, während sie selbst schlicht Hunger bekäme. Tanya plant, eines Tages ein Buch mit dem Titel *Echte Berater kennen keinen Lunch* zu schreiben.

Männer haben aus einer ganzen Reihe von Gründen weniger gegen Überstunden als Frauen. Männer haben im Gegensatz zu Frauen auf diesem Gebiet Rollenvorbilder. Viele haben erlebt, daß ihre Väter Überstunden machten. Film- und TV-Stars (zumeist männlich) sitzen als Inspektoren und dergleichen bis in die frühen Morgenstunden da, um einen Fall aufzuklären. Somit werden Überstunden zum Bestandteil der Definition dafür, was es bedeutet, ein Mann zu sein. Hart zu arbeiten verschafft Männern zudem ein Gefühl der Vollkommenheit: Es ist Beweis dafür, wie sehr sie ihre Familie lieben und bereit sind, sich für sie aufzuopfern. Für Männer ist das gesellschaftliche Stigma, ihre Familie nicht angemessen zu erhalten – egal auf welchem Einkommensniveau –, ausschlaggebender als die negativen Konsequenzen von Überstunden.

Die Gesellschaft legt bei Frauen einen unhaltbaren doppelten Maßstab in Sachen Überstunden an. Das wurde in Amerika bei dem Sensationsprozeß O. J. Simpson deutlich. Zum Zeitpunkt dieses Prozesses befand sich die Staatsanwältin Marcia Clark in eigenen Scheidungsverhandlungen. Ihr Ehemann verlangte das Sorgerecht für die gemeinsamen Kinder, wobei er sich auf die ausgedehnten Überstunden seiner Frau während des Simpson-Prozesses berief. Zum gleichen Zeitpunkt erwog das US-Repräsentantenhaus ein Gesetz, demzufolge Frauen mit Kindern die Sozialfürsorge entzogen werden sollte, falls sie nach zwei Jahren Arbeitslosigkeit noch keinen Job gefunden hätten. Wenn Sie das Gefühl haben, sich in einem Konflikt zu befinden, so deshalb, weil die Gesellschaft Ihnen eine konflikterzeugende Botschaft zukommen läßt. Die Normen sind im Fluß. Ihre persönliche Entscheidung müssen Sie in Ihrem eigenen Innern finden.

Manche Unternehmen verlangen nun einmal Überstunden, und um dort Karriere zu machen, müssen Sie das in Kauf nehmen. Wenn Sie sich dabei unglücklich fühlen, so fragen

Sie sich, weshalb Sie überhaupt in einem solchen Unternehmen arbeiten. Wenn Sie das nicht wollen, kündigen Sie. Es gibt bessere Alternativen.

Was, wenn Sie aus Einkommens- und Vernunftgründen die dann unerläßlichen Überstunden in Kauf nehmen wollen? Richten Sie sich in diesem Fall Ihr Leben so angenehm wie unter diesen Umständen möglich ein. Versuchen Sie, Ihr gesellschaftliches Leben Ihrem Arbeitsplan anzupassen. Wenn irgendwelche Veranstaltungen beginnen, während Sie noch arbeiten, haben Sie keine Hemmungen, dort erst später aufzutauchen. Und machen Sie es sich nicht zur Gewohnheit, nach der Arbeit grundsätzlich sofort nach Hause zu gehen. Warum treffen Sie sich nicht erst noch mit Bekannten, die ebenfalls lange arbeiten? Wenn Sie allein sind, nehmen Sie regelmäßig in einem Restaurant ein Abendessen oder einen Imbiß zu sich. Vielleicht lernen Sie dort andere Gäste mit ähnlichen Arbeitszeiten kennen oder Sie freunden sich mit dem Personal an.

Obwohl heutzutage ein Großteil der verheirateten Frauen arbeitet, wird in unserer Kultur nach wie vor das Bild des arbeitenden Ehemanns und der sich um Haushalt und Familie kümmernden Ehefrau als Norm angesehen und gepriesen. Mögen wir auch aus Verstandesgründen dagegen Einwände erheben, so hat dieses Image doch nach wie vor eine starke emotionale Zugkraft. Wie oft schon haben Sie den scherzhaft gemeinten Stoßseufzer einer berufstätigen Frau gehört, sie bräuchte eine »Ehefrau«? Das ist im Grund gar kein Spaß – sie bräuchte wirklich eine. Einer der Gründe, weshalb Männern das Absolvieren von Überstunden leichter fällt, ist der, daß so viele von ihnen tatsächlich Ehefrauen haben.

In Amerika hat Arlie Hochschild, Soziologieprofessorin an der University of California in Berkeley, in *The Second Shift*[1] über die unerfreulichen Resultate ihrer Untersuchungen von Familien berichtet, in denen beide Eheleute berufstätig sind. Sie fand, daß selbst in diesen Haushalten nur zwanzig Prozent der Männer sich in gleichem Maß an der häuslichen Arbeit beteiligten wie die Frauen. Siebzig Prozent übernahmen weniger als die Hälfte, aber mehr als ein Drittel der Hausarbeit und Kinderbetreuung. Und zehn Prozent nahmen weniger als ein Drittel davon auf sich. Wenn Männer sich mit Hausarbeit und Beaufsichtigung der Kinder beschäftigen, dann bezeichnen sie das als »ihrer Ehefrau helfen« oder »Babysitting«. Selbst in den unvoreingenommensten Familien fand Hochschild heraus, daß die Frauen nach wie vor zwei Drittel der täglichen Hausarbeit bewältigen und sich dafür und für die Kinder verantwortlich fühlten.

Sie können keine beruflichen Überstunden machen, wenn Sie in erster Linie die Verantwortung für die Hausarbeit tragen. Wenn Ihr Partner Ihnen zwar hilft, Sie ihn aber immer wieder an seine Verpflichtungen erinnern müssen, tragen Sie die Verantwortung nach wie vor. Positiv an Hochschilds Untersuchung ist, daß die Männer sich heutzutage tatsächlich an der Hausarbeit beteiligen. Langsam geht ihnen ein Licht auf. Aber bleiben Sie als Ehefrau am Ball – die einzig faire Teilung ist fünfzig zu fünfzig. Einmal pro Woche den Rasen zu mähen oder irgend etwas zu reparieren ist nicht das gleiche, wie für die niemals endende Hausarbeit zuständig zu sein. Dies bedeutet eine schwierige Umschulung der Männer. Seien Sie einfühlsam, aber bleiben Sie fest.

Der Tag hat nur soundsoviele Stunden. Manchmal müssen Sie zwischen häuslichen Verpflichtungen und Berufsarbeit wählen. Zwangsweise vor die Wahl gestellt, entscheiden sich Männer im wesentlichen dafür, ihre Zeit zu Hause zu begrenzen, während Frauen ihre Berufszeit einschränken. Führen Sie doch einmal ein oder zwei Wochen Buch darüber, wie Sie Ihre Zeit verbringen. Teilen Sie die Stunden wirklich so ein, wie Sie das gern möchten?

Ledige Männer empfinden nicht denselben kulturell bedingten Zwang, ihre heimische Bleibe in Ordnung zu halten oder selbst zu kochen wie Frauen. Männer sind es gewohnt, Kochen und Saubermachen jemand anderem zu überlassen. Für sie ist es ganz natürlich, zu beidem weibliche Wesen anzustellen und selbst vorwiegend auswärts zu essen. Die meisten Frauen jedoch hegen hier Schuldgefühle. Kürzlich gestanden in einer Frauengruppe alle Beteiligten ein, sie hätten genau gewußt, was in Ruth vorgegangen sei, als sie sagte: »Ich muß heute früher heimgehen; die Zugehfrau kommt morgen, und ich muß erst noch aufräumen.«

Es fällt schwer, dergleichen zu ignorieren, wenn einem lebenslang eingetrichtert wurde, daß Hausarbeit Aufgabe der Frau sei. Diese Einstellung ist noch nicht völlig verschwunden. Wenn Sie Jim und Judys überaus ordentlich gehaltenes Heim betreten, denken Sie da vielleicht: »Jim ist ein großartiger Haushälter. Ich frage mich, wie er die Zeit dazu findet?«

Können Sie die mit Hausarbeit verbrachten Stunden reduzieren? Brauchen Sie eine Haushälterin, eine Köchin, eine Kinderfrau? Verschafft Ihnen der Gedanke, jemanden einzustellen, der Ihre Hausfrauenarbeit übernimmt, Schuldgefühle? Sind Sie im Übermaß darauf bedacht, Ihr Haus ordentlich und sauber zu halten? Vielleicht sollten Sie hier Ihre Wertmaßstäbe verringern. Kämpfen Sie gegen die allgemeine Erwartung an, Sie könnten alles machen. Sie können es nicht. Die Superfrau existiert lediglich in Comic-Heften.

Wenn Sie beruflich keine Überstunden machen wollen, haben Sie mehrere Möglichkeiten. Als erstes sollten Sie versuchen, zweckmäßiger zu arbeiten – dazu mehr in Kapitel 13. Je rationeller Sie vorgehen, desto weniger Zeit brauchen Sie für Ihre Arbeit. Eine andere Möglichkeit ist die, einen Job oder einen Chef zu finden, die Ihnen maßvollere Arbeitszeiten bieten. Eine unorthodoxere Entscheidung wäre die, eine Beschäftigung anzustreben, die an sich Überstunden erfordern würde und bei der Sie sich, weil Sie eben nicht so lange arbeiten wollen, im klaren sind, daß dies Ihre Chancen auf Beförderung in Grenzen hält. Der Vorteil einer Beschäftigung, die Ihnen Freude macht, plus mehr Freizeit könnte den Nachteil beschränkter Aufstiegsmöglichkeiten wettmachen.

Die Berufswelt kann einen endlosen Kampf um mehr Geld und Prestige bedeuten. Finden Sie heraus, wieviel Geld und Prestige für Sie persönlich ausreichen. Lassen Sie sich nicht durch die gesellschaftlichen Definitionen von Erfolg beirren – schaffen Sie sich Ihre eigene Vorstellung. Entscheiden Sie sich für die Lebensweise und -qualität, die Ihnen zusagen.

Überstunden verlangen immer ihren Tribut. Seien Sie sich selbst gegenüber ehrlich bezüglich Ihren Bestrebungen und Wertvorstellungen. Die Ziele, die Sie anstreben, müssen die *Ihren* sein, nicht irgendwelche allgemeine Vorstellungen, denen Sie blindlings folgen. Entscheiden Sie, was für Sie wichtig ist, und versuchen Sie, sich ein dementsprechendes Arbeitsleben zu schaffen. Vergessen Sie nicht, daß man den Begriff »Erfolg« immer so auslegen kann, wie man will. Setzen Sie sich also Ihre eigenen Ziele und handeln Sie danach.

Klienten oder Kunden zu werben oder Geschäfte anzukurbeln kann ebenso wichtig für den Beruf sein wie der Beruf selbst

Manche Frauen reden so abfällig über Kundenwerbung, als handle es sich dabei um einen unmoralischen Akt. Das stimmt nicht.

Julius, Rechtsanwalt, drückt sich da ganz anders aus:

»Ich weiß, es gibt Dinge, die ich tun muß, um Klienten zu bekommen und auch zu behalten. Manches davon gefällt mir selbst nicht, aber ich tue es trotzdem. Sich eine Klientel zu schaffen – darauf kommt es an.«

Bevor Sie Ihre Dienste zur Verfügung stellen, muß jemand sie gegen Bezahlung in Anspruch nehmen. Es spielt überhaupt keine Rolle, wie gut Sie in Ihrem Fach sind, wenn niemand Sie beauftragt. Aus der Perspektive einer Firma heraus ist ein Arbeitnehmer, der ihr Kundschaft verschafft, wertvoller als ein fachlich ebenso wichtiger Mitarbeiter, der das nicht kann. Viele Frauen fühlen sich unbehaglich, wenn sie »Kundenpflege« betreiben, weil es ihnen unangenehm ist, Betreuung gegen Geld zu bieten. Da Frauen auf Fürsorge und Pflege hin erzogen wurden, kommt es ihnen unrecht vor, dafür Geld zu erwarten. Jungen werden nicht zu Pflege und Fürsorge ermuntert. Als Kinder tauschen oder handeln sie eher, als daß sie Gefälligkeiten erweisen. Sie lernen, für ihre Dienstleistungen etwas zu erhalten. Manche Männer tun sich leichter mit geschäftlicher Werbung als andere, aber Dienstleistungen zu verkaufen statt sie aus reiner Gefälligkeit zu erweisen, ist allen wesentlich geläufiger.

Otto, Seniorpartner in einer großen Maschinenbaufirma, gibt zu, daß für ihn die Fähigkeit eines Ingenieurs, eine loyale Kundschaft zusammenzuhalten, eines der Kriterien darstellt, ob der Betreffende als Partner geeignet ist. Otto hält Frauen an sich für gute Arbeiterinnen, aber für allzu zurückhaltend in der Kundenbetreuung. Seine Erklärung:

»Frauen verstehen eben nicht, daß sie mit Geschäftspartnern – Bankiers, Lieferanten – Kontaktpflege betreiben müssen. Sie müssen zum Essen eingeladen, zum Golf- und Tennisspielen mitgenommen werden. Das ist unerläßlich. Meine weiblichen Angestellten werden da sehr nervös. Ich sage ihnen immer, daß sie, wenn ihnen das unangenehm ist, nicht mit Geschäftspartnern zum Abendessen oder in eine Bar gehen müssen. Sie können mit ihnen auch zu irgendeiner Sportveranstaltung oder in eine Show gehen. Aber gesellschaftlichen Kontakt sollen sie auf jeden Fall mit ihnen halten.«

Wenn sie qualitativ gute Arbeit leisten und zuverlässig sind, weshalb sollen die Mitarbeiterinnen dann mit den Geschäftspartnern ausgehen? Die Antwort ist kurz und bündig: »Weil diese es erwarten. Wenn das nicht geschieht, vergeben sie ihre Aufträge an andere Firmen.«

Mit jemandem, der mir nicht sympathisch ist, zu einer Sportveranstaltung gehen zu müssen, scheint mir eine beträchtliche Zumutung zu sein. Ich fragte Otto, ob er nicht selbst etwas dagegen hätte, seine Zeit mit Leuten zu verbringen, die ihm unangenehm seien. Seine Antwort:

»Ich habe nichts dagegen, weil man im allgemeinen zu Geschäftspartnern ohnehin irgendeine Art von Beziehung hat. Normalerweise würde ich nicht mit jemand ausgehen, den ich wirklich nicht leiden kann. Aber wahrscheinlich würde ich mit ihm dann auch keine Geschäfte machen.«

Wenn irgend möglich ziehen Männer es vor, mit Leuten, die sie als Freunde betrachten, Geschäfte zu machen. Eine der wirksamen Methoden, geschäftlich erfolgreich zu sein, besteht darin, die richtigen Freunde zu haben. Das ist nicht so schrecklich wie es klingt. Wenn es sich um den Arbeitsplatz handelt, sind Männer schnell bei der Hand mit dem Wort »Freund«. Diese Bezeichnung ist nicht für intime Freundschaften reserviert. Ein Freund ist jemand, dem gegenüber man freundliche Gefühle hegt. Ein Freund kann ein langjähriger Vertrauter sein, jemand, mit dem man vor zwanzig Jahren in die Schule ging, ein Mitglied des gleichen Clubs, mit dem man gelegentlich Golf spielt, oder auch nur der Freund des Nachbarn von nebenan. Ersetzen Sie getrost die männliche Bezeichnung für das Wort »Freund« mit »ein Bekannter, mit dem ich gelegentlich etwas unternehme.«

Geschäftspflege heißt, Zeit und Energie darauf zu verwenden, mit anderen Leuten zusammenzutreffen. Das kann bedeuten, etwas tun zu müssen, das Zeit kostet und unangenehm ist. Frauen sind im Umgang mit Leuten, die sie nicht mögen, wesentlich intoleranter als Männer. Sie erwarten mehr von zwischenmenschlichen Beziehungen. Die Aufnahme geschäftlich notwendiger gesellschaftlicher Kontakte wird Ihnen leichter fallen, wenn Sie Ihre Erwartungen der Situation anpassen.

Wenn Sie Geschäftspflege betreiben, so müssen Sie mehr tun, als nur Veranstaltungen besuchen oder sich mit Kunden unterhalten. Ihre (künftigen) Geschäftspartner müssen wissen, was Sie tun und Sie dann auch für gut in Ihrem Beruf halten. Sie müssen sich also darstellen können, sozusagen Ihren eigenen Tusch auf sich ausbringen.

June schildert ihre Erfahrung:

»Mein Mann und ich sind beide Anwälte und gehören der gleichen Kirche an. Aber wenn Mitglieder unserer Gemeinde juristische Hilfe brauchen, wenden sie sich an meinen Mann Barry und nicht an mich. Zuerst hielt ich das für reinen Sexismus, aber es steckt mehr dahinter. Mir wurde klar, daß Barry bei gesellschaftlichen Anlässen mehr von seiner Arbeit spricht, während ich im allgemeinen über persönliche Dinge rede. Versuchsweise begann ich dann, bei Gemeindezusammenkünften Anekdoten aus meinem Beruf zu erzählen und ließ das Persönliche eher weg. Wer, glauben Sie, bekam den nächsten Auftrag als Anwalt?«

Muß Geschäftspflege immer eine unangenehme und schwierige Aufgabe sein? Nicht, wenn Sie Elaine fragen, ein erfolgreicher weiblicher »Regenmacher« – wie man bei uns Anwälte nennt, die viele Aufträge hereinbringen. Elaine sagt, »Regenmachen« sei ein Klacks, wenn man vier simple Richtlinien beherzige:

1. Die Leute müssen Sie kennen und mögen.
2. Die Leute müssen wissen, was Sie tun.
3. Die Leute müssen wissen, daß Sie in dem, was Sie tun, Experte sind.
4. Die Leute müssen wissen, daß Sie geschäftlich gern mit ihnen zu tun haben wollen.

Setzen Sie Ihre Phantasie ein, um diesen Anforderungen gerecht zu werden, ohne daß Sie Ihr Leben beeinträchtigen. Allein schon Ihre Nachbarn wissen zu lassen, was Sie tun können, kann sich auszahlen. Auch Institutionen, denen Sie angehören, wie die jeweilige Kirche, oder Schulgruppen und Elternorganisationen können ein fruchtbarer Boden für Aufträge sein. Manche Frauen befürchten, daß sie damit Freunde ausnützen würden. Sie sollten die Sache aber so betrachten, daß Sie in Wirklichkeit Ihren Freunden einen Gefallen tun. Möglicherweise wären ihnen ja Ihre beruflichen Fähigkeiten von Nutzen, aber sie wissen gar nicht, daß sie sich an Sie wenden können. Würden Sie selbst in geschäftlicher Hinsicht nicht lieber mit jemandem zusammenarbeiten, den Sie kennen, statt mit Fremden?

Saul, ebenfalls ein erfolgreicher »Regenmacher«, verriet mir das Geheimnis seines Erfolgs:

»Ich sorge dadurch, daß ich höflich und aufgeschlossen bin, dafür, daß die Leute meinen Namen im Gedächtnis behalten. Wenn sie wissen, was Sie tun und Sympathie für Sie hegen, dann sind sie auch bereit, beruflich mit Ihnen zusammenzuarbeiten.«

Saul reagiert immer prompt auf Anrufe von Mandanten. Er telefoniert in regelmäßigen Abständen mit derzeitigen und potentiellen Klienten und läßt es sie stets wissen, wenn es in juristischer Hinsicht eine neue Entwicklung gibt, die für sie von Interesse sein könnte. Er hält sich einen umfangreichen Aktenordner, in dem Geburtstage, Jahrestage, Namen von Kindern und spezielle Interessen der in Frage kommenden Leute vermerkt sind. Er schickt ihnen Weihnachtsgrüße, Geburtstagsglückwünsche, Danksagungen und Gratulationen, wenn er von irgendwelchen Erfolgen des anderen gehört hat. Wenn er in einer Zeitschrift zufällig einen Artikel findet, der für einen Mandanten von Interesse sein könnte, so schickt er ihn postwendend – zusammen mit einem kurzen Begleitbrief. Diese Strategie der Freundlichkeit entspricht Elaines vier Richtlinien und bedarf einer nur minimalen Anstrengung.

Nur Sie selbst können sich dazu entschließen, in die Kunden- oder Klientenwerbung zusätzlich Zeit und Mühe zu stecken. Es ist eine wichtige Entscheidung – nehmen Sie sie nicht zu leicht. In manchen Firmen und Kanzleien werden Sie nicht respektiert, wenn Sie keine neuen Kunden oder Klienten einbringen, ganz gleich, was Sie sonst leisten. Wenn das auf Ihren Arbeitsplatz zutrifft, müssen Sie das klar erkennen. Besser als einen aussichtslosen Kampf zu führen ist es, diesen Arbeitsplatz zu wechseln. Wenn Sie das nicht können, dann finden Sie sich mit Ihrem niederen Status ab und nehmen Sie die Sache nicht persönlich.

Nicht alle Firmen sind gleich unerbittlich. Vielleicht gelingt es Ihnen, auf anderem Weg Karriere zu machen. Versuchen Sie Ihren Arbeitgeber davon zu überzeugen, daß Sie etwas Einzigartiges beitragen, etwas, das ebenso wertvoll ist wie die Werbung neuer Kunden. Entdecken Sie eine Nische, die kein anderer ausfüllen kann. Sorgen Sie dafür, daß Ihre Firma die Wichtigkeit dieser Nische zu würdigen weiß.

In manchen Situationen ist es das beste, es mit der Wahrheit nicht so genau zu nehmen oder sie zu umgehen

Ich halte mich an sich für einen ehrlichen Menschen, deshalb war ich konsterniert, als Candy, Bauunternehmerin, zu mir sagte: »Das Wichtigste, was ich in Ihrer Gruppe gelernt habe, ist, ein bißchen zu lügen. Männer tun das fortgesetzt.«

Ich fühlte mich dann besser, als sie mir ein Beispiel nannte:

»Wir standen bei einer Renovierung unter Termindruck, als mir klar wurde, daß die Pläne, die der Architekt soeben geschickt hatte, nicht durchführbar sein würden. Ich bat ihn, die notwendigen Änderungen sofort vorzunehmen. Taktvoll versuchte ich ihm zu erklären, daß die Pläne sich zwar auf dem Papier gut ausnähmen, aber innerhalb unseres zeitlichen Rahmens undurchführbar seien. Er reagierte mit der Frage, ob ich damit sagen wolle, daß der von ihm vorgelegte Plan nicht den Anforderungen entspräche. Ich Idiot – ich sagte ja! Am nächsten Tag faxte er mir die Kopie eines wütenden Briefes an meinen Bauleiter, in dem er mich als schwierig im Umgang und unfachmännisch bezeichnete. Harry, mein Bauleiter, versicherte mir, daß meine Analyse zuträfe und ich mich völlig korrekt verhalten hätte.
Dann las ich Harrys Antwort an den Architekten. Er schrieb darin, daß der Auftraggeber, obwohl die Pläne ausgezeichnet seien, auf einer Änderung beharre. Das stimmte einfach nicht. Als ich Harry seiner Antwort wegen zur Rede stellte, erklärte er mir, daß eine Lüge zur Beschwichtigung des Architekten einfach zum geschickten Geschäftsgebaren gehöre.«

Situationen wie solche sind schwer einzuschätzen. Was war wichtiger – absolut ehrlich zu sein und das Projekt damit hinauszuzögern oder zu lügen und die Arbeit damit rechtzeitig hinter sich zu bringen? Es gibt Zeiten, in denen man seinen Job einfach nicht richtig erledigen kann, wenn man komplett ehrlich ist. Aber nur Sie selbst können über die Prioritäten entscheiden.

Im Arbeitsleben gibt es Augenblicke, wo nur eine faustdicke Lüge zum besten, wenn nicht sogar einzig möglichen Resultat führt. Glücklicherweise genügt in den meisten Fällen ein kleiner Schwindel, ein Verschleiern der Wahrheit. Außerdem besteht ein großer Unterschied zwischen irreführender Manipulation aus Eigennutz und einer Einfärbung der Wahrheit, um den anderen leichter zum Hinunterschlucken einer bitteren Pille zu bringen.

Jeder gibt irgendwann Notlügen von sich, selbst der Ehrlichste; wir sollten sie nur nicht zugeben. Wir lehren unsere Kinder, daß es immer das beste sei, die Wahrheit zu sagen. Aber führende Psychohygieniker stimmen damit nicht überein. Sie haben herausgefunden, daß kleine Notlügen bekömmlicher für unsere Gesundheit sind.

Dr. Aaron Beck, einer der angesehensten lebenden Psychiater, betont in seinem Buch *Liebe ist nie genug*, daß völlige Ehrlichkeit bei jeder Gelegenheit selbst in den engsten Beziehungen Schaden anrichten könne. Es gäbe Augenblicke, in denen Grausamkeit sich mit der Maske der Aufrichtigkeit tarne. Die nackte Wahrheit könne destruktiv wirken.

Sie müssen nicht unbedingt immer die Wahrheit sagen. Unter dem Vorwand der Aufrichtigkeit allzuviel preiszugeben kann Ihnen selbst schaden. Bringen Sie Ehrlichsein nicht mit Deutlichsein durcheinander. Wieviel Information sollte Ihre Antwort enthalten? In den meisten Fällen genügt das Allernotwendigste. Einfache, deutliche Antworten sind bei den meisten beruflichen Gesprächen zu empfehlen. Sie brauchen, was die weitere Problematik der Angelegenheit betrifft, nicht Ihre innersten Gedanken und Gefühle zu äußern.

Sie können zum Beispiel komplett aufrichtig sein und die Frage: »Wie kommen Sie im Geschäftsbericht Smith weiter?« beantworten mit: »Mir ist die ganze Sache zuwider. Sie ist wahnsinnig schwierig, und ich habe nicht annähernd genug Zeit, um sie zu Ende zu bringen.« Aber es wird Ihnen wesentlich mehr einbringen, wenn Sie das hinunterschlucken und sagen: »Bis Mittwoch ist alles fertig.« Bewältigen Sie das Ding bis Mittwoch und Sie haben die Wahrheit gesagt. Ihre Antwort war genau genommen nicht ganz ehrlich, aber war sie eine Lüge? Sie haben die dahinterstehende eigentliche, wenn auch nicht die exakte Frage beantwortet.

Ihr Vorgesetzter braucht einen Bericht und fragt Sie: »Wissen Sie, wie man das macht?« Sie haben zuvor so etwas noch nie zu Gesicht bekommen, was sollen Sie also antworten? Würde ein Ja eine Lüge bedeuten? Die Frage, die Ihnen Ihr Chef eigentlich stellt, ist aber die: »Bringen Sie das fertig?« Wenn Sie wissen, daß Sie sich informieren und den erforderlichen Bericht zustande bringen können, so haben Sie mit ›ja‹ die korrekte Antwort auf die eigentliche Frage gegeben.

Was bewirkt ein Ja letzten Endes? Ihr Chef ist beruhigt, der Bericht ist fertiggestellt, und Sie stehen so kompetent da, wie Sie es tatsächlich sind. Was würde die absolut ehrliche Antwort: »Ich weiß nicht, wie ich das machen soll« nach sich ziehen? Ihr Chef würde Zweifel an Ihren Fähigkeiten hegen und Sie selbst wie ein Anfänger wirken. Möglicherweise beauftragt er jemand anderen mit dem Bericht, und Ihnen entgeht dadurch die Gelegenheit, etwas Neues zu lernen. Ihren Chef interessiert es nicht, was Sie unternehmen, um diesen Bericht schreiben zu können, er will die Sache nur erledigt haben.

Eine Frage wie: »Sind Sie schon mit der Jones-Analyse fertig?« wirft ähnliche Probleme auf. Wenn Sie noch nicht fertig sind, aber wissen, daß Sie die Arbeit jetzt sofort erledigen könnten, sollten Sie dann die Wahrheit, also nein sagen? Ihr Boss wird zwar Ihre Ehrlichkeit respektieren, aber Sie für eine unzureichende Mitarbeiterin halten. Die Antwort: »Meine Sekretärin hat sie; sie wird morgen früh auf Ihrem Schreibtisch liegen« wird Ihnen die Achtung des Chefs erhalten und ihm selbst einen ruhigen Nachtschlaf bescheren.

Noch kompliziertere Entscheidungen werden bei Verhandlungen gefordert. Ihr Geschäftspartner (oder -gegner) fragt Sie zum Beispiel: »Sind Sie befugt, diese Angelegenheit zu entscheiden?« Wenn nicht, so können Sie mit einer ehrlichen Antwort möglicherweise der Sache Ihres Kunden schaden. Was, wenn Ihr Gegenüber sich dann bei der Verhandlung gar nicht mehr von der Stelle bewegt, weil er Sie für ein Leichtgewicht hält und vorhat, Sie über den Haufen zu rennen? Wenn Sie zugeben, daß Sie nicht die Macht haben, eine Entscheidung zu treffen, wird das Problem kompliziert. Falls Sie ja sagen, wird er gezwungen sein, Sie mehr zu respektieren, was für Ihren Kunden ein klarer Vorteil ist. Nur dürfen Sie keine Versprechungen machen, ohne sich vorher mit diesem Kunden abzusprechen.

Ein anderes Dilemma kommt auf Sie zu, wenn Sie tatsächlich über die Befugnis verfügen, eine Entscheidung zu treffen. Manchmal können Sie zu einer besseren Vereinbarung kommen, wenn die Verhandlung länger dauert oder Ihr Gesprächsgegner glaubt, Sie seien an sich ja bereit nachzugeben, aber Ihr Kunde sei eben unvernünftig. Ist es dann besser, die Wahrheit zu sagen und damit für Ihren Kunden zu einer schlechteren Vereinbarung zu gelangen, oder so zu tun, als könnten Sie keinerlei Entscheidungen treffen ohne dessen Zustimmung – und so ein besseres Ergebnis erzielen?

Männer und Frauen legen den Begriff der Moral verschieden aus. Niemanden zu täuschen ist wesentlicher Bestandteil des weiblichen Moralkodex. Männlichen Moralvorstellungen entspricht es hingegen, daß das, was man sich als Ziel gesetzt hat, auch erreicht werden muß. Für eine Frau ist eine Lüge eine Lüge. Für einen Mann ist eine Lüge, wenn man nur auf diesem Weg das erforderliche Resultat herausholt, völlig in Ordnung. Als Frau müssen Sie hier einen Balanceakt vollbringen. Tun Sie nichts, was Sie dazu bringt, sich selbst zu verachten, aber bringen Sie sich im Namen der Ehrlichkeit nicht persönlich zum Opfer.

ZUSAMMENFASSUNG
Regel Nr. 3: Setzen Sie weiter auf Sieg, selbst wenn das Spiel keinen Spaß mehr macht. 1. Überstunden gehören zum Beruf. 2. Klienten oder Kunden zu werben oder Geschäfte anzukurbeln kann ebenso wichtig für den Beruf sein, wie der Beruf selbst. 3. In manchen Situationen ist es das beste, es mit der Wahrheit nicht so genau zu nehmen oder sie zu umgehen.

7

Regel Nr. 4
Lassen Sie beim »Berufsspiel« Emotionen beiseite

Larry, Vizepräsident einer Werbefirma, beschwerte sich:

»Man kann Frauen nicht einfach anschreien wie Männer. Sie sind viel sensibler. Man muß einfach wissen, wie man mit ihnen umgeht.«

Wie oft haben Sie schon einen Mann stöhnen hören: »Frauen – Sie sind einfach zu emotional!« Ich fragte Larry, was Männer empfänden, wenn man sie anschreit. »Weiß ich nicht«, erwiderte er. »Ich denke auch gar nicht darüber nach.«

Larrys Einstellung gefällt mir überhaupt nicht, aber sie ist leider typisch. Männer sind stolz darauf, das zu sein, was sie für das Gegenteil von emotional halten: logisch denkend. Als Kinder entwickeln Jungen, wie bereits erwähnt, ihre Identität dadurch, daß sie sich von ihren Müttern so weit wie möglich zu unterscheiden trachten – vor allem was weiche und mitfühlende Empfindungen betrifft.

Kleine Jungen lernen bereits, ihre Emotionen zurückzuhalten. »Die Ohren steif halten« wird zu einem maßgeblichen Gebot. »Benimm dich wie ein Mann« bedeutet nicht »sei erwachsen«, sondern »verbirg deine Emotionen«.

Mehr aus meinem Interview mit Larry:

»Frauen sprechen mit anderen Frauen über ihre Gefühle. Sie können darauf wetten, daß meine Sekretärin, wenn ich eine Frau aus der Fassung gebracht habe, danach hereinkommt und fragt: »Warum haben Sie sie so schlecht behandelt?« Bei einem Mann besteht zu neunundneunzig Prozent die Wahrscheinlichkeit, daß niemand anderer erfährt, wenn er verstimmt ist. Er möchte niemand wissen lassen, daß er kritisiert wurde.«

Logisches Denken und Emotionen sind keineswegs unvereinbar. Tatsächlich ergänzen sie einander. Aber Männer glauben, sie schlössen einander aus. Da sie so wenig Erfahrung mit Emotionen haben, verhalten sie sich oft besonders irrational, wenn sie einmal emotional reagieren. Das trifft auf Frauen nicht zu, aber wenn ein Mann bei einer Frau einen Gefühlsausbruch erlebt, nimmt er prompt an, daß sie sich unlogisch verhalten wird.

Es gibt Anlässe, bei denen Ihre emotionalen Reaktionen Ihrem Geschäftsinteresse abträglich sind. Wir alle haben hier unsere persönlichen Erfahrungen, wenn bei uns das Herz die Oberhand über den Verstand gewinnt – und wir haben auch dafür bezahlt. Dergleichen kann auch im Beruf passieren. Ignorieren Sie Ihre Gefühle nicht – nur, seien Sie sich im klaren darüber, daß sie für Ihr Urteilsvermögen eine Ergänzung, keine Trübung darstellen sollten. Sensibel, mitfühlend und empfänglich für die Gefühle anderer zu sein gehört zu den weiblichen Stärken. Zahlreiche Studien über die Effektivität des Stils weiblicher Unternehmensführung belegen das. Im männlichen Managementstil sind Emotionen unnötige Ablenkungsmanöver, im weiblichen wertvolle Anhaltspunkte. Also wissen Sie Ihre Gefühle zu schätzen, lassen Sie sie aber nicht immer deutlich werden. Versagen Sie sich nicht die Vorteile Ihrer ureigenen Stärken, aber ziehen Sie dabei in Betracht, wie Männer möglicherweise Ihr Verhalten auslegen.

Nehmen Sie Bemerkungen von Gegenspielern und Kollegen nicht persönlich

Andre, Vizepräsident für Marketing in einer großen Aktiengesellschaft:

»Frauen sind wesentlich sensibler, darüber besteht kein Zweifel. Wenn ich einen Mann zu mir kommen lasse und ihm erkläre, er habe etwas falsch gemacht, so ist das keine größere Affäre. Niemand läßt sich gern kritisieren – manche Männer streiten sich sogar mit mir herum –, aber das Ganze ist in zehn Minuten ausgestanden. Aber Frauen! Manchmal weinen sie. Manchmal regen sie sich dermaßen auf, daß sie für ein paar Tage zu nichts mehr zu gebrauchen sind.«

Ich lernte, Kritik hinzunehmen, als ich gemeinsam mit Rex segelte, einem allgemein beliebten und äußerst respektierten Skipper. Als Neuling bei Regatten bat ich ihn, mich in seine Crew aufzunehmen. Ich erwartete, daß er sich nach meinen Segelkenntnissen erkundigen würde. Stattdessen fragte er: »Können Sie Beschimpfungen ertragen?« Ich dachte, das sei nur Spaß, wurde aber bald eines Besseren belehrt.

In der Hektik des Wettsegelns schreien manche Skipper sowohl die Mannschaft eines anderen Bootes wie auch die eigene an. Und Skipper, die aggressiv mit ihren Gegnern umgehen, sind häufig ebenso aggressiv gegenüber ihrer eigenen Crew. Rex wird ungewöhnlich ausfällig, wenn sich die Regatta ihrem Höhepunkt nähert. Also erwähnt er seine Reaktion allen seinen künftigen Mannschaftsmitgliedern gegenüber, weil er sicher sein will, daß niemand in seinem Boot seine Beschimpfungen persönlich nimmt.

Um sich beim Segeln mit Rex wohlzufühlen, muß man seine beleidigenden Äußerungen in dem Augenblick vergessen, in dem die Ziellinie überquert wird. Rex wird nicht nur wegen seiner sportlichen Tüchtigkeit, sondern auch seiner Erfindungskraft bei der Aneinanderreihung anstößiger Ausdrücke wegen respektiert. Ich lernte von ihm, die in der Hitze eines Wettkampfs ausgestoßenen Beschimpfungen zu ignorieren und mit Humor statt mit Verärgerung zu reagieren.

Niemand ist gefeit dagegen, in Wut zu geraten und etwas zu sagen, was er später bereut. Seit meinen Erfahrungen mit Rex erinnere ich meine eigene Crew immer daran, daß alles, was während einer Regatta an Beleidigendem geäußert wird, vergessen sein muß, sobald die Ziellinie überquert ist.

Helmut, ein Bilanzbuchhalter, sprach ein weiteres Thema an, das des öfteren an mich herangetragen wurde:

»Frauen sind paranoid. Sie interpretieren alles, was ihnen zustößt, dahingehend, daß ihnen das nur passiert, weil sie Frauen sind.«

Angesichts der Situationen, in die Frauen manchmal geraten, ist es schwer, *nicht* paranoid zu sein! Aber in dem, was Helmut sagt, steckt trotzdem ein Körnchen Wahrheit. Ich habe viele Beispiele dafür gehört, daß Frauen ein Verhalten falsch deuten oder Bemerkungen als persönlichen Affront auslegen, obwohl sie lediglich auf die gleiche Art behandelt wurden wie jeder männliche Gesprächspartner auch. Das liegt meistens daran, daß sie die oft erwähnten Regeln nicht begreifen.

Als Frau müssen Sie unbedingt lernen auseinanderzuhalten, wann herabsetzende Bemerkungen während des »Berufsspiels« persönlich genommen werden müssen und wann nicht. Sie müssen sie im Zusammenhang mit dem Spiel als Ganzem sehen. Die Probe aufs Exempel machen, Scheingefechte führen und gelegentliches Anschreien gehören dazu. Wenn Sie es mit einem schimpfenden Manager zu tun haben, denken Sie daran, daß er sich zwar aggressiv verhält, dies aber nicht notwendigerweise gegen Sie persönlich gerichtet ist. Vielleicht attackiert er lediglich die Rolle, die Sie in diesem Spiel übernommen haben.

Kritisiert oder beschimpft zu werden ist in jedem Fall unangenehm. Das beste wäre, überhaupt zu vermeiden, mit Männern zusammenzuarbeiten, die ausfällig werden. Aber wenn Sie nun schon einmal in einer Umgebung bestehen wollen, in der Beschimpfungen zugelassen werden – so wie ich damals auf Rex' Boot –, dann müssen Sie auch lernen, verbale Attacken einfach abzuschütteln.

Manchmal hat der Zorn, dem Sie begegnen, gar nichts mit Ihnen persönlich oder mit Ihrer Arbeit zu tun. Da Frauen in eine eigentlich Männern vorbehaltene Domäne eingedrungen sind, empfinden letztere häufig ganz schnell Ärger darüber. Weil sie nun einmal ihre Identität darin finden, »männliche« Dinge zu tun, ist es für sie wichtig, Tätigkeiten und Plätze zu haben, die deutlich als »männlich« gekennzeichnet sind. Ihre Anwesenheit als Frau am Arbeitsplatz stört dieses Identitätsgefühl. Solche Männer sind sich dessen nicht bewußt oder sie sind zumindest nicht in der Lage, den Grund für ihren Ärger verständlich zu machen. Wenn Sie gezwungen sind, mit einem Mann dieser Art zusammenzuarbeiten, versuchen Sie gar nicht erst, ihn zu ändern. Dazu bedürfte es eines Therapeuten. Sagen Sie sich immer wieder, daß sein Zorn nicht Ihnen persönlich gilt. Wenn Sie ihn nicht stoppen oder ihm aus dem Weg gehen können, so wird Sie wenigstens Ihr Wissen um den Grund seines Verhaltens einigermaßen gegen den Blitzschlag seiner Beleidigungen isolieren.

Binden Sie sich innerlich nicht allzusehr an Ihre Kundschaft oder an das, was Sie erreichen wollen

Mark, Teilhaber einer großen Anwaltskanzlei, sagt:

»Ich glaube, das größte Problem weiblicher Anwälte, vor allem bei Verhandlungen, besteht für sie darin, Objektivität walten zu lassen. Manchmal kämpfen sie für ihre Mandanten wie eine Bärin für ihr Junges. Sie sind dann unfähig nachzugeben, selbst wenn es zum Besten dieser Mandanten wäre.«

Die weibliche Neigung, Beziehungen zu hegen und zu pflegen, gehört an sich zu den größten Stärken des weiblichen Geschlechts. Aber sie kann auch zu einer potentiellen Schwäche werden. Der Nachteil ist, daß aus einer zu ausgeprägten Bindung an einen Mandanten oder eine Sache tatsächlich ein Verlust an Objektivität resultieren kann. Ich habe erlebt, wie Frauen auf Leben und Tod kämpften, wo sie bei ein bißchen Bereitwilligkeit zum Nachgeben mit ein paar Kratzern davongekommen wären.

Ich rate Ihnen damit keineswegs, auf jegliches Mitempfinden und alle Fürsorglichkeit zu verzichten; ich schlage nur vor, die Gefühle für Ihre Auftraggeber und die Sache, die Sie vertreten, unter Kontrolle zu halten. Setzen Sie Ihr Einfühlungsvermögen als wertvolles Werkzeug ein, aber verlieren Sie Ihre eigentliche Rolle nicht aus den Augen – nämlich die einer objektiven Anwältin. Wenn es sich bei den Kunden oder Klienten um gute Bekannte handelt, so lassen Sie während Ihrer beruflichen Verbindung die freundschaftliche Beziehung beiseite. Sie können sie später wieder aufnehmen. Aber Sie können den Fall klarer sehen und wesentlich bessere Arbeit leisten, wenn Sie einen gefühlsmäßigen Abstand einhalten.

Sie brauchen diesen Abstand, um sowohl Ihren Auftraggeber als auch die Sache, die Sie vertreten, exakt einzuschätzen. Eine zu enge Bindung wird Ihre Fähigkeit einschränken, eine Situation richtig zu bewerten. Sie wird Ihnen zum Beispiel die Erkenntnis erschweren, daß ein Mandant im Unrecht ist, und auch die, daß Sie einen Kompromiß schließen oder nachgeben müssen. Schließlich kann auf Grund Ihrer mangelnden Objektivität ein Fall verloren gehen.

Emotionale Anteilnahme ist immer in Gefahr, ausgenutzt zu werden. Um bei unserem Beispiel zu bleiben, wird der gegnerische Anwalt versuchen, Sie bei der Verhandlung auf einen gefühlsmäßig besetzten, aber unwesentlichen Punkt hinzulenken, in der Hoffnung, Sie würden so darauf versessen sein, hierin erfolgreich zu sein, daß Sie in einem wichtigeren, aber emotional weniger relevanten Punkt nachgeben werden.

Wenn Sie den Verdacht hegen, an einem Fall gefühlsmäßig allzusehr beteiligt zu sein, reden Sie mit einem Menschen, dem Sie vertrauen. Hören Sie sich dessen objektive Meinung an. Bemühen Sie sich, aufgeschlossen zu sein. Es ist schwierig, sich unter diesen Umständen leidenschaftslos einen Rat geben zu lassen. Falls jemand Ihnen vorwirft, an einem Mandanten oder einem Fall allzu große Anteilnahme zu zeigen, lassen Sie sich die Kritik sorgfältig durch den Kopf gehen, bevor Sie sie völlig von der Hand weisen.

Ihr Mitgefühl und Ihre Fürsorglichkeit gegenüber anderen sind Ihre Stärken, aber vergessen Sie nicht, daß Sie auch Ihre verwundbaren Stellen sein können.

Lassen Sie sich Ärger nur zum passenden Zeitpunkt anmerken

Dorothy, Oberschwester in einem großen Krankenhaus:

»Als ich hörte, daß Dr. Gillis wieder einmal mein Schwesternteam beschimpft hatte, war ich wütend. Ich stürmte in sein Zimmer und erklärte ihm, ich würde das nicht einfach hinnehmen. Aber er sah mich nur verdutzt an. Mir wurde klar, daß ich mir nicht die Zeit genommen hatte, der Sache auf den Grund zu gehen und daß irgend etwas nicht stimmte. Also entschuldigte ich mich und ging. Später erfuhr ich dann, daß es den Ärger mit einem neuen Assistenzarzt gegeben hatte, der ebenfalls Gillis hieß.«

Als menschliche Empfindung ist Zorn nützlich. Er motiviert uns dazu, in Aktion zu treten, wenn wir glauben, daß jemand uns absichtlich zu nahe getreten ist. Aber unangebrachter oder undefinierbarer Zorn ist sinnlos. Er kann Ihr Urteilsvermögen vernebeln und Sie von einer vordringlichen Aufgabe abhalten. Dorothys Wunsch, ihre Krankenschwestern zu schützen, war an sich lobenswert, aber ihre hitzköpfige Reaktion brachte sie nur in eine peinliche Lage. Statt die Situation zu retten, schuf sie lediglich ein neues Problem, indem sie gegen den falschen Dr. Gillis loslegte.

Frauen sind im Nachteil, wenn sie wütend werden, vor allem wenn sie ihre Stimmen erheben. Wenn ein Mann schreit, sagt jeder: »Er muß sehr aufgebracht sein.« Wenn eine Frau schreit, sagen alle: »Sie ist hysterisch.« Bevor Sie sich Ihre Verärgerung anmerken lassen, überlegen Sie sich die Folgen. Bekommen Sie, wenn Sie zornig dreinblicken, das, was Sie haben wollen oder schadet es lediglich Ihrem Image? Im Zweifelsfall nehmen Sie sich die Zeit, innerlich abzukühlen.

Gewisse Leute, die Ihnen nicht wohlgesonnen sind, werden es darauf anlegen, Sie ärgerlich zu machen, in der Hoffnung, daß Sie dann als »schwach« oder »überemotional« bezeichnet werden. Es wird Ihnen leichter fallen, Ruhe zu bewahren, wenn Sie begriffen haben, daß Ihr(e) Gegenspieler(in) nur das Ziel hat, Sie zu provozieren. Gönnen Sie ihnen diesen Triumph nicht.

Sollten Frauen überhaupt je zornig werden? »Ja«, antwortete Lucy, Inhaberin einer erfolgreichen Finanzberatung. »Frauen können getrost zornig werden, aber nur in sehr zivilisierter Form. Ich versuche dann ruhig, langsam und bedächtig zu sprechen. Es ist ratsam, sich eher zu wenig als zu viel Emotion anmerken zu lassen.« Lucy pries dann die Vorteile selten gezeigten Ärgers. »Wenn andere glauben, Sie seien jemand, der überhaupt nie aus der Ruhe gebracht werden kann, dann hören sie, wenn Sie einmal wirklich ärgerlich werden, wenigstens aufmerksam zu.«

Wann ist es angebracht, Zorn erkennen zu lassen? Nur wenn Sie der Überzeugung sind, Sie können damit etwas erreichen.

ZUSAMMENFASSUNG

Regel Nr. 4: Lassen Sie beim »Berufsspiel« Emotionen beiseite.

1. Nehmen Sie Bemerkungen von Kollegen und Gegenspielern nicht persönlich.
2. Binden Sie sich innerlich nicht allzusehr an Ihre Kundschaft oder an das, was Sie erreichen wollen.
3. Lassen Sie sich Ärger nur zum passenden Zeitpunkt anmerken.

8

Regel Nr. 5
Auch Aggressivität gehört zum Spiel

In unserer Kultur erwartet man von Männern Aggressivität, sie gilt als eines der Elemente, die Maskulines von Femininem unterscheiden. Per Definition sind Spiele von Männern aggressiv. Wenn Sie sich als Frau also an Männerspielen beteiligen, müssen Sie sich ebenfalls aggressiv verhalten.

Dieses Wort »aggressiv« hat für die meisten Frauen eine negative Bedeutung. Als Therapeutin ermunterte ich früher Patientinnen zu einer »positiven«, nicht »aggressiven« Haltung. Das tue ich heute nicht mehr. Mir ist klar geworden, daß Aggression sowohl positive als auch negative Aspekte besitzt. Sie kann Feindseligkeit oder Streitsucht bedeuten, ebenso gut aber auch Durchsetzungskraft, Entschlossenheit, Forschheit und Unerschrockenheit. Ich möchte Sie wirklich nicht ermutigen, feindselig oder streitsüchtig zu sein, das bringt Sie nicht weiter. Aber ich ermuntere Sie nachhaltig, sich durchzusetzen, entschlossen, forsch und unerschrocken zu sein.

Entscheiden Sie sich für das Team, das Ihnen zusagt, und bemühen Sie sich, dort aufgenommen zu werden

Lucy, Projektmanagerin in einer großen Marketingorganisation:

»Ich trat in dieses Unternehmen ein, weil Al dort beschäftigt war. Er ist einer der besten Berater weit und breit, und ich hätte gern für ihn gearbeitet. Er forderte mich aber nie auf, seinem Team beizutreten. Als ich mich bei Sy, einer Kollegin, darüber beschwerte, sagte sie schlicht: »Bitte ihn doch darum.« Das tat ich dann auch. Jetzt ist Al einer meiner Ratgeber.«

Warten Sie nicht darauf, ausgewählt zu werden: Spielen Sie bei der Arbeit nicht das Mauerblümchen. Wie die meisten Frauen, die damit rechnen, daß die Initiative zu einer Verabredung von den Männern ausgeht, haben auch Sie das Gefühl, Sie müßten abwarten, bis Sie aufgefordert werden, sich einem Arbeitsteam anzuschließen oder einen Auftrag zu erledigen. Männer tun hingegen alles, um die Aufmerksamkeit der maßgeblichen Leute zu erregen, mit denen sie zusammenarbeiten wollen. Im Beruf erwarten sie, daß Frauen dasselbe tun.

Die gesellschaftlichen Verhaltensweisen der Frauen ändern sich. Sie haben immer weniger Hemmungen, von sich aus Verabredungen mit Männern zu treffen. Und Männern gefällt das. Wenden Sie die nämliche Methode bei der Arbeit an. Warten Sie nicht einfach ab, in der Hoffnung, daß der Betreffende, mit dem Sie gerne zusammenarbeiten wollen, Sie dazu auffordern wird. Vielleicht weiß er gar nicht einmal, daß Sie daran interessiert sind. Sagen Sie's ihm also.

Wenn Sie jemanden fragen, ob Sie mit ihm zusammenarbeiten können, sagt er vielleicht nein. Ist es die Angst vor Ablehnung, die Sie davon abhält, überhaupt zu fragen? Wenn ja, denken Sie daran, daß noch niemand an einer Ablehnung gestorben ist. Allein das Wort erweckt negative Empfindungen, aber bemühen Sie sich, das Ganze in der richtigen Perspektive zu sehen. Hat er Sie als Mensch abgelehnt, oder hat er einfach gesagt, er könne Sie im Augenblick nicht in seinem Team beschäftigen? Hat er dort überhaupt einen Platz für Sie? Ist es möglich, daß er jemanden mit anderen Fähigkeiten haben möchte? Denken Sie daran, daß Sie, wenn er nein sagt, dadurch nichts verloren haben. Der Vorteil, ihn wissen zu lassen, daß Sie bereit sind, für ihn zu arbeiten, wiegt bei weitem die momentan unangenehmen Gefühle bei einer Ablehnung auf.

Der Grundsatz »Es kommt nicht darauf an, was Sie können, sondern darauf, wen Sie kennen« gilt vor allem für den Beruf. Das erste, was ein Mann unternimmt, wenn er vorankommen will, ist, sich an einen Freund oder Ratgeber zu wenden, der ihm dabei behilflich ist, dorthin zu kommen, wohin er möchte. Die Männer, mit denen ich sprach, erklärten, sie sähen sich an ihrem jeweiligen Arbeitsplatz um und überlegten sich, mit wem sie zusammenarbeiten wollten. Dann würden sie alles Erforderliche unternehmen, um sich in den Vordergrund zu rücken und die Aufmerksamkeit des Betreffenden auf sich zu ziehen.

Denken Sie darüber nach, welche Art von Arbeit Ihnen liegen würde und finden Sie heraus, wer damit befaßt ist. Entscheiden Sie, für wen Sie gern arbeiten möchten und lenken Sie seine Aufmerksamkeit auf sich. Überlegen Sie sich, mit wem Sie sich zusammentun sollten, und stellen Sie die Verbindung her. Drücken Sie sich klar und direkt aus.

Viele der erfolgreichen Leute, die ich interviewte, erklärten mir, sie wären an sich durchaus daran interessiert, Frauen zu fördern, aber keine von ihnen bäte sie jemals darum. Also warten Sie nicht darauf, daß jemand an Sie herantritt. Suchen Sie sich jemanden, den Sie gern als Mentor hätten und lassen Sie ihn – oder sie – das wissen. Eine solche Beziehung ist etwas ganz Spezielles, man muß zueinander passen. Aber es ist für Sie als Frau ausgesprochen wichtig, einem zukünftigen männlichen Mentor von vornherein klar zu machen, daß Ihr Interesse an ihm rein beruflicher Natur ist.

Manche Männer werden glauben, daß Ihr Interesse gesellschaftlicher Art ist. Also drücken Sie sich nicht nur klar, sondern überdeutlich aus. In einer vollkommenen Welt wäre so etwas nicht nötig, aber die Welt, in der wir leben, ist nun einmal nicht vollkommen. Solange Sie nicht sicher sein können, ob Ihr Gegenüber begriffen hat, daß Ihr Interesse sich lediglich auf die Arbeit bezieht, reduzieren Sie besser persönliche Unterhaltungen auf ein Minimum, versuchen Sie lieber nur im Büro oder Arbeitsraum mit ihm zusammenzutreffen als bei informellen Gelegenheiten wie gemeinsamen Mittagessen, und lenken Sie jedes Gespräch, das ins Private abgleitet, zurück aufs Berufliche. Es lohnt die Mühe, auf der Hut und anfangs vielleicht sogar ein bißchen prüde zu sein, um mögliche Mißverständnisse zu vermeiden. Wenn Sie dann Ihrer gegenseitigen Beziehung sicher sind, können Sie entspannen.

Stellen Sie Ihr Licht nicht unter den Scheffel

Karen, künstlerische Werbeleiterin in einer Versicherungsgesellschaft:

»Ich begriff überhaupt nicht, was vorging. An sich arbeitete ich gern für Gerry. Er sagte mir oft, ich wäre ausgezeichnet in meinem Fach. Mehrere Tage in der Woche arbeitete ich bis spät in die Nacht hinein, und er lobte immer das, was dabei herauskam. Ich hielt ihn für jemanden, der mich fördern

würde und hoffte, ich käme beruflich weiter. Aber als eine entsprechende Stellung frei wurde, die, wie ich fand, genau das richtige für mich war, bekam ich sie nicht. Gerry sagte, er sei überrascht, daß man nicht mich befördert hatte.
Aber drei Monate später wurde er selbst befördert. Erst dann erfuhr ich, daß er sich meine persönliche Arbeit als Verdienst hatte zuschreiben lassen. Gerry wollte, daß ich weiter bei ihm bliebe, aber ich beschloß, ihn seinen Kram selber erledigen zu lassen.«

Karen hat zu spät begriffen, was es bedeutet, sein Licht unter den Scheffel zu stellen. In solchen Fällen kann leicht jemand anderer Anerkennung für die Arbeit ernten, die eigentlich Sie geleistet haben. Weil sie selber sich in der Firma nicht angepriesen hatte, wußte niemand außer Gerry von ihren Fähigkeiten. Leider ist Karens Erfahrung keine Ausnahme. Männer wie Gerry wissen um die weibliche Neigung zur Anonymität und nutzen sie entsprechend aus.

Viele Frauen haben das Gefühl, ausgezeichnete Arbeit zu leisten, aber niemand erkennt das an oder belohnt sie dafür. Das stimmt leider. Als Kinder bringt man ihnen bei, daß, wer gut arbeitet und sich dabei bescheiden gibt, seinen Lohn erhält. Völlig falsch! Wenn alle Ihre guten Leistungen im Hintergrund erbracht werden und Sie nie jemandem erzählen, wie hervorragend Ihre Arbeit ist, werden Sie bestimmt nicht dafür belohnt, denn keiner weiß ja, daß das *Ihr* Verdienst ist.

Die Annahme, daß jemand Sie auf Grund Ihrer Persönlichkeit für tüchtig hält, ist ein weit verbreiteter Irrtum. Ihre Arbeit muß zur Kenntnis genommen werden, damit sie gerecht beurteilt wird. Setzen Sie niemals voraus, daß jemand von selber merkt, wieviel Sie getan und wie sehr Sie sich mit einem bestimmten Projekt abgemüht haben. Ihr Abteilungsleiter ist möglicherweise zu beschäftigt – mit seinen eigenen Aufgaben oder seiner eigenen Person –, oder aber er nimmt

Ihre Verdienste für sich selbst in Anspruch. Wenn Ihre Arbeit anerkannt werden soll, müssen *Sie* also die allgemeine Aufmerksamkeit darauf lenken.

Oft höre ich Geschichten über unfähige Männer in hohen Stellungen. Wenn Sie sich wundern, wieso irgendein Mann, den Sie für inkompetent halten, so erfolgreich und bei seinen Vorgesetzten angesehen ist, dann sehen Sie sich einmal um. Wahrscheinlich hat er mehrere weibliche Kräfte zur Verfügung, die die gesamte Arbeit erledigen und ergeben darauf warten, dafür belohnt zu werden.

Sich selbst anzupreisen ist Bestandteil männlichen Lebensstils. Wenn Sie so denken wie die meisten Frauen, scheint Ihnen das geschmacklos und überflüssig zu sein, aber es ist wichtig, daß Sie die Funktion des Eigenlobs durchschauen. Frauen erwarten, daß andere sehen, wie hart sie arbeiten, weil sie ihrerseits sehr genau wahrnehmen, was ihre Umgebung tut. Männer rechnen gar nicht damit, daß andere ihre Arbeit bemerken, weil sie wesentlich mehr auf ihre eigene Tätigkeit konzentriert sind und die der anderen kaum beachten. Männer streichen sich heraus, weil sie davon überzeugt sind, daß sie sonst keiner zur Kenntnis nimmt. Wenn Sie nicht lernen, innerhalb eines männlichen Systems Aufmerksamkeit zu erregen, gehen Sie das Risiko ein, völlig übersehen zu werden.

Es ist nicht nötig, sich in derselben Form herauszustreichen wie Männer; ich würde sogar davor warnen. Wenn Frauen auf dieselbe Weise prahlen, macht das einen schlechten Eindruck, und der Schuß könnte nach hinten losgehen. Aber sorgen Sie in jedem Fall dafür, daß Ihre Leistungen anerkannt werden. Wenn Sie lediglich im Hinterzimmer sitzen und Ihre Arbeit tun – ganz gleich, wie hervorragend –, dann bringt Sie das keinen Schritt weiter. Reden Sie darüber, rücken Sie Ihre Leistung ins richtige Licht – schließlich verdienen Sie dafür zu Recht Lob.

Bemühen Sie sich um interessante Arbeit

Marty, leitender Angestellter in einem Versicherungsunternehmen, erzählte mir seine Geschichte. Er fragte mich, ob ich ihm Sylvias Verhalten erklären könnte.

»Sylvia ist eine meiner Assistentinnen. Sie ist sehr tüchtig, und ich mag sie gern. Ich dachte, das wüßte sie auch. Aber letzte Woche redete sie plötzlich nicht mehr mit mir. Ich habe keine Ahnung, weshalb sie so wütend ist. Wenn ich frage, brummelt sie nur, das würde ich doch wohl selbst wissen. So was hasse ich bei der Zusammenarbeit mit Frauen. Sie sind mir einfach ein Rätsel.«

Ich fragte ihn, ob er vor kurzem irgend jemandem eine Gehaltsaufbesserung oder eine Prämie habe zukommen lassen. Er verneinte, erzählte jedoch, er habe kürzlich Charlie, einem anderen Assistenten, eine interessante Aufgabe übertragen. Als ich fragte, ob dies das Problem sein könnte, erwiderte er:

»Natürlich nicht! Wenn sie diese Sache hätte übernehmen wollen, dann hätte sie mich doch darum gebeten.«

Ich fragte Marty, ob er bereit sei, mit mir um einen üppigen Lunch zu wetten, daß Sylvia der Meinung sei, er hätte *ihr* diese Aufgabe übertragen sollen. Er war sofort einverstanden. Dann befragten wir Sylvia.

Ich genoß den Lunch, zu dem er mich einladen mußte, aus vollem Herzen.

Im Berufsleben erwarten Männer nun einmal, daß Sie resolut auftreten. Wenn Sie das nicht tun, wird Ihnen das als Mangel an Interesse ausgelegt. Marty hätte Sylvia ja die Aufgabe übertragen, wenn sie es verlangt hätte. Da es ohnehin schwierig genug ist, interessante Aufträge zu bekommen, lassen Sie sich dergleichen nicht durch solche Mißverständnisse entgehen. Warten Sie nicht darauf, daß man damit auf Sie zukommt. Spielen Sie, falls erforderlich, die Nervensäge. In Damenkreisen mag man so etwas als unfein betrachten, aber in der Männerwelt gehört es zu den Spielregeln.

Riskieren Sie etwas

Der Inhaber eines großen technischen Unternehmens erklärte mir seine Einstellung zu Risiken:

»Ich habe nichts dagegen, ein Risiko auf mich zu nehmen, wenn ich alles erwogen habe und zum Schluß gekommen bin, daß es sich lohnt. Es irritiert mich auch hinterher nicht, einen Fehler gemacht zu haben, wenn ich von vornherein weiß, daß es sich um ein Risiko handelte. Niemand ist allwissend. Gelegentlich setzt man eben aufs falsche Pferd. Wenn man vorankommen will, muß man etwas riskieren.«

Männer legen es als ein Zeichen von Stärke aus, wenn Sie sich eine schwierige Aufgabe zumuten, und respektieren Sie dann auch. Das gehört zu den Maßstäben, die Männer bei der Beurteilung untereinander anlegen. Sich freiwillig um eine komplizierte Arbeit zu bewerben, stellt eine Kraft- und Mutdemonstration dar. Männer achten Leute, die das tun und setzen die Kollegen herab, die sich davor drücken. Also müssen Sie bereit sein, sich um offensichtlich problematische Aufgaben zu bemühen.

Männer haben viel weniger Hemmungen, sich in etwas Neuem zu versuchen als Frauen. Wegen des von der Gesellschaft ausgeübten Drucks lernen Männer »kompetent zu wirken« (siehe Regel Nr. 1). Sie tun so, als verstünden sie etwas von Dingen, von denen sie nicht die geringste Ahnung haben. Sie kommen dahinter, daß sie möglicherweise Erfolg damit haben, wenn sie etwas in Angriff nehmen, das sie nie zuvor getan haben. Selbstvertrauen bedeutet für Männer, daß »sie das Kind schon schaukeln werden«. Und zum Spaß am Spiel gehört die Spannung, ob man dabei mit heiler Haut davonkommt.

Wenn Sie Ihre Furcht vor Risiken nicht bekämpfen, geben Sie manchen Männern damit die Gelegenheit, Sie zu ihrem eigenen Nutzen einzuspannen. Männer wissen, daß Sie es niemals weiterbringen, wenn Sie besagte Risiken nicht auf sich nehmen. Sie zwingen Sie dazu, die Fronarbeit zu leisten, damit sie selbst mehr Zeit für aufregendere Aufgaben haben. Wenn Sie von Ihrer Abneigung gegen Risiken beherrscht werden, ist das eine förmliche Einladung für irgend jemanden, Sie zur »Frau hinter dem Mann« zu machen.

Gemäß der Tradition schützen Männer Frauen vor Risiken, und das ist eine Situation, in der sich beide Geschlechter durchaus wohlfühlen können. Aber im Beruf kann dieser Schutz auch eine Falle sein. Lassen Sie sich durch einen übermäßig beschützerhaft auftretenden »Schirmherrn« nicht täuschen. Wenn er zuläßt, daß Sie kein Wagnis auf sich nehmen oder Ihnen sogar davon abrät, ein Risiko einzugehen, schadet er Ihnen eher, als daß er Ihnen hilft. Hier handelt es sich um eine hemmende und nicht um eine fördernde Beziehung. Ein echter Mentor wird Sie anspornen, so daß Sie das eigentliche Ausmaß Ihrer Fähigkeiten entdecken können.

Die Angst vor Risiken setzt sich aus der Kombination, sich vor Fehlern zu fürchten und Passivität zusammen. Wenn Sie zögern, ein Wagnis auf sich zu nehmen, dann denken Sie daran, daß Sie sich, wenn Sie nie eine schwierige Aufgabe in Angriff nehmen, auch niemals weiterentwickeln werden. Es gibt immer ein erstes Mal. Setzen Sie Vertrauen in Ihre Fähigkeit, theoretisch und praktisch etwas zu bewältigen, das Sie nie zuvor getan haben.

Als ich meinem Bruder bei seinem Umzug in eine neue Wohnung half, erteilte er mir eine ganz unbeabsichtigte Lektion in Risikofreudigkeit. Vier von uns halfen ihm, einen sehr schweren Tisch zu tragen. Als wir ihn eben mühselig durchs Zimmer schleppten, fiel er plötzlich auseinander. Alle schnappten entsetzt nach Luft – außer meinem Bruder. Er begann zu lachen.

Seine Erklärung: »Wenn ich einen Knopf sehe, muß ich einfach draufdrücken!«

Mein Bruder hatte einen Knopf an der Unterseite des Tischs entdeckt und konnte es sich nicht versagen, ihn zu betätigen. Anscheinend war das alte Möbel so konstruiert, daß es auseinandergenommen werden konnte, und der Knopfdruck hatte diesen Mechanismus ausgelöst.

Ich verglich die Reaktion meines Bruders mit der, die bei mir hervorgerufen worden wäre. Da mein Bruder nicht wußte, was es mit dem Knopf auf sich hatte, drückte er darauf, um dahinterzukommen. *Ich* hätte gänzlich anders reagiert – in dem Moment, wo ich nicht gewußt hätte, was für eine Funktion dieser Knopf besaß, hätte ich viel zu große Angst davor gehabt, Schaden anzurichten, um daraufzudrücken.

Als unser Gelächter über den Zerfall des Tisches schließlich abgeebbt war, merkten wir, daß es viel leichter war, ihn in Teilen zu transportieren. Von da an nahm ich mir fest vor, auf jeden Knopf zu drücken, den ich zu Gesicht bekam. Es hat mich nie gereut.

Im allgemeinen lohnt es sich, ein Risiko einzugehen.

ZUSAMMENFASSUNG

Regel Nr. 5: Auch Aggressivität gehört zum Spiel.

1. Entscheiden Sie sich für das Team, das Ihnen zusagt, und bemühen Sie sich, darin aufgenommen zu werden.
2. Stellen Sie Ihr Licht nicht unter den Scheffel.
3. Bemühen Sie sich um interessante Arbeit.
4. Riskieren Sie etwas.

9

Regel Nr. 6
Kämpfen gehört ebenfalls zum Spiel dazu

Männer schätzen es, auf eine Weise zu kämpfen, die den meisten Frauen nicht liegt. Al, Immobilienmakler, äußert sich so dazu:

»Ein guter Kampf kommt mir gelegen. Das gibt mir die Chance, meine seelischen Muskeln anzuspannen.«

Nicht alle Männer genießen Kämpfen ebenso wie Al, aber alle verstehen, daß der Kampf Bestandteil des Spiels ist. Ist Ihnen schon aufgefallen, wie oft bei ihnen im Zusammenhang mit ihrem Arbeitsplatz das Wort »Schlachtfeld« fällt? Für Männer kann Kämpfen und Streiten eine positive Erfahrung sein, die sie gleichzeitig vereint.

Kämpfen Sie fair

Howard, Verlagsleiter, gibt einer weit verbreiteten Beschwerde Ausdruck:

»Ich hasse es, mich mit Frauen herumzustreiten. Sie begreifen nie, wann ein Kampf zu Ende ist, und geben nicht auf, auch wenn sie ihn nicht gewinnen können. Frauen sind brutal – sie

fahren einem sofort an die Gurgel. Ich wollte, sie würden lernen, auch mal ein bißchen eigenes Blut zu vergießen.«

Ted, leitender Versicherungsangestellter, nimmt ebenfalls kritisch Stellung:

»Eines der unangenehmsten Erlebnisse auf der Welt ist ein Kampf zwischen zwei Frauen. Wenn zwei Männer miteinander streiten, kennt zumindest einer von ihnen die Spielregeln.«

Aber woher *sollten* Frauen auch wissen, wie man kämpft? Unsere Tradition verlangt, daß »liebe Mädchen nicht streiten«. Alles, was ihnen bestenfalls an Anleitung mitgegeben wird, ist die Redensart: »Im Krieg und in der Liebe ist alles erlaubt«. Niemand lehrt sie, daß es selbst im Krieg einen Ehrenkodex gibt, an den sich nur die ganz miesen Charaktere nicht halten.

Bevor ich mit meinen Segelregatten anfing, habe ich nie begriffen, was unter einem »fairen Kampf« zu verstehen ist. Ich hielt das für einen Widerspruch in sich. Aber dann lernte ich, daß bei Kampf und Streit keineswegs, so wie ich dachte, alles erlaubt ist. Ein fairer Kampf ist ein formelles Spiel mit entsprechenden, streng zu befolgenden Regeln.

Ein Beispiel von einem Duell in Amerika:

Am hellen Mittag standen zwei Cowboys Rücken an Rücken auf der Straße. Die Stadt wirkte leer, aber ihre Bewohner spähten ängstlich durch die Fenster herunter. Die Cowboys entfernten sich jeweils zehn abgemessene Schritte voneinander, drehten sich um und schossen.

Warum hat nicht einer der Bewohner auf den »üblen« von den beiden Burschen geschossen? Warum haben die Duellanten genau zehn Schritte gemacht, statt nach nur zweien zu schießen?

Die sicherste Methode für einen Revolverhelden, einen anderen umzubringen, wäre die, ihn ohne vorherige Warnung in den Rücken zu schießen. Aber wenn er das tut, wird er dafür keinerlei Ehre einheimsen. Man wird ihn für den letzten Abschaum der Menschheit halten, weil er nicht fair gekämpft hat.

Das Ziel eines Kampfes ist nicht nur der Sieg, sondern auch die Zurschaustellung der Fähigkeit, unter Einhaltung der Spielregeln zu gewinnen. In unserer Kultur gibt es eine sehr alte und hochangesehene Tradition fairen Kämpfens. Das können Sie unseren Mythen entnehmen und in unseren Filmen sehen. »High Noon«, Herren, die einander mit dem Handschuh ins Gesicht schlagen und: »Wählen Sie die Waffe!« sagen – und so weiter.

Bevor ich damit anfing, mich an Regatten zu beteiligen, nahm ich immer an, daß man bei einem Kampf eben alles Notwendige unternimmt, um ihn zu gewinnen. Der Begriff »Nicht unter die Gürtellinie schlagen« hatte etwas Verwirrendes. Im Boxen weiß man, wo der Gürtel sitzt, aber wo sitzt er bei einem Segelboot oder einem verbalen Streit oder im Berufsleben? Männer scheinen das zu wissen.

Nun, da ich seit längerem an Segelwettbewerben teilnehme, kommen mir die Spielregeln eines fairen Kampfes nicht mehr so geheimnisvoll vor. Ich habe sie mir auf dieselbe Weise zu eigen gemacht wie die kleinen Jungen – eben durch Spielen. Aber es gibt da auch eine einfachere Methode. Wenn Frauen mich nach einem Buch über faires Kämpfen fragen, so empfehle ich immer das »Handbuch für Pfadfinder«. Das ist nur zur Hälfte scherzhaft gemeint. Ein Film mit John Wayne ist ebenso aufschlußreich. Die Grundbegriffe kennen Sie nämlich bereits; Sie müssen sie nur noch auf den Arbeitsplatz übertragen.

Beobachten Sie die Männer in Ihrer Umgebung bei einem Streit. Achten Sie auf die Gewinner und Verlierer. Wie lange bleiben sie böse aufeinander? Wie sind die Beziehungen der beiden Opponenten eine Woche nach dem Streit? Wie einen Monat später? Wer wird respektiert, wen hält man für einen Schwindler oder Betrüger? Wieviel Blut – bildlich gesprochen – ist geflossen? Wenn Sie das vorurteilslos beobachten, so wird sich vor Ihren Augen ein deutlich erkennbares Muster herausschälen.

Sie müssen lernen, fair zu kämpfen, und damit wollen wir uns im Rest dieses Kapitels beschäftigen. Das, was Sie durch unfaires Verhalten im Kampf vielleicht erreichen, wird niemals den Schaden, der Ihrem Ruf zugefügt wird, und den Verlust all Ihrer potentiellen Verbündeten aufwiegen.

Seien Sie weder zu passiv noch zu aggressiv

Hat man Sie schon kritisiert, weil Sie zu passiv sind? Oder zu aggressiv? Haben Sie das Gefühl, daß Sie nie auf einen grünen Zweig kommen werden – daß Sie kritisiert werden, ganz gleich wie Sie sich verhalten? Bedauerlicherweise haben Sie damit vielleicht sogar recht.

Wenn Männer Sie für zu passiv halten, haben Sie keine Chancen. Aber wenn Sie sich aggressiv verhalten, vielleicht ebenso wenige. Für manche Männer ist Aggressivität von seiten einer Frau unerträglich. Selbst eine mäßig rebellische Frau erscheint Männern, die nicht daran gewöhnt sind, daß weibliche Wesen um etwas kämpfen, das sie haben wollen, unzumutbar. Wir alle haben schon gehört, wie irgendwelche Männer solche Frauen als »aggressiv«, »unvernünftig« oder sogar als »Giftnudel« bezeichnen.

Aber hier wird lediglich ein wichtiges Problem verdeckt. Manche Frauen sind im Kämpfen so ungeübt, daß die Kritik, die sie dabei ernten, nur angemessen ist. Falls man Sie als zu passiv oder aggressiv bezeichnet, bitten Sie eine Frau, der Sie vertrauen und die Sie respektieren, diese Kritik ehrlich zu beurteilen. Ein Mann könnte es möglicherweise sogar als angenehm empfinden, wenn Sie zu passiv sind, um Ihre Arbeit wirkungsvoll zu erledigen. Eine realistische, objektive Frau kann Ihnen das beste »Feedback« zukommen lassen.

Für die meisten Frauen ist zu große Passivität und nicht Aggressivität das Problem. (Zur Überwindung von Passivität siehe Kapitel 12.) Sie müssen alle passiven Tendenzen in sich bekämpfen. Ich hatte meinerseits alle Mühe, meine Anlage zur Passivität zu überwinden. Aber nun empfinde ich es als positiv, wenn ich, falls erforderlich, aggressiv werden kann. Mit zunehmender Übung fällt es einem leichter.

Passivität ist leicht erkennbar, aber wie sollen Sie wissen, wann Sie zu aggressiv werden? Manchen Frauen ist Aggression so zuwider oder sie sind so wenig daran gewöhnt, daß sie durchdrehen. Im Bemühen, sich jeglicher Zurückhaltung zu entledigen, schließen sie überhaupt jede Nachgiebigkeit aus. Es ist leichter, übermäßig als ausreichend aggressiv zu sein.

In jedem Fall ist die optimale Menge Aggressivität die Mindestmenge, die erforderlich ist, um etwas zu erreichen. Ein beruflicher Kampf muß keiner auf Leben und Tod sein. Lassen Sie Ihren Gegnern ausreichend Lebenskraft, um morgen erneut mit ihnen zusammenarbeiten, spielen oder kämpfen zu können.

Finden Sie die Achillesferse Ihres Gegners heraus, und nutzen Sie dieses Wissen

Als ich beschloß, bei Regatten mitzumachen, ging ich in eine entsprechende Segelschule. Ich erwartete, daß mir dort die Vorschriften und die Technik eines Wettbewerbs beigebracht würden. Was ich nicht wußte, war, daß auch einige Lektionen über die ungeschriebenen Regeln auf mich warteten.

Vor dem Beginn einer Regatta segeln die Boote rund um die Startlinie, bemüht, sich dabei in die günstigste Position hineinzumanövrieren. Da sich auf beschränktem Raum so viele Boote aufhalten, sind die Startvorschriften äußerst rigide. Gewisse Manöver werden mit Strafen geahndet, die dem Betreffenden den Sieg hinterher fast unmöglich machen. Bestandteil der Strategie ist es daher zu versuchen, den Gegner zu einem dieser Manöver zu zwingen.

Einer meiner Sportfreunde, der sich mit einem anderen Boot an der Regatta beteiligte, zwang mein Boot zu einem derartigen Manöver. Ich war wütend, daß dieser sogenannte Freund mir das antat. Er wußte, daß ich bei Regatten ein Neuling und deshalb verwundbar war. Als ich ihn hinterher zur Rede stellte, sah er mich an, als hätte ich mich in einer unverständlichen Fremdsprache an ihn gewandt. Er hatte keinen Dunst, weshalb ich so zornig war. »Aber es dreht sich doch um eine Regatta!« Meine mangelnde Erfahrung auszuschlachten war ganz einfach Bestandteil des Wettbewerbs.

Allzuoft enthalten sich Frauen, die Schwachstelle eines anderen auszunutzen, oder sie werden, so wie ich, wütend, wenn ein anderer aus ihrer Unaufmerksamkeit Kapital schlägt. Keine dieser Reaktionen ist wirkungsvoll. Die Abneigung dagegen, einen Vorteil auszunutzen, kann Sie den Kampf kosten. Wenn Sie in einer Wettbewerbssituation sind, gilt alles, was Ihnen innerhalb der gültigen Regeln zum Sieg verhilft, für fair. Die Schwächen Ihres Gegners können sowohl die schnellste wie auch die schmerzloseste Methode sein zu gewinnen. Ihre Absicht war ja nicht die, aus seelischer Grausamkeit heraus zuzuschlagen, aber ebensowenig die, sich aus reiner Gutherzigkeit zurückzuhalten.

Wenn eine Schwäche ausnutzen den schnellsten, fairsten und saubersten Weg zum Sieg bedeutet – nur zu!

Erkennen Sie rechtzeitig, wann Sie aufhören müssen

Obwohl das Spiel nicht aufhört, bevor es zu Ende ist, gibt es einen Punkt, an dem doch damit Schluß ist. Denken Sie daran, auch Politiker warten nicht, bis die letzte Wählerstimme ausgezählt ist. Wenn der Gewinner feststeht, gibt sich der Verlierer geschlagen. Man erwartet von Ihnen, daß Sie an dem Punkt aufhören, an dem es offensichtlich geworden ist, daß Sie nicht mehr gewinnen können. Und weiterhin wird von Ihnen erwartet, daß Sie mit Anmut verlieren – keinen Zorn, keine falschen Ausreden, keine Tränen.

Woher können Sie wissen, ob das Spiel zu Ende ist?

Es ist aus, wenn Sie nicht gewinnen können. Sie müssen sich auf Ihre Fähigkeit, den richtigen Zeitpunkt zum Aufgeben genau abzuschätzen, verlassen können. Sie müssen eine exakte Zielvorstellung haben, dann ist es leichter zu erkennen, wann eine Niederlage unvermeidlich ist.

Das Spiel ist ebenfalls aus, wenn Sie zu dem Schluß kommen, daß ein Sieg Sie zu viel kosten würde. Sie müssen bereit sein, auf einen kleinen Punkt zu verzichten, als Teil einer Strategie, die darauf abzielt, einen wesentlicheren Punkt zu gewinnen. Sie müssen die richtige Perspektive bewahren und sich stets vergegenwärtigen, daß Ihre Absicht darin besteht, insgesamt zu gewinnen, aber nicht jedem einzelnen Punkt hinterherzulaufen.

Woher können Sie wissen, wann Sie aufhören sollen?

- Sie hören auf, wenn Sie Ihr Ziel erreicht haben – wenn ein Streit zu Ihren Gunsten ausgegangen ist, ohne daß Ihr Gegner am Boden zerstört wurde.
- Sie hören auf, wenn es klar ist, daß Sie nicht gewinnen können.

- Sie hören auf, wenn es sinnvoll ist, Ihre Niederlage mit einem Minimum an Verlusten hinzunehmen.
- Sie hören auf, wenn eine höhere Instanz, beispielsweise ein Schiedsrichter, so entscheidet.
- Sie hören auf, sobald Sie erkennen, daß es ein taktischer Vorteil ist, diese Schlacht zu verlieren, um den Krieg insgesamt zu gewinnen.

Bewahren Sie Ihren Gegner vor Gesichtsverlust

Es ist erstaunlich, wie rücksichtsvoll Männer im Streit miteinander umgehen. Sie versuchen zu gewinnen und dabei dem anderen möglichst wenig Schaden zuzufügen. Sie schonen ihr Ego gegenseitig. Sofern sie ihr Ziel erreichen, lassen sie zu, daß der andere sich den Anschein gibt, er höre freiwillig auf.

Zuzulassen, daß der Gegner keinen Gesichtsverlust erleidet, ist eine sehr geschickte Kampftechnik:

- Sie überlassen dem voraussichtlichen Verlierer die Wahl, ob er jetzt aufgeben möchte, um wie ein immerhin möglicher Sieger dazustehen, oder ob er später geschlagen wird und dann ersichtlich der Verlierer ist. Das verkürzt Kampf und Streit.
- Sie schaffen sich damit die Möglichkeit, daß Ihr Gegner sich in einer zukünftigen Auseinandersetzung, wenn die Situation umgekehrt ist, ebenso verhält.
- Sie können zu Recht erwarten, daß er Ihnen seinerseits einmal einen Gefallen erweist.
- Sie reduzieren das Maß an Verärgerung; dies erhöht die Möglichkeit einer freundschaftlichen Beziehung nach der Auseinandersetzung.
- Sie gelangen in den Ruf, großmütig zu sein, weil Sie dem anderen eine Chance lassen.

Seien Sie eine charmante Gewinnerin und eine gute Verliererin

Auch stilvoll zu gewinnen und zu verlieren fällt leichter, wenn Sie den Beruf als Spiel ansehen. Ganz gleich, was dabei herauskommt, anderntags wird es ein neues Spiel geben.

Die Empfindungen, die bei Ihrem Gegner angesichts Ihres Siegs oder Ihrer Niederlage ausgelöst werden, werden sein zukünftiges Verhalten Ihnen gegenüber beeinflussen. Es ist nur zu Ihrem Vorteil, wenn diese Empfindungen so positiv wie möglich sind. Obwohl er diesmal Ihr Gegner war, könnte er das nächstemal Ihr Verbündeter sein. Ihr Ziel sollte es sein, nicht nur zu gewinnen, sondern auch Ihre Gegner (und Teamkollegen) zu einem nächsten Spiel mit Ihnen zu animieren.

Wenn Sie aber verlieren, dann seien Sie weder humorlos noch unfreundlich. Beschweren Sie sich nicht und schmollen Sie nicht. Und weinen Sie vor allem nicht! Tränen wirken bei Frauen unerträglich, während sie ironischerweise bei Männern zunehmend populärer werden. Wenn ein Mann weint, bekommt er Pluspunkte für Kraft und zugleich Sensibilität; wenn eine Frau weint, ist sie eine Heulsuse.

Hegen Sie keinen Groll, wenn der Kampf vorüber ist. Vorbei ist vorbei. Halten Sie ausreichend Distanz zu sich selbst, um die Fähigkeiten Ihres Gegners anerkennen zu können. Machen Sie es sich, wenn Sie verloren haben, zum Grundsatz, dem Gewinner zu gratulieren.

Gut zu gewinnen ist in jeder Hinsicht genauso wichtig wie gut zu verlieren. Lenken Sie die allgemeine Aufmerksamkeit ruhig auf Ihren Erfolg, aber achten Sie sorgfältig darauf, die Trennlinie zur Schadenfreude nicht zu überschreiten. Das Kennzeichen einer guten Gewinnerin ist ihre Fähigkeit, jedermann wissen zu lassen, daß sie gesiegt und trotzdem dem Gegner die Chance gelassen hat, sein Gesicht zu wahren.

Wenn Ihnen jemand einen guten Kampf geliefert hat, so erkennen Sie das an und loben ihn. Lassen Sie ihn deutlich wissen, daß Sie ihn für einen achtbaren Gegner gehalten haben. Ob Sie nun gewonnen oder verloren haben, danken Sie ihm dafür, daß er mitgespielt hat. Lassen Sie durchblicken, daß Sie sich über ein weiteres Zusammenspiel freuen würden.

Genießen Sie Ihre Triumphe, und lernen Sie aus Ihren Niederlagen. Vergessen Sie nie, daß Sie vielleicht schon morgen wieder Gelegenheit haben werden, zu gewinnen oder zu verlieren.

ZUSAMMENFASSUNG

Regel Nr. 6: Kämpfen gehört ebenfalls zum Spiel dazu.

1. Kämpfen Sie fair.
2. Seien Sie weder zu passiv noch zu aggressiv.
3. Finden Sie die Achillesferse Ihres Gegners heraus, und nutzen Sie dieses Wissen.
4. Erkennen Sie rechtzeitig, wann Sie aufhören müssen.
5. Bewahren Sie Ihren Gegner vor Gesichtsverlust.
6. Seien Sie eine charmante Gewinnerin und eine gute Verliererin.

10

Regel Nr. 7
Sie sind Teil eines Teams

Frauen sind für Teamarbeit nicht geeignet.

Diese Beschwerde brachten die meisten der Männer vor, die ich interviewte. Auf den ersten Blick stellt uns diese Behauptung vor ein Dilemma. Was Zusammen- und Mitarbeit betrifft, so sind Frauen an sich darin besser als Männer. Warum sind sie dann nicht von Natur aus gute Teamgefährten? Bedeutet Mitspielen nicht gerade Kooperation?

Teamspiel ist aber mehr als nur Kooperation. Es handelt sich um eine formelle Art, Beziehungen zu pflegen. Teamspiel hat seine eigenen feststehenden, zum Teil ungeschriebenen Gesetze, die bestimmen, wie Teams gebildet werden, wer in ihnen aufgenommen wird, wie man zu erkennen gibt, welchem Team man angehört, und wie man mit seinen Teamgefährten umgeht.

Als Kinder haben Mädchen nicht immer Gelegenheit dazu, Erfahrungen mit dem Spielen in einem Team zu sammeln. Sie sind also nicht mit diesen ungeschriebenen Regeln konfrontiert. Während Jungen frühzeitig in Gruppen oder Teams spielen, tun Mädchen das eher paarweise. Dadurch lernen sie zwar zu kooperieren, aber nicht, sich in ein Team einzufügen.

Um in Berufssituationen eine gute »Teamspielerin« zu sein, müssen Sie verstehen, was es für Männer bedeutet, Mitglied einer Mannschaft zu sein. Für Jungen liegt darin eine maßgebliche Quelle der Entwicklung ihrer eigenen Identität.

Das Mitspielen in Teams ist für sie etwas, das eigentlicher Intimität am nächsten kommt. Ihre Mannschaften sind den Jungen ebenso wichtig wie ihre Familien und ihre Heimat. Die »Geheimclubs« und Teenagergangs sind Beispiele für dieses Phänomen.

Auf Frauen wirkt das Drum und Dran von Teams irgendwie künstlich, aber für Männer ist es sehr wichtig. Die Beziehungen der Frauen untereinander basieren auf Gemeinsamkeiten und miteinander geteilten Gefühlen. Für sie sind diese emotionalen Werte, oft eher durch subtile Erkennungszeichen als durch verbale Äußerungen vermittelt, das Wichtigste. Da Männer Schwierigkeiten haben, unausgesprochene Gemeinsamkeiten als solche zu erkennen, müssen sie sich auf deutlichere Signale verlassen – zum Beispiel auf den einheitlichen Dress ihres Teams.

Die Bildung gegenseitiger Beziehungen geschieht also bei Jungen und Mädchen auf sehr verschiedene Weise. Mädchen formen Beziehungen auf Grund gleichartiger Emotionen. Sie kommen sich durch geteilte Geheimnisse nahe. Die Beziehungen der Jungen basieren auf gemeinsamen Erfahrungen. Sie kommen sich näher durch das Streben nach den gleichen Zielen. Und das Spiel im Team bietet ihnen beides.

Achten Sie auf Kleiderordnung

Jede Sportart hat ihre spezielle Kleidung. An ihr kann man die verschiedenen Vereine erkennen, im Spiel unterscheidet sie Mitkämpfer von Gegnern.

Dies trifft weitgehend auch im Berufsleben zu: Bankleute tragen im allgemeinen konservative Anzüge, ebenso die Anwälte. In Amerika noch ausgeprägter als beispielsweise in Deutschland.

Die für den Beruf passende Kleidung zu finden stellt für

Frauen ein gewisses Problem dar, es bedarf dafür des weiblichen Gespürs für Mode, aber auch einiger Phantasie. Dieses Problem ist jedoch nicht auf Frauen beschränkt.

Saul, erfolgreicher Management-Berater, erklärte mir:

»Frauen beklagen sich immer darüber, wie schwierig es sei, die passende Kleidung für den Beruf auszuwählen. Sie glauben, Männer würden darauf weder Zeit noch Energie verschwenden. Aber ich muß mich für jede meiner Verpflichtungen verschieden anziehen. Das hier ist meine Aufmachung für Besuche bei der Bank. Sehen Sie sie sich an.«

Saul trug einen dunklen Konfektionsanzug und dazu ein weißes Hemd. Als wir uns in der darauffolgenden Woche zum Lunch trafen, trug er einen überaus eleganten Maßanzug. Er kam gerade von einer Besprechung bei einer Werbeagentur. Er sagte:

»Meine Auftraggeber denken nicht weiter über meine Kleidung nach – und das ist der springende Punkt. Sie fühlen sich in meiner Gegenwart einfach wohl und entspannt. Wenn ich so in der Bank auftauchen würde, gälte ich als nicht vertrauenswürdig. Übrigens ist es nicht allein der Anzug, der das ausmacht – es sind die Details. Ich achte sehr auf die richtigen Details.«

Sauls Hinweis ist beherzigenswert. Den Bekleidungsstil herauszufinden, an dem Ihre Kollegen Sie als Mitglied ihres Arbeitsteams erkennen können, ist wichtig. Das mag schwierig sein, unmöglich ist es nicht. Sauls Tip mit den Details ist hilfreich. Manchmal ist etwas so Simples, wie statt einer Handtasche eine konservative Aktenmappe unter dem Arm zu tragen, von entscheidender Wichtigkeit.

Ihre Kollegen könnten es sich wahrscheinlich selbst nicht

erklären, aber sie werden sich wohler fühlen und besser mit Ihnen zusammenarbeiten können, wenn Sie auch äußerlich wie ein Mitglied des Teams wirken.

Psychologen haben untersucht, wie weit Kleidung die Karriere von Frauen beeinflußt. Das Ergebnis ist erstaunlich.

Die Studienleiter baten Freiwillige aus dem Publikum, die Kompetenz von Frauen zu beurteilen. Sie gaben allen Versuchspersonen die gleichen schriftlichen Arbeiten und legten ihnen jeweils Fotos von den gleichen Frauen bei, variierten jedoch deren Kleidung.[1] Sie trugen eines von drei Kostümen. Eines davon war spießig, häßlich und unförmig, das andere hübsch, aber konservativ, das dritte sehr chic und auffällig. Die Versuchspersonen wurden gebeten, die Fähigkeiten der Frauen auf Grund der vorgelegten Arbeiten zu beurteilen.

Obwohl alle Versuchspersonen die gleichen Arbeiten vor sich hatten, beurteilten sie sie verschieden – je nach Kleidung der Frauen. Wenn die Frauen die hübschen, konservativen Kostüme trugen, erteilten ihnen die Testpersonen die besten Noten. Die Frauen im chicen und eleganten Kostüm kamen dann auf den zweiten Platz, und die Frauen in der spießigen Aufmachung wurden letzte.

Sie müssen selbst wissen, wie wichtig es für Sie ist, daß sich Ihre Kollegen bei Ihnen wohlfühlen. Meiner Ansicht nach lohnt es die Mühe, aber, wie gesagt, es ist Ihre Entscheidung. Manche Frauen haben mir ärgerlich erklärt, sie hätten sich ihr Leben lang so angezogen, daß sie den Männern gefielen, und weigerten sich, das nun noch länger zu tun. Ich finde, sie bringen da zwei Dinge durcheinander: Eine zum Beruf passende Kleidung zu tragen ist nicht dasselbe wie Schuhe mit hohen Absätzen anzuziehen, um den Männern zu gefallen. Hohe Absätze dienen keinem praktischen Zweck, dem Beruf angemessene Kleidung ja. Männer tragen sie, um sich als das auszuweisen, was sie sind; warum sollten sie nicht erwarten, daß ihre weiblichen Kollegen dasselbe tun? Berufskleidung ist ein Signal für andere, daß Sie zu ihrem Team gehören, kein Zeichen von Unterwürfigkeit.

Wenn Sie das Glück haben, auf eine Kollegin zu treffen, die allgemein akzeptiert wird, dann analysieren Sie ihre Aufmachung. Sie können dann versuchen, den »Reiz« ihrer Kleidung Ihrem eigenen Stil anzupassen. Und vergessen Sie Sauls Hinweis auf die Details nicht. Experimentieren Sie mit verschiedenen Stilarten, um herauszufinden, ob es jeweils Unterschiede im Verhalten der Männer Ihnen gegenüber gibt. Wahrscheinlich ja.

Ich glaube nicht, daß Sie um irgendeine Version angemessener Berufskleidung herumkommen. Keinesfalls schlage ich Ihnen vor, dabei Ihre Individualität oder Ihre Unabhängigkeit aufzugeben. Aber ob es Ihnen gefällt oder nicht, Ihre Kleidung kann Einfluß auf Ihren beruflichen Erfolg haben. Wenden Sie einiges an Phantasie auf, um den Stil zu finden, der die glücklichste Kombination zwischem Ihrem Geschmack und passender Berufskleidung darstellt.

Teamgefährten stehen einander bei

Belinda, Computerprogrammiererin, machte mit dieser Regel ganz zufällig Bekanntschaft:

»Ich konnte Charles nie leiden. Er ist aufgeblasen und herablassend. Als ich dann sah, wie er sich vergeblich mit einem Projekt herumschlug, das am nächsten Tag fertig sein sollte, war meine erste Reaktion Schadenfreude. Aber dann gewann mein weiches Herz doch die Oberhand. Ich blieb bis spät am Abend im Büro, um ihm zu helfen, wobei ich mir innerlich fortgesetzt Ohrfeigen verpaßte, weil ich ein solcher Schwächling war.

Aber an diesem Freitag luden mich die Männer in meinem

Büro zum erstenmal zu einem kleinen Umtrunk ein. Und seither behandeln sie mich völlig anders.«

In Kriegsfilmen sieht man Soldaten verwundete Kameraden in Sicherheit bringen. In Sportfilmen läßt der beste Spieler seine Geburtstagsfeier sausen, um dem schwächsten Spieler seines Teams beizustehen. Hier handelt es sich um ausgeprägte, kulturell bedingte Einstellungen.

Teamkollegen helfen einander nicht nur aus altruistischen Gründen. Jungen lernen frühzeitig, daß ein Team nur so stark ist wie das schwächste Mitglied. Wann immer ein einzelner seine Leistungen verbessert, nutzt es dem gesamten Team. Je besser der einzelne Spieler, desto besser die Gesamtleistung des Teams.

Wenn das Ziel des Spiels der Sieg ist, dann ist die Hilfe für andere – auch für die Kollegen, die Sie nicht leiden können – ein Teil des Wegs dorthin.

Jungen lernen früh, daß sie jemanden nicht unbedingt gern haben müssen, um mit ihm zusammenzuspielen. Und Sie müssen den, dem Sie helfen, ebenfalls nicht unbedingt gern haben. Sie helfen ihm, weil Sie wollen, daß Ihr *Team* gewinnt. Es kann also vorkommen, daß Sie jemandem beistehen müssen, der Ihnen nicht liegt. Das ist möglicherweise unangenehm, aber unvermeidbar. Wenn Sie sich weigern, werden Sie als schlechte Kollegin gebrandmarkt. Vergessen Sie nicht, daß der Fortschritt, den die betreffende Person macht, auch Ihnen selbst zugute kommt. Wenn Sie ihr aber nun auf keinen Fall helfen wollen, dann tun Sie wenigstens so, als hätten Sie es versucht.

So sehr Männer zögern, jemanden um Hilfe zu bitten, so überaus vorsichtig gehen sie auch bei ihren eigenen Hilfeleistungen vor. Belinda gewann den Respekt ihrer männlichen Kollegen nicht nur, weil sie Charles beistand, sondern auch dadurch, *wie* sie das tat – sie setzte sich einfach neben ihn und begann zu arbeiten. Männer achten, wie gesagt, eben immer darauf, daß der Partner sein Gesicht wahren kann. Charles hatte nicht um Hilfe gebeten, aber er hatte sich offensichtlich stundenlang abgemüht. Wenn ein Mann sieht, wie ein anderer hart arbeitet und sich anstrengt, ohne weiterzukommen, dann weiß er, daß seine Hilfe gewürdigt wird. Typischerweise wird er gar nicht fragen, ob er helfen kann; er fängt einfach damit an – so wie Belinda das tat.

Kollegen behilflich zu sein gereicht Ihnen also zu Ihrem eigenen Vorteil. Manche Männer wollen vielleicht einer Frau an sich, andere möglicherweise Ihnen persönlich nicht helfen. Aber einem Mitglied ihres Teams *müssen* sie helfen. Manche Männer sind aufrichtig bemüht, die Leistungsfähigkeit von Frauen zu steigern, andere sind nur darauf bedacht, daß die Frau, mit der sie zusammenarbeiten, dem Team etwas einbringt. So oder so sind diese Männer bereit – manchmal auch widerwillig –, die Tradition des Helfens auch auf Frauen auszudehen. Und Sie sollten Ihren Teamkollegen dieselbe Form der Hilfe anbieten.

Seien Sie Ihrem Team gegenüber immer loyal

Pete, Rechtsanwalt, schilderte einen peinlichen Augenblick in einem Prozeß:

»Meine Kanzlei und ich wurden übel zusammengestaucht wegen eines Fehlers, der einem meiner Partner in meiner Abwesenheit unterlaufen war. Mir war es zuwider, als unfähig abgestempelt zu werden, und ich hätte mich gern damit verteidigt, daß mein Kollege zugegebenermaßen der Situation nicht gewachsen war. Aber ich wußte, daß ich ihn als meinen Partner nicht herabsetzen konnte. Wenn ich mich verteidigt hätte, indem ich ihn ausgesondert und ihm alle Verantwor-

tung zugeschoben hätte, so hätte ich noch mehr an Ansehen eingebüßt, weil ich als Verräter betrachtet worden wäre.«

Ich fragte Pete dann, ob er den Fehler seines Partners einfach ignoriert habe. »Nein«, antwortete er. »Ich habe ihm unter vier Augen die Leviten gelesen. Er wird diesen Fehler nie wieder begehen. Aber vor Gericht und vor den anderen Mitarbeitern der Kanzlei bildeten wir eine Einheitsfront.«

Es ist schwierig, sich für Ihr Team einzusetzen oder sich vor einen Kollegen oder eine Kollegin zu stellen, wenn Fehler gemacht wurden – aber unterschätzen Sie die Bedeutung eines solchen Verhaltens nicht. Für Männer kommt mangelnde Loyalität einem Kollegen gegenüber dem Verraten gleich. Frauen neigen dazu, jeden Menschen nach seinen eigenen Meriten zu bewerten, Männer aber betrachten die Beleidigung eines Kollegen als Beleidigung des gesamten Teams. Wenn es Ihnen unmöglich scheint, einen Kollegen oder eine Kollegin zu verteidigen, so verhalten Sie sich wenigstens nach außen hin neutral. Tragen Sie die Sache später unter vier Augen aus.

Bleiben Sie Ihren eigenen Wertvorstellungen treu, aber tun Sie Ihr Bestes, um nach außen hin loyal hinter Ihrem Team zu stehen.

Das Wohl Ihres Teams kommt vor Ihren persönlichen Interessen

Manuel zollte einem Partner in seiner Treuhandfirma dieses dubiose Kompliment:

»Frederic imponiert mir wirklich. Er hat seine Ferienreise mit der Familie rückgängig gemacht, um diese Dokumentation auszuarbeiten.«

Das eigene Arbeitsteam allem anderen voranzustellen ist eine alte und hochgeschätzte Tradition. Das Ganze ist wichtiger als seine einzelnen Bestandteile. Wir ehren den Mann, der für sein Land stirbt. Wir respektieren den Spieler, der sich selbst disqualifiziert, um dadurch einem besseren Spieler Platz zu machen, der die Chancen für den Sieg erhöht.

Wir haben alle erlebt, daß diese Tradition vernachlässigt wird, doch nach wie vor besteht sie als Ideal. Es gibt aber Zeiten, in denen Sie sich weigern sollten, das Wohl Ihres Arbeitsteams Ihrem eigenen oder dem Ihrer Familie voranzustellen – vor allem, wenn Sie Kinder haben. Daß Arbeitnehmer leistungsfähiger sind, wenn sie ein ausgeglichenes Privatleben führen, haben zwar manche Unternehmen erkannt, aber keineswegs alle. Ich würde Ihnen niemals empfehlen, Ihre Kinder hintanzustellen. Aber Sie werden keine Karriere machen, wenn Sie sich gegen den unternehmerischen »Korpsgeist« sträuben. Wenn Sie in einer Firma wie der Manuels beruflich tätig sein wollen, in der Arbeit weit höher bewertet wird als Heim und Familie, versuchen Sie sich wenigstens den Anschein zu geben, als käme für Sie Ihr Beruf an erster Stelle. Oder versuchen Sie, einen vernünftigeren Arbeitsplatz zu finden.

Setzen Sie sich immer hundertprozentig ein … oder tun Sie wenigstens so

Diane, Managerin in einem Versicherungsunternehmen, wird ob ihrer Hingabe an ihren Arbeitsplatz gerühmt. Sie verriet mir eines ihrer Geheimnisse:

»Ich komme jeden Morgen um sieben Uhr ins Büro. Sobald ich da bin, nutze ich die ruhige Zeit, um meinen Tag zu organisieren. Die Kunden sind beeindruckt, denn sie sehen bereits

in aller Frühe meinen Mantel am Ständer hängen und die Papiere ausgebreitet auf dem Schreibtisch liegen. Was sie nicht wissen – mein Mantel hängt zwar am Haken, aber um acht Uhr früh ist mein Körper oben im Gymnastikraum.«

Wir allen wären glücklicher und gesünder, wenn wir uns dem, was wir tun, hundertprozentig widmen könnten. Dies wäre das Rezept für ein zufriedenstellendes Dasein. Aber so einfach ist das Leben nun einmal nicht. Widersprüchliche Verpflichtungen machen solche Bestrebungen zunichte.

Ein hundertprozentiger Einsatz für die Arbeit würde bedeuten, weniger Zeit für Freunde, Familien, gesellschaftlichen Umgang oder Hobbies zu haben. Unser Privatleben aufzugeben oder drastisch einzuschränken ist ungesund, in physischer wie in emotionaler Hinsicht. Die männliche Arbeitsmoral stellt jedoch den Beruf in den Vordergrund. Ganz gleich wie tüchtig Sie sind, Männer respektieren Sie einfach weniger, wenn sie finden, daß Sie nicht Ihre gesamte Energie in Ihre Arbeit stecken.

Männer wie Frauen erkennen heutzutage die Notwendigkeit einer ausgeglichenen Lebensführung an. Wir leben in einer Zeit des Übergangs. Alter Tradition gemäß überließen die Männer Heim und Familie den Frauen und konzentrierten sich auf ihre Arbeit. Während die meisten Unternehmen Lippenbekenntnisse zu einem ausgeglichenen Leben ablegen, ist nach wie vor die Moral des hundertprozentigen Arbeitseinsatzes gültig.

»Hundertprozentiger Einsatz« gehört zu den Regeln, bei denen der äußere Anschein ebenso wichtig sein kann wie die Realität. Diane hatte einen Weg gefunden, ihren Ruf zu wahren und trotzdem die Gymnastik zu betreiben, die sie brauchte. Sehen Sie sich die hingebungsvollen Mitarbeiter in Ihrem Unternehmen einmal an. Manche opfern tatsächlich ihr Privatleben zugunsten des Kollegenteams, aber andere bleiben auch bis abends spät im Büro, um private Angelegenheiten zu erledigen – wie z.B. Rechnungen bezahlen etc.

Hundertprozentiger Einsatz gehört zu den Spielregeln eines Arbeitsteams, Spielregeln, die zutiefst in den männlichen Moralbegriffen verwurzelt sind. Sie schaden sich selbst auf irreparable Weise, wenn Sie sich anmerken lassen, daß Ihnen Ihre anderen Interessen und Verpflichtungen wichtiger sind. Es ist nicht nötig, die übrigen Aspekte Ihres Lebens zu vernachlässigen, aber es ist hilfreich, in diesem Punkt weitgehend den Mund zu halten. Sie brauchen Ihre Arbeit nicht als das Wichtigste zu betrachten, aber Sie müssen das Bild einer guten Kollegin abgeben, die sich hundertprozentig für ihr Team einsetzt.

ZUSAMMENFASSUNG

Regel Nr. 7: Sie sind Teil eines Teams.

1. Achten Sie auf die Kleiderordnung.
2. Teamgefährten stehen einander bei.
3. Seien Sie Ihrem Team gegenüber immer loyal.
4. Das Wohl Ihres Teams kommt vor Ihren persönlichen Interessen.
5. Setzen Sie sich immer hundertprozentig ein… oder tun Sie wenigstens so.

Teil Drei

Wie man selbst-schädigendes Verhalten erkennt und überwindet

Einführung

Als ich mich bei den Männern, die ich interviewte, danach erkundigte, woran sie bei ihren weiblichen Kollegen am meisten Anstoß nähmen, erwartete ich, daß ihre Antworten die üblichen Vorurteile gegen Frauen und nicht reale Probleme widerspiegeln würden. Einige Reaktionen waren auch ungerechtfertigt und verständnislos, aber nicht alle. Durchweg beschrieben die Männer die gleichen selbstschädigenden Verhaltensweisen, die ich bei meinen Gruppen berufstätiger Frauen oft festgestellt hatte: Passivität, Desorganisation und die Angst, Fehler zu machen.

Dann fragte ich beruflich erfolgreiche Frauen, woran sie selbst bei ihren Kolleginnen am häufigsten Anstoß nähmen. Und diese Frauen wiederholten praktisch das, was die Männer gesagt hatten und wiesen auf dasselbe Verhalten hin. Dann erzählten sie mir, wie sie selbst mit diesen Problemen fertig geworden seien.

Als Therapeutin versuchte ich vorwiegend, Frauen zu helfen, mit Problemen wie Angst vor Fehlern, Passivität und der Unfähigkeit, Prioritäten zu setzen, fertig zu werden. In den folgenden drei Kapiteln will ich erklären, weshalb und inwiefern diese Verhaltensweisen sich selbstschädigend auswirken. Jedes Kapitel stellt eine Art Mini-Leitfaden dafür dar, wie man sie überwinden kann. Ich möchte Ihnen die erforderlichen Instrumente in die Hand geben, um sich selbst ehrlich beurteilen zu können und dann zu entscheiden, ob irgendeine dieser Verhaltensweisen für Sie ein ernsthaftes Problem darstellt. Wenn ja, so möchte ich Ihnen nahebringen, wie man die neuesten, überaus wirkungsvollen psychologischen Techniken anwendet, um das zu ändern.

Wir haben alle unsere Stärken und Schwächen. Falls Sie die eine oder andere dieser beeinträchtigenden Verhaltensweisen bei sich selbst feststellen – und wenn Sie so wie die meisten von uns sind, wird das zutreffen –, dann beschimpfen Sie sich nicht selbst. Wären Sie vollkommen, so wären Sie kein Mensch. Der Zweck der folgenden Kapitel ist der, Ihnen zu helfen, diese Verhaltensweisen, die Ihnen zuwider sind, zu eliminieren und sie durch wirksamere Methoden in Ihrem Arbeitsleben zu ersetzen. Ein Thema, auf das Sie in diesen Kapiteln wiederholt stoßen werden, ist es wert, gleich zu Beginn Erwähnung zu finden: Wenn Sie sich selbst bestrafen, trägt dies nicht dazu bei, Ihr Verhalten zu ändern; Sie werden sich nur elend fühlen. Belohnen Sie sich, weil Sie den Mut und die Aufrichtigkeit gezeigt haben, die Herausforderung einer persönlichen inneren Entwicklung anzunehmen.

11

Ändern Sie Ihre Einstellung gegenüber Fehlern

Die verheerendste aller selbstschädigenden Verhaltensweisen ist die, welche durch Angst vor Fehlern ausgelöst wird. Sie bedeutet in Wirklichkeit das gleiche wie Furcht vor absolutem Scheitern. Ich kann es gar nicht genug betonen: *Es ist unerläßlich, daß Sie lernen, Ihre Fehler mit Gelassenheit hinzunehmen.* Es ist ebenso unerläßlich, daß Sie das Risiko eingehen, etwas falsch zu machen. Dies wird Ihr Dasein mehr verändern als das Befolgen irgendeines anderen der Ratschläge, die ich Ihnen geben werde.

Beantworten Sie diese Fragen so aufrichtig wie möglich:

> Machen Sie jemals Fehler?
> Haben Sie in den vergangenen drei Monaten Fehler gemacht?
> Falls Sie sich an einen erinnern, schildern Sie ihn!
> Was tun Sie, wenn Sie einen Fehler machen?
> Was tun Sie, wenn Ihr Fehler nicht wiedergutzumachen ist?«

Jedermann macht Fehler, aber beim Umgang mit Fehlern scheiden sich die Sieger von den Verlierern. Vergleichen Sie Ihre eigenen Antworten auf die Fragen von oben mit denen Johns, eines sehr erfolgreichen Rechtsanwalts.

A.M.: »Machen Sie jemals Fehler?«
John: »Natürlich, jeder macht Fehler.«
A.M.: »Haben Sie in den vergangenen drei Monaten welche gemacht?«
John: »Aber sicher.«
A.M.: »Würden Sie mir einen schildern?«
John: (lange Pause)

Er konnte sich an keinen erinnern.

Ein paar Wochen später begegneten wir uns auf einer Party. Er kam quer durch den Raum auf mich zugeeilt, nur um mir zu erzählen, er habe über meine Fragen bezüglich Fehlern nachgedacht und einer sei ihm eingefallen. Einer! An wieviele können Sie sich erinnern? Wir werden später noch einmal auf die Reaktion des Anwalts zurückkommen. Vorerst bleiben wir einmal beim Vergleichen.

A.M.: »Was machen Sie, wenn Ihnen ein Fehler unterlaufen ist?«
John: »Ich bringe ihn in Ordnung.«
A.M.: »Und wenn Ihnen das nicht gelingt?«
John: »Dann bitte ich jemanden mit mehr Erfahrung um Hilfe.«
A.M.: »Wenn der Fehler aber nun nicht mehr korrigiert werden kann?«
John: »Dann fühle ich mich miserabel.«
A.M.: »Für wie lang?«
John: »Für lange Zeit. Manchmal sogar anderthalb Tage.«

Die meisten der interviewten Männer beantworteten diese Frage mit »anderthalb Tage«. Es scheint sich um eine magische Zahl zu handeln.

Bei meinen Freundinnen und mir hat sich diese interessante Zeitangabe zu einem laufenden Scherz entwickelt. Immer wenn jemand einen Fehler macht, raten wir einander, ihn anderthalb Tage lang nicht zu vergessen. Wenn ich einer Freundin von etwas erzähle, das ich am vergangenen Tag falsch gemacht habe, so wird sie, statt mitfühlend zu reagieren, höchstwahrscheinlich sagen: »Du hast immer noch einen halben Tag Zeit, darüber nachzudenken.« Wenn sonst niemand da ist, der sich so äußert, sage ich es zu mir selbst. Darüber kann ich dann auch schmunzeln und damit das peinliche Gefühl wegen des unterlaufenen Lapsus leichter überwinden.

Die von mir interviewten Männer erklärten, sie seien entsetzt von der Art und Weise, wie Frauen mit den Fehlern umgingen, die sie gemacht haben. Der Vizepräsident einer großen Versicherungsgesellschaft äußerte seine Meinung:

»Frauen verrennen sich in ihre Fehler. Sie erinnern sich immer wieder daran, grübeln dauernd darüber nach, sind wie erstarrt und niedergeschmettert, bringen die Sache immer wieder aufs Tapet und sind nahezu handlungsunfähig aus Angst, sie könnten wieder etwas falsch machen.«

Leider ist das eine zutreffende Beschreibung. Forschungen auf dem Gebiet geschlechtsspezifischer Unterschiede beweisen, daß sich Frauen im allgemeinen mit einem Irrtum oder einem Versagen schwerer tun als Männer. Auch dies entspringt der traditionell unterschiedlichen Erziehung beider Geschlechter. Vergleichen Sie einmal die gesellschaftliche Einstellung im Hinblick auf Fehler:

Kleine Jungen betreiben in ihren Teams Wettbewerbssport.
Kleine Mädchen spielen mit Puppen.
Kleine Jungen machen bei ihren Sportarten viele Fehler.

Kleine Mädchen können beim Umgang mit Puppen kaum Fehler machen, weil es da wenige oder gar keine Spielregeln gibt.

Wenn Jungen Fehler machen, ermuntert man sie, es noch einmal und angestrengter zu versuchen.

Wenn Mädchen Fehler machen, werden sie getröstet.

Jungen erfahren, daß es zwar vielleicht peinlich, aber nicht schicksalsentscheidend ist, einen Fehler zu machen.

Mädchen erfahren, daß Fehler etwas sind, bei dem man sich zerknirscht zu fühlen hat.

Jungen erfahren, daß man sich den Respekt seiner Mannschaft zuzieht, wenn man sich nach einem begangenen Fehler bemüht, seine Sache in Zukunft besser zu machen.

Mädchen erfahren, daß man getröstet und ermutigt wird, wenn man die Aufmerksamkeit auf die eigenen Fehler lenkt.

Als Kind hat man nicht viel Gelegenheit zu lernen, in produktiver Weise auf begangene Fehler zu reagieren. Wenn Sie so waren wie die meisten kleinen Mädchen, dann haben Sie vorzugsweise mit Puppen gespielt oder waren in der Rolle des Hausmütterchens. In beiden Fällen konnten Sie nicht ausreichend viele Fehler machen, um daraus zu lernen. Wenn Sie wirklich Beschäftigungen bevorzugten, bei denen es auf Geschicklichkeit ankommt, dann wandten Sie sich wahrscheinlich eher persönlichen Dingen zu wie ein Musikinstrument spielen oder tanzen. Sie übten viel für sich allein und zeigten solche Kunstfertigkeiten erst vor anderen, wenn Sie sie wirklich beherrschten. Selbst wenn Sie ein Wildfang waren, viele Brüder hatten oder oft mit Jungen spielten, behandelten Sie die Erwachsenen, wenn Sie Schnitzer machten, trotzdem anders als Jungen. Wahrscheinlich trösteten sie Sie eher und Ihre Sünden mußten nicht unbedingt wiedergutgemacht werden.

Nicht dazu ermuntert zu werden, einen Fehler zu korrigieren oder zu versuchen, das Ganze besser zu machen, hinterläßt bei Mädchen den Eindruck, daß diese Fehler unwiderruflich sind, und zudem wird ein Gefühl der Hilflosigkeit erzeugt; Mädchen bekommen einfach nicht die Chance zu lernen, einer Sache, die sie falsch gemacht haben, mit einer positiven Haltung zu begegnen. Stattdessen sind sie daran gewöhnt, mit negativen Emotionen zu reagieren – wie Enttäuschung, Kummer oder Minderwertigkeitsgefühlen.

Hören Sie Rhonda, Mitinhaberin einer Architekturfirma:

»Mein Partner Buddy und ich machten bei der Ausarbeitung eines Vertrags mit der Stadt einen großen Fehler. Ich war zu niedergeschmettert, um überhaupt noch etwas tun zu können, und beschloß, einfach nach Hause zu gehen. Buddy bestand darauf, die Sache auszubügeln, obwohl das unmöglich schien. Wir blieben die ganze Nacht über auf und brachten den Vertrag gerade noch rechtzeitig in Ordnung.«

Sich Sorgen machen, ins Grübeln verfallen, wegen begangener Fehler ein schlechtes Gewissen haben ist Zeit- und Energieverschwendung. Zeit und Energie sind besser verwendet, wenn man etwas unternimmt. Die einzig sinnvolle Methode, auf Fehler zu reagieren ist die, aus ihnen zu lernen. Keiner freut sich, wenn er Böcke schießt. Aber darüber nachzugrübeln ist Zeitvergeudung. Lernen Sie daraus, so viel Sie können, damit Sie diesen Fehler nicht wieder begehen, dann lassen Sie das Ganze gut sein.

Sie *werden* Fehler machen – je produktiver, je risikofreudiger Sie sind, desto mehr. Aber natürlich: Je produktiver und je risikofreudiger Sie sind, desto *erfolgreicher* werden Sie auch sein.

Wenn ein begangener Fehler nicht die Erinnerung wert ist, so ist er es auch bestimmt nicht wert, an die große Glocke gehängt zu werden. Die Männer, die ich interviewte, erklärten mir immer wieder, sie seien verblüfft über die Art und Weise, in der Frauen ihre Fehler förmlich zu »verkünden« oder »öffentlich bekanntzugeben« schienen. Ein Kommentar von Tyrone, Wirtschaftsprüfer, veranschaulicht das:

»Ich war immer von Susans Arbeitsweise beeindruckt. Was sie zustande bringt, ist durchweg erstklassig. Aber sie erzählt mir immer von all den Fehlern, die ihr unterlaufen sind und die mir überhaupt nie aufgefallen wären. Es ist gerade so, als wolle sie, daß ich sie für unfähig halte. So etwas bringt mich dazu, mich zu fragen, ob sie wirklich so tüchtig ist.«

Frauen zeigen gegenseitiges Mitgefühl, wenn sie Fehler machen. Männer finden, man solle Fehler korrigieren und dann vergessen. Im Beruf erhalten Sie keinen Bonus, wenn Sie die Aufmerksamkeit auf Ihre Fehler lenken. Sie werden nach dem Timing und der Qualität des Endresultats beurteilt. Susan beeinträchtigte durch die Erwähnung ihrer Fehler lediglich das Bild, das Tyrone von ihr hatte. Frauen reden tatsächlich zu viel über das, was sie falsch gemacht haben. Wir reden darüber, weil wir uns mies fühlen und getröstet werden wollen. Wir sehnen uns nach Mitgefühl, nach der tröstlichen Versicherung, daß dies nicht das Ende der Welt sei. Oder wir fürchten uns so sehr vor den Konsequenzen, daß wir hoffen, nicht so schlimm bestraft zu werden, wenn wir uns zu unseren Fehlern bekennen, bevor wir dabei ertappt werden. Wenn man Fehler für das nimmt, was sie sind – Dinge, die man falsch macht, weil man sich einmal geirrt hat –, dann ist das alles unnötig.

Das einzige, was Sie mit dem Eingeständnis Ihres Fehlers ernten, ist der Ruf der Unfähigkeit. Nicht den der Offenheit, der Ehrlichkeit, nur einfach den der Unfähigkeit. Wenn Sie häufiger über Ihre Erfolge als über Ihr Versagen sprechen, verleiht Ihnen das den Nimbus – und Ihnen selbst das Gefühl – der Tüchtigkeit. Und nur, wenn Sie kompetent wirken und sich auch so fühlen, können Sie auch kompetenter *sein*.

Haben Sie sich nie gefragt, weshalb erfolgreiche Männer anscheinend kaum Fehler machen? Die Antwort ist ganz einfach. Denken Sie an das Interview zu Beginn dieses Kapitels. Der Anwalt, den ich zitiert habe, konnte sich an keine Fehler erinnern, die er gemacht hatte. Wie viele Fehler, glauben Sie, hat er in Wirklichkeit gemacht? Über wie viele, glauben Sie, hat er je ein Wort verloren?

Erfolgreiche Männer hegen die gleiche Einstellung gegenüber Fehlern: Wenn du einen begehst und weißt, wie man ihn korrigiert, dann tu es. Dann ist das Ganze auch nicht mehr der Rede wert. Wenn du dabei Hilfe brauchst, bitte darum und bringe die Sache in Ordnung. Wenn das nicht klappt, halte den Schaden so gering wie möglich. Und dann Schwamm drüber.

Ändern Sie Ihr Verhalten

Wenn Furcht vor Fehlern Teil Ihres selbstschädigenden Verhaltens ist, dann *können* Sie das ändern. Setzten Sie als erstes Ihr Beobachtungsvermögen ein, um herauszufinden, wie andere Leute mit ihren Fehlern umgehen, beispielsweise die Männer an Ihrem Arbeitsplatz – sofern sie sich überhaupt an dergleichen erinnern. Stellen Sie fest, wann und in welcher Form Politiker sich zu ihren Fehlleistungen bekennen. Hören Sie, wie sich männliche und weibliche Spitzensportler dazu äußern. Achten Sie auf die Art und Weise, wie sich erfolgreiche Fachleute beiderlei Geschlechts bezüglich ihrer Unzulänglichkeiten verhalten.

Politikern unterlaufen beispielsweise deutlich erkennbare Fehler, da sie zumeist publik werden. Sie verlieren Wahlen und kandidieren hinterher erneut. Fehler können sie davon nicht abhalten. Aber ein Politiker wird diese Fehler nicht zugeben, wenn jemand darauf hinweist. Dann wird er sich möglicherweise mit der Bemerkung, er habe sich »mißverständlich ausgedrückt«, aus der Affäre ziehen und das Thema wechseln. Vielleicht gesteht er seinen Fehler auch ein, erklärt aber umgehend, daß er aus diesem Irrtum positive Erkenntnisse gewonnen habe, und äußert sich anschließend nur noch darüber. Ein gerissener Politiker kann über das, was er falsch gemacht hat, so reden, als ob es sich um einen Erfolg gehandelt habe.

Am meisten beeindrucken mich Berufssportler. Ein Spitzenathlet reagiert auf seine Fehler so, daß er sie anerkennt, analysiert und dann korrigiert. Selbst wenn Sie für Sport nichts übrig haben, sehen Sie sich einmal die Interviews nach einer entsprechenden Fernsehsendung an. Immer wenn einer der Athleten einen maßgeblichen Fehler gemacht hat, beginnen die Kommentatoren mit Worten wie: »Sie müssen sich doch scheußlich gefühlt haben, als Sie den Ball fallen ließen« oder dergleichen. Ungeachtet der jeweiligen Sportart reagieren die Befragten dann ähnlich. Beispielsweise so:

»Na ja, das war kein guter Tag für mich. Ich habe hart trainiert, und ich werde mich noch mehr anstrengen. Irgendwie muß ich das in den Griff kriegen. Nächste Woche spielen wir ja gegen die Sowiesos, und ich werde mit dabei sein und ganz bestimmt mein Bestes geben.«

Wenn Sie beobachtet haben, wie andere auf ihre Schnitzer reagieren, gestatten Sie sich, selbst einige zu machen. So schwierig das scheint – aber die wirkungsvollste Methode um die Angst vor Fehlern zu verlieren ist die, selbst welche zu machen – und ganz offensichtlich. Biegen Sie, wenn Sie mit

Bekannten zu einem Kino fahren, irgendwo falsch ab. Lassen sie irgendeine Zutat weg, wenn Sie sich beim Kochen an ein Rezept halten. Ich rate Ihnen natürlich nicht, irgend jemand in Lebensgefahr oder sich selbst in lebenslange Schwierigkeiten zu bringen. Eine kleinen Entgleisung ist ebenso lehrreich wie eine große.

Lernen Sie etwas, das für Sie neu ist und Ihnen schwerfällt. Sie werden dabei eine Menge Fehler machen. Ich empfehle beispielsweise einen Wettkampfsport. Wenn Sie nicht die Zeit, die Energie oder das Interesse haben, die ein Mannschaftssport erfordern würde, fordern Sie sich selbst auf andere Weise heraus. Versuchen Sie es mit etwas, von dem Sie wissen, daß Sie dabei erst einmal Mißerfolge haben werden. Jede neue Kunstfertigkeit, angefangen vom Nähen über Pflastersteine legen bis zum Schachspielen, ist dafür ausreichend. Improvisieren Sie... und machen Sie Fehler!

Natürlich ist das, was ich hier verfechte, leichter gesagt als getan. Schwierig ja, aber nicht unmöglich. Hier sind zehn Vorschläge, die Ihnen das Ganze erleichtern sollen:

1. Beginnen Sie ganz für sich privat. Bevor Sie überzeugt sind, daß Sie von anderen Leuten nicht wegen Ihrer Fehler geschunden und gevierteilt werden, müssen Sie sicher sein, daß Sie sich selbst nicht deswegen herumquälen. Gehen Sie also erst einmal nur an eine schwierige Aufgabe heran, wenn Sie allein sind. Zeichnen Sie, malen Sie, backen Sie eine komplizierte Torte. Versuchen Sie sich mit Installations- oder Pflasterarbeiten, mit Holzschnitzereien, Stricken, Nähen. Es spielt keine Rolle, wie mangelhaft das Ergebnis ist – niemand außer Ihnen bekommt es zu Gesicht.
2. Höhren Sie auf das, was Sie zu sich selbst sagen, wenn Sie etwas falsch machen, und erfassen Sie es richtig. Unsere Selbstgespräche erfolgen so automatisch, daß wir sie häufig gar nicht wirklich wahrnehmen. Nehmen

Sie sich also die Zeit, sich selbst zuzuhören. Vielleicht ertappen Sie sich bei Aussprüchen wie: »Du Trottel, nie wirst du was richtig zustande bringen!« oder: »Hast du dir wirklich eingebildet, du könntest das?« oder: »Was für ein Idiot du doch bist!«

3. Üben Sie sich darin, mit sich selbst nachsichtig umzugehen, wenn Sie wirklich etwas falsch gemacht haben. Wenn Sie anfangen, sich selbst zu beschimpfen ... STOP! Vergessen Sie nicht, daß man mit Honig mehr Fliegen fängt als mit Essig. Ersetzen Sie ein »Beinahe ist nicht gut genug!« sofort durch etwas Aufmunterndes wie: »Na, der Versuch war gar nicht so schlecht. Ich werde ja immer besser!«
4. Schätzen Sie das Ausmaß Ihrer Furcht ein. Fragen Sie sich: »Was kann schlimmstenfalls passieren, wenn ich einen Fehler mache?« Geht davon die Welt unter? Stirbt jemand daran? Ist das Ausmaß Ihrer Furcht tatsächlich durch die Situation gerechtfertigt? Wahrscheinlich nicht.
5. Seien Sie darauf vorbereitet, daß Sie etwas falsch machen werden. Ziehen Sie alle möglichen Fehler in Betracht, die sich aus der Situation ergeben können. Und überlegen Sie sich, wie Sie in jedem dieser Fälle Abhilfe schaffen können. Dies wird Ihnen helfen, die Gewohnheit der »Selbstbestrafung« abzulegen. Falls Ihnen dann eines dieser unvorhersehbaren Mißgeschicke unterläuft, so loben Sie sich selbst dafür, daß Sie ein solch hervorragendes Mittel dagegen in Händen haben. Und wenn etwas Unvorhersehbares passiert, dann loben Sie sich für Ihre Kreativität.
7. Stellen Sie sich Ihrem Bedürfnis, beliebt sein zu wollen. Bedrücken Sie die negativen Konsequenzen dessen, was Sie getan haben, wirklich, oder fürchten Sie sich mehr vor irgend jemandes Mißbilligung? Sie befinden sich in der Mehrheit, wenn Sie mit »Mißbilligung« antworten.

Ist es denn so unmöglich, daß Ihnen die Person, derentwegen Sie sich solche Sorgen machen, verzeiht? Wenn es so ist… na, und?

8. Machen Sie einmal bewußt einen offensichtlichen Fehler. Sie treffen jeden Tag so viele Entscheidungen, angefangen vom Anziehen der passenden Schuhe bis zur Ernennung eines passenden Bewerbers für einen wichtigen Posten. Ganz sicher können Sie etwas finden, das keinen wirklichen Schaden anrichtet, wenn Sie etwas falsch machen. Einen solchen Fehler absichtlich zu begehen wird Ihnen genügend Distanz verschaffen, um feststellen zu können, wie andere darauf reagieren. Achten Sie selbst vielleicht mehr auf Ihren Fehler als sonst jemand? Ist Ihnen die Angelegenheit peinlich? Vergessen Sie nicht, daß an Peinlichkeiten niemand zugrunde geht.
8. Versuchen Sie, das Risiko kleiner und unwichtiger Entgleisungen auf sich zu nehmen. Üben Sie sich in ermutigenden Selbstgesprächen. Reagieren Sie auf sich so, wie Sie auf jemanden, den Sie gerne mögen, reagieren würden. Übernehmen Sie sich nicht. Ihre Absicht ist die, sich selbst davon zu überzeugen, daß Fehler keine Wunden zufügen. Lassen Sie sich Zeit, um sich diese neue Einstellung wirklich anzueignen.
9. Steigern Sie die Gewichtigkeit der Fehler, die Sie riskieren, nur in kleinen Stufen. Wenn Sie nicht besonders gut singen können, dann treten Sie auf keiner Büroparty auf, bevor Sie nicht erst einer Person vorgesungen haben, dann zwei Leuten und so weiter. Ich setze das einem Training gleich. Athleten streben auch nicht nach Goldmedaillen, bevor sie nicht ein hartes Training hinter sich gebracht haben.
10. Vertauschen Sie die Gewohnheit, sich selbst für Ihre Fehler zu bestrafen gegen die, sich für Ihre Leistungen zu belohnen. Nehmen Sie sich immer die Zeit dafür, sich

zu eigenen Erfolgen zu gratulieren. Nur allzuviele weibliche Wesen raufen sich ihrer Fehler wegen die Haare, gehen aber ohne ein Wort des Lobes zur Tagesordnung über, wenn sie ihre Sache gut gemacht haben. Aber sich selbst belohnen und gratulieren zu können ist ein wesentlicher Schritt voran. Lassen Sie ihn nicht aus.

Fehler zu machen gehört mit zum Leben. Man lernt nichts Neues, ohne dabei etwas falsch zu machen. Setzen Sie Ihren Sinn für Humor ein, um sich die Sache zu erleichtern, sehen Sie auch die komischen Seiten an den Irrtümern, die Ihnen unterlaufen. Die gibt es immer. Versuchen Sie, einmal gemachte Fehler zu korrigieren: wenn es glückt, existieren sie als solche nicht mehr. Lernen Sie aus ihnen und machen Sie weiter. Reden Sie mit anderen über Ihre Erfolge, nicht über Ihr Versagen. Nehmen Sie Risiken auf sich. Ohne Ihre Furcht vor Fehlern wird es Ihnen leichter fallen, sich auf neue und schwierigere Aufgaben einzulassen. Die Fähigkeit, eigene Unzulänglichkeiten zu tolerieren, wird Ihnen Auftrieb dabei geben, die Leiter des Erfolges höher zu klimmen. Üben Sie sich darin, auf die richtige Weise Fehler zu machen. Das Resultat wird die Mühe wert sein.

12

Passivität

Wir alle erleben unsere Phasen der Passivität. Die meisten von uns verhalten sich in gewissen Situationen untätig, in anderen nicht. Passivität ist die Empfindung, die Menschen davon abhält, ihre wichtigsten Interessen wahrzunehmen, sich für sich selbst einzusetzen und ihren Gefühlen offen Ausdruck zu verleihen. Sie wirkt auf beide Geschlechter hemmend, ist aber bei Frauen viel weiter verbreitet als bei Männern.

Passivität entsteht aus der Überzeugung, daß Sie nicht wichtig seien, daß Ihre Ideen, Ansichten und Gefühle keine Rolle spielten oder es nicht wert seien, zum Ausdruck gebracht zu werden. Wenn Sie glauben, daß andere besser, stärker und wichtiger seien als Sie selbst, dann erscheint es sinnvoll, sich der Welt mit Vorsicht zu nähern. Sie versuchen, andere zu beschwichtigen und Konflikte zu vermeiden. Sie fühlen sich am sichersten, wenn Sie sich auf zaghafte, zurückhaltende Weise äußern. Es wird Ihnen unmöglich, Entscheidungen zu fällen, Entschlossenheit zu zeigen oder Aktivitäten zu entwickeln.

Um sich aber zu behaupten, müssen Sie sich selbst ebenso respektieren wie die anderen. Wir alle schätzen uns selbst am meisten, wenn wir ehrlich, geradeheraus und entschlußkräftig sind. Das Leben ist leichter, wenn man die Dinge in Bewegung setzt. Man fühlt sich in seiner Haut wohler, wenn man selbst handelt, statt sich nach anderen zu richten. Wenn Sie selbständig vorgehen, vermittelt Ihnen dies das Gefühl, stark zu sein und Dinge in der Hand zu haben. Passives Verhalten löst bei Ihnen selbst nur Ärger und Bedrückung aus. Groteskerweise bewirkt ein passiver Mensch, der ja immer versucht, andere zufriedenzustellen, häufig genau das Gegenteil. Zumeist ist die Reaktion Verärgerung, Ungeduld und Mitleid. Überlegen Sie einmal, wie oft Sie sich selbst durch jemand, der allzu willfährig ist, schon irritiert gefühlt haben.

So weit verbreitet Passivität auch ist, sie ist kein natürlicher Zustand. Aktiv zu sein ist ein grundlegendes menschliches Bedürfnis, und in uns allen steckt in irgendeiner Form der Drang zu Kompetenz. Neugeborene äußern schon deutlich ihre Ansprüche, schreien, um die Aufmerksamkeit auf das zu lenken, was sie brauchen. Leider werden aktive Babys nur allzuoft zu passiven Erwachsenen. Was geschieht nach ihrer Geburt mit Kindern, damit es zu dieser Passivität kommt?

Maschinen zur Kinderdressur

Im Verlauf der Jahre eignen wir uns Passivität an. Ein befreundeter Psychiater bezeichnete deshalb Familien spaßeshalber als »Kinderdressur-Maschinen«. Wie immer steckt auch hier im Witz ein Körnchen Wahrheit. Wenn Kindern in den Familien gute Manieren und Rücksichtnahme anerzogen werden, wird damit auch Passivität gefördert. Wir bringen unseren Sprößlingen bei, weder in unpassenden Momenten zu reden, noch respektlos zu sein. »Tu, was ich sage!« »Höre auf deine Lehrer!«

In der Schule werden ruhige, guterzogene Kinder, die die Autorität der Lehrer nicht infrage stellen, belohnt. Im Religionsunterricht wird Ergebenheit und gewissenhafte Befolgung der jeweiligen Prinzipien gelehrt. Arbeitgeber wünschen sich Arbeitnehmer, die Befehle ausführen. Die Gesellschaft könnte nicht existieren, wenn jedermann täte, was er will und wann er es will. Aber der Preis, den wir für eine reibungslos funktionierende Gesellschaft zahlen, ist eben Passivität.

Unsere kulturelle Einstellung bestärkt Frauen darin, sich in Abhängigkeit zu begeben und sich hilflos darzustellen. 1992 veröffentlichte die »American Association of University Women« gemeinsam mit der »National Education Association« eine Studie über die Reaktionen von Lehrern gegenüber Jungen und Mädchen im Klassenzimmer. Die Studie trug den bezeichnenden Titel: »Wie Schulen Mädchen vernachlässigen«.[1] Leider stellte sich dabei heraus, daß in den Schulen tatsächlich die Passivität bei Mädchen gefördert wird. Eltern und Lehrer weisen Jungen und Mädchen an, sich gut zu benehmen, aber bei Jungen, die gegen diese Vorschrift verstoßen, zwinkert man mit den Augen – Jungen sind eben Jungen. Wir ermutigen sie, ihre Spiele als Wettbewerb aufzufassen und aggressiv zu sein, während Mädchen dazu ermuntert werden, sich kooperativ und fürsorglich zu verhalten. Die Begriffe »männlich« und »weiblich« beinhalten bereits Aggressivität respektive Passivität.

In ihrem Artikel *Work Inhibitions in Women*[2] faßt Dr. Irene P. Stiver ihre Analyse der auf die Arbeit bezogenen Hemmungen bei Frauen zusammen. Sie stellt darin die Verbindung zwischen den allgemeinen Problemen von Frauen im Beruf und der Definition der Weiblichkeit und Sozialisierung von Frauen her. Von frühester Jugend an lehren wir Mädchen, erst an andere und danach an sich selbst zu denken. Das bewirkt, daß Frauen sich als Egoistinnen und Opportunistinnen empfinden, wenn sie etwas für ihre eigenen Interessen tun und aus eigenem Antrieb heraus handeln. Es gilt als löblich, wenn Frauen Kraft und Initiative für andere einsetzen – aber nicht für sich selbst.

Durchsetzungsfähigkeit widerspricht der gängigen Vorstellung von Weiblichkeit. Manche Frauen haben das Gefühl, dergleichen stelle eine Bedrohung für ihre weibliche Identität dar. Wenn man passive, abhängige Frauen für typisch weiblich hält, was hält man dann von denen, die durchsetzungsfähig sind? Leider gehen erfolgreiche Frauen das Risiko ein, als unweiblich, aggressiv, destruktiv oder »zum Abgewöhnen« zu gelten. Wir müssen junge Mädchen warnen – beruflicher Erfolg kann möglicherweise ihre weibliche Anziehungskraft auf Männer beeinträchtigen. Als Teenager haben viele aufgeweckte Mädchen bereits gelernt, ihre guten Schulnoten geheimzuhalten.

Das Gefühl der Macht und des Erfolgs bedroht auch in anderer Weise die weibliche Identität, denn sie wurzelt in zwischenmenschlichen Beziehungen. Manche Frauen fürchten, daß sie, wenn sie beruflich allzu erfolgreich sind, niemanden anderen mehr brauchen. Wenn das so ist – werden sie sich dann überhaupt noch als Frauen empfinden? Es ist ihnen beigebracht worden, Männer zu idealisieren und sie als die Stärkeren und Mächtigeren anzusehen. Was macht man, wenn man als Frau mehr zustande bringt als der Mann, den man zu idealisieren versucht? Die Aussicht, durchsetzungskräftig und erfolgreich zu werden, ist getrübt durch negative Konsequenzen wie gesellschaftliche Ablehnung, Mißbilligung und dem Verlust an weiblicher Anziehungskraft.

Warum fühlen sich so viele im Beruf tüchtige Frauen unsicher, während weniger kompetente Männer so viel Selbstsicherheit besitzen? Studien über die unterschiedliche Weise, in der Männer und Frauen ihre Erfolge und Mißerfolge interpretieren, geben darauf Antwort[3]: Männer führen Erfolge auf ihre Fähigkeiten und Mißerfolge auf unvorhersehbare, nicht zu beeinflussende Ereignisse zurück. Frauen tun genau das Gegenteil: Sie schreiben ihre Erfolge dem Glück und ihre Mißerfolge dem eigenen Mangel an Fähigkeiten zu.

Diese Einstellung wirkt sich auf intelligente Mädchen besonders negativ aus. Eine Studie über Jugendliche ergab, daß ein Junge, je intelligenter er war, desto optimistischer seine Zukunftsaussichten beurteilte und desto häufiger seine guten Noten auf die eigenen Fähigkeiten zurückführte[4]. Mädchen reagierten anders: Je intelligenter eines war, desto weniger erwartete es eine erfolgreiche Zukunft und desto seltener schob es gute Noten seiner Begabung zu. Es ist eben unmöglich, sich kompetent zu fühlen, wenn man glaubt, Erfolge seien Glücksache und Mißerfolge beruhten auf eigener Schuld.

Sie müssen an sich selbst glauben. Wenn Sie sich selbst nicht für kompetent halten, wird das auch kein anderer tun. Dieser Mangel an Selbstvertrauen beeinträchtigt berufstätige Frauen in schmerzlicher Weise. Sie werden ihrer eigenen Unsicherheit wegen am Arbeitsplatz schließlich handlungsunfähig. Ich habe erlebt, wie selbst erfolgreiche Frauen an ihren Fähigkeiten und ihrer Zuständigkeit zweifelten. Ich habe mitangesehen, wie Frauen ihre Leistungen einschränkten, ihre Intelligenz und ihre Ambitionen abstritten. Ich habe mitangehört, wie gescheite Frauen sich auf entschuldigende, schüchterne, sich selbst herabmindernde Art geäußert haben.

Erfolgreiche Frauen kommen sich häufig wie Hochstaplerinnen vor. Sie fühlen sich als Schwindlerinnen und »Falsche Fuffziger« und fürchten sich davor, daß jemand dahinterkommen könnte. In meinen Gruppen wollen zum Beispiel viele Frauen wissen, ob sie wirklich »professionell« seien – etwas, worüber Männer sich kaum je den Kopf zerbrechen. Ich fand heraus, daß Frauen mit »professionell« eigentlich »wie ein Mann« meinten. Dieser »professionelle Mann«, dem sie nachzueifern versuchten, war immer stark, selbstsicher, unabhängig und in seiner Arbeit vollendet sachlich. Kein Wunder, daß sie sich selbst als unzureichend empfanden. Sie legten an sich einen unzulässigen Maßstab an.

Die unterwürfige, passive weibliche Rolle stellt genau das

Gegenteil dessen dar, was in der Wettbewerbsatmosphäre des Arbeitsplatzes erforderlich ist. Groteskerweise empfinden Männer, obwohl ihnen in gesellschaftlichen Situationen passive Frauen wesentlich angenehmer sind, es als irritierend, wenn Mitarbeiterinnen solche Züge aufweisen. Die meisten männlichen Beschwerden bezüglich weiblicher Passivität lauteten demnach auch: »Frauen entschuldigen sich zu viel und trauen sich zu wenig zu.

Entschuldigungen

Luther, Chemiker, murrte:

»Frauen entschuldigen sich dauernd. Ich wollte, sie würden einfach ihre Arbeit machen.«

Entschuldigen Sie sich zu oft? Entschuldigen Sie sich jedesmal, wenn Sie etwas tun müssen, das für andere unangenehm ist? Entschuldigen Sie sich grundsätzlich, wenn jemand sein Unbehagen äußert, auch wenn Sie gar nichts dafür können? Testen Sie sich – zählen Sie einmal einen Tag lang, wie oft Sie »Entschuldigung!« oder »Tut mir leid« sagen. Oder, noch besser, notieren Sie sich eine Woche lang die Gründe, weshalb Sie sich jeweils entschuldigt haben. Bis man sich das nicht klar macht, ist es den meisten von uns gar nicht bewußt, wie oft sie diese Floskeln benutzen.

Sich entschuldigen ist eine tiefverwurzelte Angewohnheit. Frauen tun es aus tausend Gründen. Wir wollen damit aufgebrachte Gemüter beruhigen oder jemand davon abhalten, auf uns böse zu sein. Wir drücken damit Mitgefühl oder Bedauern aus. Wir sagen »Entschuldigung«, wenn wir jemandes Aufmerksamkeit auf uns lenken wollen. Wir tun es, wenn wir eine Behauptung berichtigen wollen.

»Entschuldigen Sie, wenn ich störe.«
»Entschuldigung, aber Sie irren sich.«
»Tut mir leid, daß Ihnen das so unangenehm ist.«

Der einzige für eine Entschuldigung angemessene Zeitpunkt ist der, wenn Ihnen etwas, das Sie *getan* haben, leid tut. Frauen sind Experten darin zu spüren, wenn jemand unglücklich ist, und darin, aufgebrachte Gemüter zu beschwichtigen. Aber im Berufsleben wollen Männer nicht besänftigt werden. Sie wollen schlicht, daß das betreffende Problem gelöst wird. Vielleicht meinen Sie es gut, wenn Sie sagen: »Tut mir leid, daß wir den Auftrag nicht bekommen haben«, aber Männer empfinden solche Bemerkungen als irritierende Ablenkung oder, noch schlimmer, als Beleidigung. Erinnern Sie sich an die Regel Nr. 2: »Demonstrieren Sie Stärke«. Wenn Sie ersichtlich zur Kenntnis nehmen, daß ein Mann aufgeregt ist, hat er möglicherweise das Gefühl, Sie weisen auf eine Schwäche bei ihm hin. Wenn Sie das betreffende Problem nicht lösen können, versuchen Sie bloß nicht, tröstlich zu wirken. Der Schuß könnte nach hinten losgehen.

Es bedarf eines gewissen Lernprozesses, um jemanden ärgerlich oder aufgebracht sein zu lassen. Viele Frauen fühlen sich in der Gegenwart eines Menschen, der aufgebracht ist, unbehaglich. Aber Sie müssen sich mit diesem Gefühl arrangieren, das Sie überkommt, wenn jemand mit Ihnen – oder mit irgend etwas oder einem anderen Menschen – unzufrieden ist. Es liegt nicht in Ihrer Verantwortung, allen Leuten zum Wohlbefinden zu verhelfen. Sie werden lediglich dafür bezahlt, Ihre Arbeit zu leisten, und das gut.

Wenn jemand zornig oder ärgerlich ist, halten Sie an sich und überlegen Sie. Ist es Ihre Schuld? Wenn nein, beißen Sie sich lieber auf die Zunge, als um Verzeihung zu bitten. Handelt es sich um etwas, das Sie bereinigen können? Wenn ja, entschuldigen Sie sich nicht, tun Sie es einfach. Dreht es sich um etwas, das Sie bereits in Ordnung gebracht haben? Warum sollten Sie sich dann entschuldigen, wenn das Problem doch gelöst ist? Ich will damit nicht sagen, daß Sie sich niemals entschuldigen sollten, nur überzeugen Sie sich davon, daß es wirklich gerechtfertigt ist.

Zu zaghaft

Carlos, Arzt, beschrieb eine Frau, die er dann nicht einstellte:

»Sie war zu zaghaft, daß mir der Gedanke, mit ihr allein im Zimmer zu sein, schon unangenehm war. Ich mußte befürchten, sie würde, wenn ein Feuer ausbräche, mir das nicht einmal sagen, aus Angst, mich zu stören.«

Zaghaft. Unschlüssig. Ohne Selbstvertrauen. Schüchtern. Unsicher. Diese Worte äußerten Männer am häufigsten, wenn sie Frauen beschrieben, die sie für unfähig hielten. Auch wenn Sie Ihrer selbst sicher sind, wirken Sie zaghaft, sobald Sie mit Ihrer Antwort zögern, mit zu sanfter Stimme sprechen oder zu viele einschränkende Worte benutzen wie: »wahrscheinlich«, »beinahe«, »viele«, »ein paar« oder »im allgemeinen«. Um nicht den Eindruck von Zaghaftigkeit zu erwecken, sprechen Sie laut und klar, zögern Sie nicht und reduzieren Sie abschwächende oder einschränkende Wörter auf ein Minimum.

Verwenden Sie überhaupt zu viele einschränkende Worte? Es gibt Gelegenheiten, bei denen sie unerläßlich sind, aber wie oft sagen Sie »etwas«, »fast«, »meistens« oder »irgendwie« in Ihren Sätzen? Benutzen Sie diese Worte, um sich exakt auszudrücken oder weil Sie zögern, sich festzulegen? Zählen Sie einmal, wie oft Sie sie anwenden – und bemühen Sie sich, sie aus Ihrem Vokabular zu streichen. Sie werden sich dann nicht *immer* völlig *korrekt* ausdrücken, aber Sie wirken überzeugend.

In einer meiner Therapiegruppen unternahmen wir einmal das Experiment, uns in Sätzen zu unterhalten, die aus nicht mehr als fünf Worten bestehen durften. Damit mußten wir uns an die nackten Tatsachen halten und alle modifizierenden Beiworte weglassen. Wir brachen alle in Gelächter aus, weil es klang, als wären wir eine Männergruppe. Probieren Sie das selbst einmal aus. Sie werden überrascht sein, wie viele dieser Einschränkungen überflüssig sind und wie entschieden Ihre Rede klingt, wenn Sie sie weglassen.

Manche Frauen haben leise und sanfte Stimmen. Männer legen dies als Schwäche aus und nehmen solche Frauen nicht ernst. Ich fragte eine Stimmbildnerin, wie man derartige Stimmen kräftigen könne. Sie erklärte, auch bei Männern gäbe es diese Schwierigkeiten. Das Ganze läge nicht am Stimmvolumen, sondern an einem Mangel an Ausdruckskraft. Man müsse einer Stimme Ausdruck verleihen. Eine ganz ausgezeichnete Methode sei, singen zu lernen. Nehmen Sie also Unterricht, treten Sie einem Chor bei, oder singen Sie einfach unter der Dusche. Es wird sich lohnen.

Selbstsicherheit drückt sich nicht nur in dem aus, was Sie sagen. Es handelt sich um eine Kombination aus dem, was Sie äußern, wie Sie es sagen und wie Sie dabei aussehen. Wir vermitteln unsere Stärke durch Worte, Körpersprache und Gesichtsausdruck.

Achten Sie genau auf Ihr Gesicht wie auf die Worte, die Sie aussprechen. Nehmen Sie Augenkontakt auf. Sehen Sie der Person, mit der Sie sprechen, ins Gesicht. Sorgen Sie dafür, daß Ihr Gesichtsausdruck mit dem, was Sie Ihrem Gegenüber vermitteln wollen, übereinstimmt. Machen Sie nicht irgendwelchem Ärger Luft, während Sie lächeln oder lachen. Halten Sie den Kopf hoch. Sprechen Sie langsam und klar und in einem angemessenen Tonfall.

Hemmt Sie Ihre eigene Passivität?

Stellen Sie sich selbst folgende Fragen:

1. Nehmen Sie mit Freude Risiken auf sich?
2. Sind Sie bereit, sich für einen schwierigen Auftrag freiwillig zu melden, auch wenn Sie so etwas noch nie zuvor gemacht haben?
3. Fürchten Sie, um eine interessantere Arbeit zu bitten, weil Sie sie möglicherweise nicht bewältigen können?
4. Fällt es Ihnen schwer, Entscheidungen zu treffen?
5. Brauchen Sie zu Ihrer Arbeit länger als die Männer um Sie herum?
6. Statten Sie Ihre Arbeitsberichte aus Furcht, Sie könnten etwas weggelassen haben, mit allen nur denkbaren Details aus?
7. Fragen Sie bei einer wichtigen Entscheidung lieber Ihren Abteilungsleiter, als diese selbst zu treffen?
8. Entschuldigen Sie sich für Dinge, die Sie gar nicht getan haben?
9. Wenn sich jemand Ihnen gegenüber unfair benimmt, sprechen Sie ihn daraufhin an?
10. Können Sie bei unbilligen Forderungen nein sagen?
11. Geben Sie eine Ware, die Sie nicht haben wollen, zurück?
12. Lassen Sie im Restaurant ein Essen zurückgehen, das nicht ordentlich zubereitet ist?
13. Sind Sie in der Lage, einen Warenverkäufer, der längere Zeit damit verbracht hat, Sie zu beschwatzen, unverrichteter Dinge wegzuschicken?
14. Wehren Sie sich, wenn sich jemand vor Ihnen in eine Warteschlange drängt?
15. Können Sie gelassen nein sagen, wenn ein Freund oder eine Freundin Sie um einen Gefallen bitten?

16. Melden Sie sich bei Tagungen zu Wort?
17. Geben Sie in einem Punkt nach, weil Ihr Gegner überzeugender auftritt als Sie?
18. Warten Sie darauf, daß ein möglicher Förderer Sie seinerseits anspricht?
19. Glauben Sie, daß es niemanden gibt, der Sie gerne beraten möchte?
20. Ist es Furcht, Sie könnten stören oder lästig fallen, die Sie davon abhält, jemand zu bitten, Ihnen als Ratgeber zur Seite zu stehen?

Wenn Sie die Fragen 1, 2 oder 9 mit nein, 3 bis 8 oder 17 bis 20 mit ja beantwortet haben, dann haben Sie damit aufgedeckt, daß Ihre Passivität Ihnen hemmend im Weg steht.

Das Verhalten ändern

Durchsetzungsvermögen ist erlernbar. Aber um tatkräftig aufzutreten, müssen Sie von Ihrem eigenen Wert überzeugt sein und auch davon, daß man Sie mit Respekt behandeln sollte. Sie haben ein Recht darauf, daß Leute Ihnen zuhören und Sie ernst nehmen. Sie haben das Recht, nein zu sagen, ohne Schuldgefühle zu bekommen. Sie haben das Recht, um das zu bitten, was Sie haben wollen. Sie haben sogar das Recht, auf Ihr Recht zu verzichten.

Sie müssen, um sich durchzusetzen, anderen Leuten nicht auf den Pelz rücken. Jeder hat das Recht, seinen Gedanken und Gefühlen Ausdruck zu geben. Wenn Sie jemanden um etwas bitten, braucht er es Ihnen nicht zu geben. Auch er hat das Recht, nein zu sagen. Jeder hat die gleichen Rechte. Behandeln Sie andere so, wie Sie von anderen behandelt werden wollen. Sorgen Sie nur dafür, daß Sie sich selbst genauso gut behandeln, wie Sie andere behandeln. Respektieren Sie die

Rechte anderer Menschen, aber vergessen Sie nicht, auch Ihre eigenen zu respektieren.

Manche Frauen scheuen es, energisch aufzutreten, weil sie befürchten, damit jemanden zu verletzen. Aber unter gar keinen Umständen einen anderen zu verletzen ist ein Ding der Unmöglichkeit. Manchmal ist die einzige Möglichkeit, niemand weh zu tun, die, sich selbst weh zu tun. Verdienen Sie es, selbst fortgesetzt verletzt zu werden? Wenn wir uns selbst achten, bringen wir auch andere dazu, uns zu respektieren. Wenn Sie nicht mit sich selbst pfleglich umgehen, werden Sie nicht fähig sein, anderen zu helfen.

Wenn Sie Ihre Kritik zurückhalten, weil Sie niemandes Gefühle verletzen wollen, so beleidigen Sie damit den anderen. Sie trauen ihm nicht zu, für sich selbst zu sprechen oder halten ihn für zu schwach, um Kritik überhaupt zu ertragen. Wenn Sie es sich verkneifen, jemandem zu sagen, daß Sie sein Verhalten mißbilligen, dann geben Sie dem Betreffenden keine Chance, es zu ändern. Auf andere nicht einzugehen, indem man ihnen nicht mitteilt, was man denkt und fühlt, ist in jeder Hinsicht ebenso egoistisch, wie sich um die Empfindungen des anderen nicht zu kümmern.

Manche Frauen treten nicht mit Bestimmtheit auf, weil sie nicht wollen, daß jemand zornig auf sie wird. Das ist ebenso unmöglich. Leute ärgern sich über uns, wenn wir ihnen nicht geben, was sie wollen. Aber wenn das, was sie wollen, nun nicht gut für Sie selbst oder sehr schmerzlich für Sie ist? Wenn Sie im Recht sind, wäre es unverantwortlich von Ihnen, bei einem Streit nicht auf Ihrem Standpunkt zu beharren. Es ist unangenehm, wenn jemand, den Sie schätzen, auf Sie böse ist – aber mit ihm nicht einer Meinung zu sein ist manchmal das Beste, was Sie ihm antun können.

Sie müssen nicht die ganze Zeit über resolut auftreten, aber es sollte Ihnen freistehen, es zu tun, wenn Sie es für erforderlich halten. Sie sollten sich daran durch nichts hindern lassen.

Wenn Sie sich unschlüssig sind, ob Sie in einer bestimmten Situation aufbegehren wollen oder nicht, so stellen Sie sich folgende Fragen:

- Was genau will ich erreichen?
- Wie wichtig ist diese derzeitige Situation für mich?
- Wie verhalte ich mich im allgemeinen in einer solchen Situation?
- Inwiefern wird mein energisches Auftreten dazu beitragen, mein Ziel zu erreichen?
- Habe ich, wenn ich energisch auftrete, etwas zu verlieren?
- Was werde ich empfinden, wenn ich nicht auf meinem Recht beharre?
- Was hindert mich daran, mich durchzusetzen?

Diese Fragen werden Ihnen dabei helfen, Ihre Gedanken zu klären. Sie werden Ihnen helfen, das, was Sie durch energisches Auftreten gewinnen können, gegenüber den möglichen negativen Auswirkungen abzuwägen. Falls Sie zu dem Schluß kommen, Sie würden zwar gern tatkräftig vorgehen, hätten aber Ihre Schwierigkeiten damit, so wäre der nächste Schritt, herauszufinden, weshalb Ihnen das so schwerfällt.

Um die Gründe aufzudecken, fragen Sie sich:

- Was genau möchte ich tun?
- Was passiert meiner Meinung nach, wenn ich es tue?
- Was für gefühlsmäßige Wirkungen wird das auf mich haben?

Die Psychologie verdankt Dr. Aaron Beck viel für seine Entwicklung der »Kognitiven Therapie«[5], einer speziellen Methode zur Erkenntnis dessen, was wir denken und fühlen. Dr. Beck zufolge stellen unsere Emotionen nicht eine Reaktion auf eine bestimmte Situation dar, sondern darauf, wie wir über eine Situation *denken*. Wir reagieren auf das, was wir von dieser Situation *halten*, auf das, was *unserer Ansicht nach* unsere Pflichten und die uns zur Verfügung stehenden Mittel sind und wie *unserer Meinung nach* die anderen sich verhalten werden. Kernstück der »Kognitiven Therapie« ist, daß unseren negativen Emotionen eine irrige Vorstellung von der betreffenden Situation zugrunde liegt. Um unsere Gefühle zu verstehen, müssen wir *mehr* überprüfen als nur die Situation. Wir müssen herausfinden, wie wir diese Situation bewerten. Hinter unseren Emotionen stecken unterschwellige Vermutungen und Annahmen, die wir als gegeben hinnehmen. Wenn wir sie richtig einschätzen und korrigieren, dann können wir unsere Gefühle und Verhaltensweisen verändern. Manchmal sind diese Überzeugungen ganz allgemeiner Art, wie zum Beispiel: »Man darf niemanden belästigen oder stören« oder: »Man soll niemand wütend machen«. In anderen Fällen gelten diese Überzeugungen einer spezifischen Situation, wie: »Er wird wütend sein, wenn ich ihm mehr Arbeit aufhalse.« Oder: »Wenn ich ihn um Erklärungen bitte, wird er mich für den größten Dummkopf der Welt halten.« Folgen Sie Ihren Überzeugungen nicht blindlings. Fordern Sie sie heraus. Nehmen Sie ein Blatt Papier, und falten Sie es in der Mitte von oben nach unten. Auf der linken Seite schreiben Sie nieder, was Sie von der gegebenen Situation halten. Auf der rechten führen Sie schriftlich eine Diskussion mit sich selbst, stellen die von Ihnen erwarteten Reaktionen in Frage. Es ist wichtig, das Ganze niederzuschreiben, um Ihnen die nötige Distanz zu verschaffen. Ich gebe Ihnen ein Beispiel, wie Sie die im vorhergegangenen Abschnitt erwähnten Voraussetzungen und Annahmen entkräften und widerlegen können.

»Man darf niemanden belästigen oder stören.«	»Soll ›man darf niemanden belästigen oder stören‹ heißen, daß dies immer auf meine Kosten gehen muß? Warum sollte immer ich diejenige sein, bei der man das darf? Schließlich bin ich auch ein Mensch.«
»Man soll niemanden wütend machen.«	»Ich habe die Emotionen anderrer nicht in der Hand. Manche Leute werden ohne ersichtlichen Grund zornig. Wenn der andere wütend wird, dann wird er das überstehen.«
»Er wird wütend sein, wenn ich ihm mehr Arbeit aufhalse.«	»Vielleicht überrascht er mich und reagiert vernünftiger, als ich denke. Wenn nicht – geht die Welt unter, wenn er wütend wird?«
»Wenn ich ihn um eine Erklärung bitte, wird er mich für den größten Dummkopf der Welt halten.«	»Vielleicht denkt er aber auch, es sei klug von mir zu fragen. Es ist ihm sicher lieber, wenn ich Fragen stelle, als wenn ich Fehler mache. Und wenn er mich für dumm hält? Nun ja, er würde mich sicher für nicht sonderlich intelligent halten, wenn ich nicht um Erklärung bäte und stattdessen alles falsch machen würde.«

Immer wenn Sie davor zurückschrecken, sich in bestimmender Weise durchzusetzen, analysieren Sie Ihre Gefühle und stellen Sie Ihre eigenen Annahmen und Vermutungen in Frage. Furcht ist eine durchaus zweckmäßige Reaktion auf Gefahr, aber handelt es sich denn um eine *wirkliche* Gefahr? Bevor sie »ja« sagen, überprüfen Sie die Situation. Sie werden verblüfft sein, wie oft Ihre Befürchtungen sich als irrational erweisen, wenn Sie sich einmal über sie Klarheit verschafft haben.

Der häufigste Grund des Zurückscheuens vor einem entschiedenen Vorgehen ist die Besorgnis, es könnte jemand zornig werden. Wenn Sie selbst diese Besorgnis hegen, dann fragen Sie sich erst einmal, was passiert, wenn der andere wütend wird. Meistens fällt die Antwort ganz harmlos aus. »Wenn ich hier was falsch mache, wird er mich dann umbringen?« Nun, wie viele Angstellte hat er denn im letzten Jahr umgebracht? Es mag schmerzlich für Sie sein, wenn jemand auf Sie zornig ist, aber Ihr Ableben ist unwahrscheinlich.

Sowohl Gedanken als auch Verhalten sind wichtig für die persönliche Entwicklung. Wenn Sie das eine ändern, ändert sich auch das andere. Die Reihenfolge spielt keine Rolle. Ziehen Sie Ihre Überzeugungen in Zweifel. Fragen Sie sich selbst, welche Beweise Sie für Ihre Vermutungen oder Annahmen haben. Fragen Sie sich, was schlimmstenfalls passieren könnte. Und ob das »Schlimmste« dann wirklich so schlimm wäre.

Bleiben Sie sich selbst gegenüber fest. Machen Sie sich eindeutig klar, daß Sie die erforderlichen Schritte tun müssen. Lassen Sie sich durch nicht ganz zufriedenstellende Endergebnisse nicht abschrecken. Fangen Sie mit kleinen Schritten an, und rechnen Sie mit Mißerfolgen. Bleiben Sie auch nach Rückschlägen am Ball.

Wenn Sie sich einmal für ein energisches Verhalten entschieden haben, wie gehen Sie dann vor? Beginnen Sie damit, sich in die daraufhin entstehende Situation zu versetzen. Falls Sie sich Ihrer nicht sicher sind, beobachten Sie jemanden, den Sie respektieren, oder reden Sie mit ihm darüber. Legen Sie sich das, was Sie später sagen wollen, vorher zurecht. Üben Sie die Worte ein. Spielen Sie die Rolle mit einem Freund oder einer Freundin durch. Beginnen Sie mit ähnlichen, aber leichteren Situationen, und steigern Sie dann die Schwierigkeiten bis zum höchsten Grad.

Dulden Sie bei sich keinerlei Passivität. Sie werden sich selbst besser leiden können, wenn Sie fähig sind, sich durchzusetzen, und vergessen Sie nie, daß Durchsetzungsvermögen erlernbar ist.

Ich habe den Lernprozeß hin zu einer von Energie bestimmten Verhaltensweise in »Zehn Schritte zur Veränderung« auf den folgenden Seiten zusammengefaßt. Wenden Sie sie an, um Ihr eigenes Verhalten zu modifizieren. Haben Sie Geduld mit sich, und lassen Sie keinen der Schritte aus. Die Zeit und die Kraft, die sie darauf verwenden, um Durchsetzungsvermögen zu erwerben, werden sich lohnen.

ZEHN SCHRITTE ZUR VERÄNDERUNG

***Schritt eins:* Beobachten Sie Ihr Verhalten und registrieren Sie es.**

1. Wieviele Gelegenheiten hatten Sie, energisch aufzutreten?
2. Wie oft haben Sie um das gebeten, was Sie haben wollten?
3. Wie oft haben Sie gesagt, was Sie wirklich meinten?
4. Wie oft haben Sie sich gewünscht, Sie hätten sich besser durchgesetzt?

Schritt zwei: **Suchen Sie nach einem Verhaltensmuster.**

1. In welchen Situationen treten Sie am energischsten auf?
2. In welchen Situationen verhalten Sie sich am passivsten?
3. Mit wem gehen Sie am entschiedensten um?
4. Wem gegenüber verhalten Sie sich am passivsten?
5. Stellen Sie eine Liste von Situationen auf, in denen Sie gern entschiedener vorgehen würden. Stufen Sie sie je nach Schwierigkeitsgrad ein.

Schritt drei: **Entscheiden Sie sich für ein erfolgreiches Vorbild – also für eine tatkräftige Person.**

1. Was gefällt Ihnen an ihrer Art am besten?
2. Inwiefern unterscheidet sich ihr Verhalten von Ihrem eigenen?
3. Was läßt sie so erfolgreich sein?
4. Fragen Sie sie, was sie in Situationen, die Ihnen unangenehm sind, denken und fühlen würde.
5. Wenn Sie einer wirklichen Person nicht nacheifern wollen, studieren Sie in einem Film oder Buch das Verhalten einer entsprechenden Charakterschauspielerin bzw. Heldin.

Schritt vier: **Erinnern Sie sich an eine Situation, in der Sie gern tatkräftiger vorgegangen wären.**

1. Schreiben Sie auf, wie Sie in besagter Situation reagiert haben.
   a) Wie haben Sie sich verhalten?
   b) Was habe Sie dabei empfunden?
   c) Was haben Sie dabei gedacht?
   d) Was ist dabei herausgekommen?
2. Wie hätten Sie die Sache besser bewältigt?

Schritt fünf: **Stellen Sie sich vor, wie Sie die Situation wirkungsvoll in den Griff bekommen könnten, und zwar auf eine Art, die Ihnen liegt.**

1. Stellen Sie sich diese Situation im Detail vor.
   a) Was denken Sie dabei?
   b) Was empfinden Sie dabei?
   c) Was werden Sie sagen?
2. Malen Sie sich das Resultat aus.
3. Wie werden Sie sich fühlen, wenn Sie Ihr Ziel erreicht haben?
4. Stellen Sie sich alternative Vorgehensweisen für diese Situation vor. (Es gibt immer mehr als nur eine Möglichkeit, um mit bestimmten Sachlagen fertig zu werden.)
   a) Worin unterscheiden sie sich?
   b) Wo liegen jeweils die Vor- und Nachteile?
   c) Spielen Sie für sich die verschiedenen Vorgehensweisen durch.

Schritt sechs: **Versuchen Sie eine Situation, die der ähnelt, die Sie sich vorgestellt haben, zu bewältigen.**

1. Fangen Sie mit etwas Einfachem an.
2. Suchen Sie sich dazu eine günstige Umgebung aus.

Schritt sieben: **Bewerten Sie das Resultat.**

1. Bekommen Sie, wenn möglich, ein Feedback.
2. Wenn Sie mit dem Resultat zufrieden sind:
   a) Notieren Sie, was wirkungsvoll war.
   b) Achten Sie darauf, wie gut Sie sich fühlen.
   c) Belohnen Sie sich.
3. Wenn das Ergebnis Sie nicht befriedigt hat:
   a) Welcher Art war das Ergebnis?
   b) Wie hat Ihr Gegenüber reagiert?

c) Was ging schief?
d) Was für eine Vorgehensweise Ihrerseits hätte ein besseres Resultat erzielt?
e) Suchen Sie Hilfe, wenn Sie nicht weiterkommen.
f) Stellen Sie sich Ihrerseits lebhaft eine andere Vorgehensweise vor.
g) Versuchen Sie es erneut!

Schritt acht: **Versuchen Sie Ihre neuen Erkenntnisse in zunehmend schwierigeren Situationen anzuwenden.**

1. Schreiten Sie vom leichtesten zum schwersten, um sicherzugehen, daß Sie mehr Erfolge als Niederlagen einheimsen.
2. Gehen Sie erst zur nächstschwierigen Situation über, wenn Sie bei der leichteren Erfolg hatten.
3. Lassen Sie sich nicht entmutigen, wenn Sie keinen Erfolg haben. Niemand hat immer Erfolg.
4. Es wird nicht immer leicht sein. Geben Sie sich, wenn nötig, einen inneren Ruck, und versuchen Sie es beharrlich weiter.

Schritt neun: **Bewerten Sie wie bei Schritt sieben jedesmal die Resultate.**

1. Führen Sie Buch über Ihre Bemühungen und Ergebnisse.
2. Nehmen Sie sich die Zeit, alle Situationen richtig einzuschätzen.
   a) Was hat gut funktioniert?
   b) Was ist schiefgegangen?
   c) Was denken Sie darüber?
   d) Wie fühlen Sie sich?

Schritt zehn: **Bleiben Sie dabei!**

1. Gehen Sie nur in winzigen Schritten voran. Verlieren Sie nicht die Geduld, und tun Sie nicht zu viel zu früh.
2. Belohnen Sie sich immer für Ihre Erfolge.
3. Wenn etwas schief geht, gratulieren Sie sich dazu, daß Sie es versucht haben, und versuchen Sie's erneut.
4. Fahren Sie fort, Ihr Verhalten aufzuzeichnen und Ihre wachsende Fähigkeit, energisch aufzutreten, zu beobachten.

13

Von der Schwierigkeit, Prioritäten zu setzen

Wir alle haben zuviel zu tun. Wir haben zu wenig Zeit, um unsere berufliche Arbeit zu tun, und zu wenig Zeit, um unser Privatleben in Ordnung zu halten. Die grundlegenden Tätigkeiten des Alltagslebens wie Saubermachen, Einkaufen, Kochen, Wäschewaschen und Bügeln sind schon zeitraubend genug. Wenn Sie dann noch versuchen, eine Beziehung aufrechtzuerhalten oder Kinder zu erziehen, sind die Anforderungen entsprechend größer. Der Tag hat nur vierundzwanzig Stunden. Wenn Sie sich Ihrem Beruf aus Zeitmangel nicht noch intensiver widmen können, so müssen Sie dafür rationeller arbeiten. Und das bedeutet, Prioritäten zu setzen.

Ich habe besonders tüchtige Geschäftsfrauen im Rahmen meiner Interviews gebeten, mir ihre Geheimnisse zu verraten. Jede von ihnen betonte, daß es unerläßlich sei, Aufzeichnungen zu führen. Die Art dieser Listen variierte, es gab alles, vom Notizkalender über Computerprogramme bis zum schlichten Blatt Papier. Sie sollten in diesem Punkt herausfinden, was Ihnen am angenehmsten ist.

Cecilia, Vizepräsidentin einer rapide expandierenden Firma, warf einen Blick auf meinen Schreibtisch und schüttelte den Kopf. »Ich weiß nicht, wie Sie so arbeiten können. Bei mir liegt nur immer ein einziges Papier auf dem Schreibtisch.« Sie unterbrach mich, als ich meine vielen Unterlagenstapel auf der Tischplatte zu verteidigen begann. »Warum muß das alles da liegen? Das lenkt doch bloß ab. Sie können ohnehin nur ein Papier auf einmal durchlesen.« Recht hatte sie.

Lucy ist in ihrer beruflichen Position die einzige Frau in einer sonst von Männern dominierten Dienststelle. Ich fragte sie, wie *sie* arbeite. »Ich bin recht effizient. Ich versuche jedes Papier nur einmal in die Hand zu nehmen.«

Tippy, Vizepräsidentin eines anderen großen Betriebs, erklärte: »Sie können fünfzig Prozent Ihrer Arbeitszeit darauf verwenden, Unterlagen und Papiere auf Ihrem Schreibtisch durchzusehen. Jedesmal, wenn Sie sich niedersetzen, blättern Sie alles wieder durch. Und wenn Sie vom Lunch zurückkommen, fangen Sie von vorne an.«

Diese Frauen sind Meisterinnen im Setzen von Prioritäten. Da ich selbst keineswegs darin glänze, versuche ich, mich nach ihren Vorschlägen zu richten. Danach hatte ich das Gefühl, daß ich zu meinem Tag eine Extrastunde dazugewonnen hatte. Dasselbe können auch Sie tun. In diesem Kapitel möchte ich die am häufigsten auftretenden Probleme erörtern, die die Leistungsfähigkeit beeinträchtigen, und ein paar Vorschläge machen, wie man sie löst.

Die Unfähigkeit, klar umrissene Ziele zu bestimmen

Kurt: »Warum machen Frauen alles immer so kompliziert?«
Suzan: »Männer sehen alles immer entweder schwarz oder weiß!«

Männer und Frauen gehen Problemlösungen auf so verschiedene Weise an, daß es manchmal den Anschein hat, es handle sich gar nicht um ein und dieselbe Sache. Das ist nicht einmal ein Irrtum – sowohl die einen wie die anderen legen Probleme so unterschiedlich aus, daß sie tatsächlich nicht mehr die gleichen sind. Männer definieren ein Problem auf Grund der Fakten. Für eine Frau beinhaltet ein Problem mehr als nur einfach die nackten Tatsachen. Es umschließt die Menschen, deren gegenseitige Beziehungen und die Auswirkungen, die eine Lösung für alle Beteiligten haben wird. Meiner Ansicht nach steigert die umfassendere weibliche Denkweise die Möglichkeiten für Kreativität. Berufliche Entscheidungen werden durch Überlegungen, inwiefern sie sich auf Menschen und Beziehungen auswirken können, in positivem Sinn bereichert. Aber wenn man so viele Aspekte einer Situation in Betracht zieht, kann dies auch die wesentlichen Punkte vernebeln und eine Lösung erschweren.

Um das Beste aus beiden Anschauungen herauszuholen, sollten Sie die Probleme, die Sie zu lösen, und das Ziel, das Sie zu erreichen versuchen, einmal konkret und präzise definieren. Wenn Sie genau wissen, was Sie anstreben, dann können Sie jeden Fakt, jedes Argument und jede diesem Ziel zuwiderlaufende Ansicht gegeneinander abwägen.

Ihre Methode, ein Problem zu definieren, bestimmt Ihren Weg zu dessen Lösung. Wenn Ihr Ziel klar ist, können Sie abwägen, wie weit es durch jeden der einzelnen Fakten beeinträchtigt wird. Das vereinfacht und trägt zur Klärung Ihrer Arbeit bei. Möglicherweise werden Sie überrascht sein, wie viele Einzelheiten Sie miteinbezogen haben, die Ihr angestrebtes Ziel gar nicht unmittelbar betreffen, und Ihre Argumente werden umso stichhaltiger sein, je mehr von diesen Einzelheiten Sie weglassen.

Bei einer Verhandlung sollten Sie beispielsweise in der Lage sein, Ihre Position auf einer einzigen Seite zusammenzufassen. Dann haben Sie das, was wirklich wichtig ist, vor sich liegen. Ihrem Opponenten werden Sie den Eindruck eines systematischen Menschen vermitteln, und Ihr Entwurf wird Sie gedanklich bei der Stange halten. Wenn Ihr Gegenspieler Sie aus dem Gleis bringt, so haben Sie Ihre Zusammenfassung vor sich, um wieder dorthin zurückzukehren.

Wenn ich persönlich Mühe habe, einen Entschluß zu fällen oder ein Problem zu lösen, unternehme ich bestimmte Schritte, um meine Gedanken zu klären. Diese Technik habe ich zwei kreativen Psychologen, Dr. Marvin Goldfried und Dr. Thomas D'Zurilla[1], zu verdanken. Versuchen Sie es das nächste Mal damit, wenn Sie Schwierigkeiten mit der Lösung eines komplexen Problems haben oder in einer Verhandlung festgefahren sind. Die folgende Methode ist in beiden Fällen sehr wirkungsvoll:

1. Definieren Sie das Problem klar und konkret.
   a) Was wollen Sie verändern?
   b) Was für ein Resultat wollen Sie erzielen?
2. Denken Sie sich für das Problem so viele verschiedene Lösungen aus, wie Ihnen einfallen. Legen Sie Ihrer Phantasie keine Zügel an. Beziehen Sie sowohl »unrealistische« wie auch herkömmliche Lösungen mit ein.
3. Wie würde das Resultat bei jeder dieser Lösungen aussehen? Wenn Sie sich gestatten, auch einige unrealistische oder unorthodoxe Lösungen in Betracht zu ziehen, so kann Ihnen das den kreativen Impetus verschaffen, den Sie brauchen.
4. Bewerten Sie die Ergebnisse jeder Ihrer Lösungen, und entscheiden Sie sich für die, die Ihrer Ansicht nach das beste Resultat erzielen wird.
5. Versuchen Sie es damit. Wenn Sie das gewünschte Resultat oder eines, das Sie befriedigt, erreicht haben, Gratulation. Wenn nicht …
6. Überprüfen Sie, was schiefgelaufen ist. Versuchen Sie es erneut, und machen Sie sich die neuen Erfahrungen, die Sie aus Ihrem letzten Versuch geschöpft haben, zunutze.

Übermäßige Vorbereitungen

Arbeiten Sie angestrengter als nötig? Stecken Sie mehr Zeit und Mühe in eine Aufgabe, als sie eigentlich verdient? Dies sind schwer zu beantwortende Fragen. Wenn Sie für dieselbe Arbeit, die auch Ihre männlichen Kollegen leisten, länger brauchen als sie, oder wenn Ihre Berichte umfassender sind als die aller anderen, dann bereiten Sie sich wahrscheinlich auch allzu umfassend darauf vor. Sowohl die von mir interviewten Männer als auch die Frauen stimmten darin überein, daß Frauen häufig mehr Zeit und Energie in eine berufsbedingte Aufgabe stecken als nötig.

Gehen Sie in Ihrer Arbeit allzusehr in die Details? Einen Job zu gut zu machen ist eine seltsame Form der Kritik – aber sie wird häufig gegen Frauen erhoben. Aufmerksamkeit fürs Detail gehört zu den Stärken von Frauen, ist aber zugleich auch ihre Schwäche. Männer beschweren sich darüber, zu viele unnötig detaillierte Berichte lesen zu müssen. Zusätzliche Einzelheiten stiften in solchen Berichten lediglich Verwirrung.

Zwei weitverbreitete Gründe für zu viele eingefügte Details sind Unsicherheit und das Gefühl, daß man nicht genügend mit der Materie vertraut sei. Es gibt einen Matrosenspruch: »Wenn du keine guten Seemannsknoten knüpfen kannst, dann knüpfe wenigstens viele.« Das gleiche könnte man von Fakten sagen. Wenn Sie sich nicht sicher sind, gute Argumente zu haben, dann führen Sie dafür viele an. Aber wenn ein Matrose eine Menge Knoten sieht, weiß er sofort, daß sie von jemandem stammen, der darin ungeübt ist. Wenn Sie zu viele Fakten zu hören bekommen, so wissen Sie, daß der, der sie vorbringt, nicht wirklich weiß, wovon er redet. Wenn Sie in Ihren Berichten allzu viele Details aufführen, wirken Sie eher unkonzentriert als sachkundig. Falls Sie sich nicht entscheiden können, welche Fakten wichtig sind und welche nicht, müssen Sie sich wohl mit der Materie besser vertraut machen.

Ich glaube aber, daß Unsicherheit für Frauen ein größeres Problem darstellt als die mangelnde Kenntnis der Materie. Wir bereiten uns allzu gründlich vor, weil wir unsicher sind. Man braucht Selbstvertrauen, um zu entscheiden, wann es mit der Arbeit genug ist. Wir beziehen jede Einzelheit mit ein, aus Angst, etwas Wesentliches wegzulassen. Es ist leichter, jedes problembezogene Detail einzubringen, als sich klar zu machen, welche Gesichtspunkte wirklich der Sache förderlich sind.

Viele Frauen werden von ihrem eigenen Perfektionismus gebremst. Sie wollen jedesmal eine einwandfreie Arbeit abliefern. Nicht nur, daß es unnötig ist, immerfort perfekt zu sein, es ist auch unproduktiv. Vielleicht denken Sie: »Ich möchte meine Arbeit auf bestmögliche Weise erledigen. Was ist daran auszusetzen?« Die Frage ist nur, was Sie unter »bestmöglicher Arbeit« verstehen. Praktisch gesehen ist die bestmögliche Arbeit die, mit der man das erforderliche Resultat mit einem Mindestaufwand an Zeit und Energie erzielt.

Verschiedenartige Aufgaben erfordern ein unterschiedliches Maß an Beachtung und Details. Manchmal ist es besser, mittelmäßige Arbeit zu leisten als gar keine. Häufig ist das, was Sie als mittelmäßig betrachten, mehr als ausreichend. Es ist reine Zeit- und Energieverschwendung, eine ausgesprochen detaillierte und akkurate schriftliche Stellungnahme abzuliefern, wenn Ihr Vorgesetzter mit einem raschen und pragmatischen Lösungsvorschlag viel glücklicher gewesen wäre. Die zusätzliche Zeit, die Sie gebraucht haben, um Ihre Arbeit perfekt zu erledigen, wird nur Verärgerung und keinerlei Anerkennung hervorrufen.

Sie können dergleichen vermeiden, wenn Sie sich über Ihre Ziele völlig im klaren sind und Ihre eigenen Fähigkeiten nicht unterschätzen. Bevor Sie eine Aufgabe übernehmen, fragen Sie sich folgendes:

- Welches Resultat wollen Sie erzielen?
- Wozu werden die Informationen, die Sie liefern sollen, gebraucht?
- Wem werden sie vorgelegt?
- In welcher Form werden sie präsentiert?

Vertrauen Sie auf Ihr Können und Ihren Instinkt. Arbeiten Sie ausreichend gründlich, um die Aufgabe zu erledigen, aber nicht mehr. Falls Sie über genügend Zeit und Energie verfügen, um die Arbeit perfekt zu machen, dann tun Sie das unbedingt. Aber wenn Ihre Zeit begrenzt ist, denken Sie daran, daß Ihr Ziel nicht die Perfektion ist – sondern der Erfolg.

Aufgaben delegieren

Haben auch Sie, wie so viele Frauen, Schwierigkeiten beim Delegieren von Aufgaben? Hier ein paar typische Kommentare:

»Ich erledige es lieber selbst, statt mir die Mühe zu machen, jemand anderem erklären zu müssen, wie es geht.«

»Wenn ich es tue, weiß ich wenigstens, daß es richtig gemacht wird.«

»Wenn ich es jemand anderem übertrage und es wird falsch gemacht, bin ich dafür verantwortlich.

Die Fähigkeit zu delegieren ist eine wesentliche Eigenschaft. Anderen eine Arbeit zu übertragen benötigt Zeit und Durchsetzungsvermögen. Ihre eigene Produktivität wird gesteigert, aber es gibt auch verborgene Haken. Wenn Sie delegieren, geben Sie einiges an Kontrolle über die Arbeit auf, und Sie müssen vielleicht in Kauf nehmen, daß ein anderer sie zwar hinreichend erledigt, aber weniger gut, als Sie selbst es getan hätten.

Wenn Sie aber nie etwas delegieren, kostet Sie das viel mehr. Sie brauchen länger, um Ihre Projekte zu bewältigen. Sie gehen das Risiko ein, in Routinearbeit zu versinken und keine Zeit für neue Herausforderungen zu finden. Sie werden auch nicht dazu kommen, sich neue Fähigkeiten anzueignen oder in irgendeiner Form kreativ zu sein. Wenn Sie nicht die Zeit haben, sich um Aufgaben zu bewerben, mit denen Sie ihre Begabungen unter Beweis stellen können, mindert das Ihre Chancen auf Beförderung. In den meisten Unternehmen gehört die Fähigkeit zum Delegieren zu den Kriterien, die bei der Bewertung von Managern angewandt werden.

Delegieren vermehrt, wie gesagt, Ihre eigene Produktivität. Sie bekommen Gelegenheit, Ihre Zeit effektiver zu nutzen, und können wichtigere Projekte übernehmen. Wenn Sie Zeit für die Entwicklung kreativer Ideen finden, können Sie Ihre eigene Arbeit effizienter gestalten und dadurch die Produktivität Ihrer Abteilung erhöhen.

Delegieren wirkt sich zudem kostengünstig auf die Firma aus. Eine Stunde Ihrer Zeit kommt teurer als eine Stunde Ihrer Untergebenen. Wenn Sie einen Teil Ihrer Arbeit anderen übertragen, wird nicht nur mehr davon billiger erledigt, Sie geben damit auch den Ihnen untergeordneten Leuten Gelegenheit, sich weiterzuentwickeln. Das werden Ihre Mitarbeiter anerkennen, sich herausgefordert, motiviert und innerlich beteiligt fühlen. Durch Delegieren fördern Sie ihre Loyalität und ihren Respekt.

Wenn Sie sich unschlüssig sind, ob Sie eine Aufgabe anderen übertragen sollen, stellen Sie sich folgende Fragen:

- Spare ich Kosten, wenn ich die Aufgabe selbst übernehme?
- Kann jemand anderer sie ebenso gut wie ich oder sogar besser erledigen?
- Habe ich wirklich die Zeit, die Arbeit gut zu machen, oder werde ich sie aus Zeitmangel nur notdürftig erledigen?
- Kann ein Untergebener die Aufgabe in Anbetracht der Kosten und des Zeitaufwands ausreichend gut bewältigen?
- Wenn ein Untergebener zwar nicht so gut arbeitet wie ich, aber wenn ich etwas Wichtigeres zu tun habe:
  - Kann ich jemanden entsprechend unterweisen, damit es klappt?
  - Kann ich das Vorhaben ausreichend kontrollieren?
  - Bin ich bereit, nicht absolut perfekte Resultate zu akzeptieren?

Erfolgreiches Delegieren erfordert Kenntnisse über die Fähigkeiten, Bedürfnisse und Vorzüge jedes einzelnen Mitarbeiters. Versuchen Sie stets, auf eine gewisse Übereinstimmung zwischen Auftrag, Person und Situation zu achten. Delegieren erfordert eine glückliche Mischung aus Bestimmtheit und Takt. Niemand reagiert positiv auf ein barsches »Tun Sie das!« Ihre Sensibilität und Aufgeschlossenheit für andere sind hier von großem Vorteil.

Um beim Delegieren die besten Resultate zu erreichen, erklären Sie Ihre Absichten und Ihre Zielsetzungen in konkret meßbaren Einzelheiten:

- Was gemacht werden muß.
- Weshalb es gemacht werden muß.
- Wie gut es gemacht werden muß.
- Wann es fertig sein muß.

Überzeugen Sie sich, daß der betreffende Mitarbeiter die Geschicklichkeit, den Sachverstand und den Zugang zu den erforderlichen Quellen hat, um gute Arbeit leisten zu können. Versuchen Sie, in den ganzen Vorgang so etwas wie einen Trainingsplan einzubauen. Wenn Sie die Aufgabe übermitteln, erklären Sie auch, wie Sie die Ergebnisse zu bewerten gedenken. Nehmen Sie sich immer die Zeit, sich bei Ihrem Untergebenen zu bedanken und die mit dem Auftrag verbundene Arbeit zu würdigen.

GEBOTE UND VERBOTE BEIM DELEGIEREN

Was Sie tun sollen:

- Sich in Ihrer Rolle als Managerin sicher fühlen und Selbstvertrauen haben.
- Vertrauen in die Fähigkeiten Ihrer Untergebenen setzen.
- Sich klar und direkt ausdrücken, wenn Sie den Auftrag erklären.
- Wann immer möglich zulassen, daß Ihre Angestellten ihre eigenen Methoden anwenden und ihre Kreativität einsetzen.
- Bereit sein, auch delegierte Arbeit zu akzeptieren, die nicht ganz vollkommen ist.
- Fair, objektiv und konstruktiv in Ihrer Kritik sein.
- Gute Leistungen anerkennen und belohnen.

Was Sie nicht dürfen:

- Zögern aus Angst, Untergebene könnten mit einer Aufgabe überfordert sein.
- Aus Angst vor Kritik wie gelähmt schließlich alle Arbeit selbst erledigen.
- Sich davor fürchten, von den eigenen Untergebenen bloßgestellt zu werden.

- Unsensibel auf die Empfindungen Ihrer Angestellten reagieren.
- Dauernd Ihre Untergebenen, wenn Sie sie einmal mit einer Aufgabe betraut haben, im Auge behalten, so daß die sich wie Kinder vorkommen.
- Mitten im Arbeitsprozeß den Auftrag ohne weitere Erklärung zurücknehmen.
- Angestellte vor anderen kritisieren.

Das Versäumnis, langfristige Karriereziele festzulegen

Viele der heute berufstätigen Frauen würden Anna, Geschäftsfrau in den Vierzigern, zustimmen:

»Karriereziele! Wie kann ich so etwas haben, wenn ich überhaupt nie mit einer Karriere gerechnet habe?«

Ernest, Inhaber einer Autohandlung, bestätigt:

»Männern liegt das näher als Frauen. Eine Menge Frauen dachten, sie würden nur eine Zeitlang arbeiten. Mir war immer klar, daß ich mir meinen Lebensunterhalt würde verdienen müssen!«

Traditionellen Denkmustern zufolge haben Männer Berufe und Frauen Jobs. Wenn Sie selbst der Ansicht sind, Sie hätten eher einen Job als einen Beruf, nehmen Sie sich Zeit für eine Neubewertung. Versuchen Sie, den Job, den Sie im Augenblick haben, als Schritt in eine langfristige Berufsplanung zu betrachten.

Karrieren müssen immer langfristig geplant werden. Tim,

Direktor einer Hypothekenbank, verglich diese Planung mit der Rückhand im Tennis: Die Art, wie man mit dem Schläger ausholt, bestimmt die Qualität des Schlags. Selbst wenn man in seiner Karriere schon erfolgreich ist, kann man weiterplanen.

Wenn Sie in ein Unternehmen eintreten, müssen Sie wissen, was dabei für Sie herausspringen soll. Ihre langfristigen Ziele müssen nicht konventioneller Art sein. Sie können, während Sie Ihre Kinder erziehen, befristeten Urlaub oder Teilzeitarbeit als Bestandteil Ihrer beruflichen Laufbahn mit einplanen. Besagte Laufbahn wird sich dann von der eines Menschen, der seine Zeit ausschließlich dem Beruf widmet, unterscheiden – nicht im Besseren oder im Schlechteren, nur anders wird sie sein.

Sie können immer neue Wertmaßstäbe setzen und Ihre Vorhaben wieder ändern. Das Leben ist unberechenbar. Im Verlauf Ihres Daseins müssen Sie Ihre Berufspläne möglicherweise mehrere Male umwerfen. Was Sie jedoch immer brauchen, ist ein langfristiger Plan. Wenn Sie sich keine klaren Ziele setzen, werden Sie sich selbst um die Freude bringen, sie in die Tat umgesetzt zu sehen.

Dinge nicht auf den Punkt bringen

Häufig wirken an sich tüchtige Frauen auf Männer unfähig, so daß sich letztere dann im allgemeinen mit folgenden oder ähnlichen Worten beschweren: »Frauen sind so weitschweifig. Sie brauchen endlos, bis sie schließlich zur Sache kommen.« Frauen sind nicht zerfahren, sie gelangen durchaus zu Schlußfolgerungen. Aber sie schlagen einen deutlich anderen Weg dorthin ein als Männer.

Männer und Frauen haben eine unterschiedliche Denkweise. Männer denken linear – sie bevorzugen den geraden

Weg von der Frage zur Antwort. A führt zu B und B zu C. Frauen denken global. Statt einige Tatsachen von anderen zu isolieren und sich ausschließlich auf sie zu konzentrieren, beziehen Frauen das gesamte Umfeld mit ein. Sie sehen viele Facetten eines vorliegenden Problems und versuchen sie alle in ihre Gedankengänge einzuordnen. Männer begrenzen die Anzahl dieser Facetten, um die kürzeste Strecke zwischen Frage und Antwort einzuschlagen.

Für Frauen sind Menschen und deren Beziehungen zueinander Bestandteil eines Problems. Männer halten derartige Aspekte für unwesentlich, weil sie sich an die Fakten klammern.

Bei der Diskussion eines Problems schließen Frauen die Einzelheiten mit ein, die sie als wichtig empfinden. Die meisten dieser Details scheinen für Männer irrelevant zu sein, deshalb beklagen sie sich auch darüber, daß Frauen »weitschweifig« seien und »nie zur Sache kämen«.

Wenn Sie wollen, daß ein Mann Ihre Arbeit begreift, müssen Sie sie ihm in einer Sprache präsentieren, die für ihn verständlich ist. Wie Sie diese Arbeit darstellen ist ebenso wichtig wie die Fakten selbst. Männer werden Ihnen einfach nicht mehr zuhören, wenn sie finden, daß Sie zu viele »irrelevante« Details vorbringen. Sie müssen, um dieses männlich-weibliche Kommunikationsproblem zu lösen, nicht unbedingt Ihre Denkweise ändern, lediglich Ihre Form der Darstellung korrigieren.

Um bei einem Mann als überzeugend und sachkundig zu gelten, müssen Sie jeden einzelnen Punkt klar und entschieden vorbringen, ihn erklären und dann alles kurz zusammenfassen. Männer wollen für eine Entscheidung ein Minimum an notwendiger Information. Beginnen Sie damit, die Hauptpunkte vorzutragen. Machen Sie klar, daß jeder von ihnen wesentlich ist und in direktem Zusammenhang mit Ihren Schlußfolgerungen steht. Machen Sie sich keine Gedanken darüber, daß Sie zu wenig Informationen liefern könnten – wenn ein Mann mehr wissen will, wird er Fragen stellen.

Sarah Jane, anerkannte Unternehmensausbilderin, gab mir diesen hilfreichen Tip:

»Statt Ihr Arbeitspapier so zu erläutern, wie Sie das normalerweise tun würden, numerieren Sie die jeweiligen Gesichtspunkte und nennen auch jedesmal vorher die entsprechende Nummer. Ändern Sie nichts an Ihrer Darstellung, fügen Sie einfach nur die Nummer hinzu. ›Punkt eins ist X, Punkt zwei ist Y, Punkt drei ist Z.‹ Wann immer ich das tue, beglückwünschen die Männer mich zu meiner klaren, logischen Denkweise. Versuchen Sie's mal. Es klappt immer.«

Teil Vier

Taktiken, die Männer bei Frauen anwenden und wie man ihnen begegnet

Einführung

Nanys Erfahrung mit Art hat keineswegs Seltenheitswert:

»Ich war sehr aufgeregt über meine neue Stellung in der Auftragsabteilung einer großen Investmentgesellschaft. Art, mein neuer Mitarbeiter, machte einen freundlichen und hilfsbereiten Eindruck. Ich war überrascht, als Fred, ein alter Freund, der jetzt mein Kunde ist, mich zu Hause anrief. Er wollte wissen, weshalb ich auf seine telefonischen Anrufe nicht reagiert hätte. Er habe mehrmals eine Nachricht bei Art hinterlassen. Ich stellte Nachforschungen an und entdeckte, daß Art mir nicht nur Anrufe unterschlug, sondern auch sämtliche geschäftlichen Hinweise für sich behielt. Außerdem kam ich dahinter, daß er, ohne mir das mitzuteilen, eine Verabredung mit einem Kunden für mich vereinbart und den Termin auf einen Zeitpunkt gelegt hatte, an dem ich, wie er genau wußte, verreist war. Er hatte vor, dort selbst aufzutauchen und mir den Auftrag wegzuschnappen.«

Harte Arbeit und Sachkenntnis allein reichen zum Erfolg nicht aus. Auch Strategien spielen eine wesentliche Rolle. Die wenigsten Männer sind so hinterhältig wie Art, aber sie wenden häufig regelrechte strategische Manöver an, um mit Konkurrenten fertig zu werden. In vielen Unternehmen ist Beförderung ein Spiel, bei dem man bei Null anfängt. Wenn jemand gewinnen will, muß ein anderer verlieren. Die einzige Möglichkeit besteht dann darin, die Konkurrenz über den Haufen zu rennen oder auszuschalten. Das ist für die meisten Frauen eine fremde und irritierende Vorstellung. Um sich beruflich durchzusetzen brauchen Sie keine schmutzigen Tricks anzuwenden, aber was Sie wissen müssen, ist, wie Sie sich dagegen wehren können.

Männer wachsen in Wettbewerbssituationen auf. Sie sind an die Vorstellung gewöhnt, daß man die Konkurrenz schlagen muß. Frauen können nicht aus diesem Erfahrungsreservoir schöpfen. Ihnen wurde von kleinauf beigebracht, hilfsbereit und kooperativ zu sein und möglichst niemand zum Verlierer zu machen. Viele Frauen sind eine leichte Beute, weil sie eine Attacke erst dann als solche erkennen, wenn es zu spät ist. Außerdem ist es ihnen häufig unangenehm zurückzuschlagen, oder aber, sie wissen nicht, wie sie sich verteidigen sollen.

Männer wenden aggressive Taktiken sowohl gegen andere Männer als auch gegen Frauen an. Manche Methoden, wie zum Beispiel, ein Gebrüll zu veranstalten oder aus dem Zimmer stürmen, sind bei beiden Geschlechtern wirkungsvoll – vor allem aber bei Frauen. Andere Methoden, wie jemand mit Vornamen statt mit Titel oder Nachnamen anreden, oder die weibliche Abneigung gegen Konflikte ausnutzen, sind ausgesprochen gegen Frauen gerichtet.

Leider ist die Anwendung dieser Taktiken bei Männern nicht auf berufliche Gegenspieler beschränkt. Sie wenden sie auch bei Kolleginnen an. Die Frauen in meinen Gruppen erzählten unendlich viele Geschichten von männlichen Kollegen, für die derartige Methoden nicht nur angesichts echter weiblicher Konkurrenz, sondern auch bei ihren eigenen Mitarbeiterinnen selbstverständlich waren. »Ich dachte immer, wir gehörten alle zum gleichen Team« oder »Einen anderen Mann würden sie niemals so behandeln« waren Beschwerden, die ich fortgesetzt zu hören bekam.

Warum gehen manche Männer mit weiblichen Kollegen so um, als handle es sich um Konkurrenz? Für einige Männer stellen alle Frauen Konkurrentinnen dar. Für sie befindet sich jeder gleichzeitig in zwei verschiedenen Teams, die manchmal miteinander im Konflikt stehen. Das eigene Unternehmen und das der geschäftlichen Konkurrenz sind die einen gegnerischen Mannschaften. Die anderen verkörpern das Jungen- und das Mädchenteam. Der Angriff ist natürlich Sache des Jungenteams.

Warum nur verwenden Männer so viel Energie auf diesen zweitrangigen Kampf, der eine solche Vergeudung von Zeit und Kraft zu sein scheint? Margaret Mead versucht in ihrem berühmten Buch *Mann und Weib* eine Erklärung:

...Der Begriff »Männlichkeit« ist in Amerika (und ich möchte behaupten, auch sonst überall) nicht absolut definiert, er muß täglich erhalten und neu erworben werden. Und ein wesentliches Element der Definition besteht darin, bei jedem von beiden Geschlechtern betriebenen Spiel, bei jeder gemeinsamen Tätigkeit den Sieg davonzutragen.«[1]

Dieser männlich-weibliche Konflikt resultiert aus der Art und Weise, wie Jungen ihre Identität entwickeln – nämlich dadurch, daß sie sich Beschäftigungen widmen, die die Gesellschaft als »maskulin« bezeichnet. Üblicherweise werden Mädchen von diesen Betätigungsfeldern und Aktivitäten ferngehalten – auch von den Sportclubs und Mannschaftsspielen. Als Erwachsene übertragen sie dieses Verhalten auf den Arbeitsplatz. Er wird in erster Linie zur Arena, in der Männer ihre Selbstachtung und Identität zu bestätigen trachten. Wenn nun Frauen den Arbeitsplatz einnehmen, bedrohen sie damit diese Quelle männlicher Identitätsfindung. Wenn Beruf, Krieg oder Sport nicht mehr länger ausschließlich maskuline Felder der Bewährung sind, weil dort auch Frauen zugelassen werden, wie können Männer dann in Zukunft beweisen, daß sie Männer sind?

Frauen werden sich, wenn sie in diese männlichen Enklaven eindringen, so lange Feindseligkeiten ausgesetzt sehen, wie Männer sie als Bedrohung ihrer Identität ansehen. Letzten Endes werden sich Männer zwar auf die Veränderungen in unserer Gesellschaft einstellen, den meisten aber ist das bisher noch nicht geglückt. Wenn Sie die Motivation, die hinter dieser Animosität steckt, verstehen, wird das Ihren Zorn besänftigen. Versuchen Sie, männliche Attacken nicht persönlich zu nehmen. Es sind nicht *Sie*, die angegriffen werden – es ist jedes weibliche Wesen schlechthin, das in die Domäne des Mannes eindringt und seine Identität bedroht. Es wird Ihnen leichter fallen, sich zu verteidigen, wenn Sie ruhig bleiben und einen klaren Kopf behalten.

Als Psychologin hege ich Verständnis für die Kampfsituation, der sich Männer ausgesetzt sehen. Aber bei allem Mitgefühl finde ich doch nicht, daß Sie als Frau ungerechtfertigte Feindseligkeit und Kränkungen tolerieren sollten. Sie müssen dem ein Ende setzen. Die Männer, die ich interviewte, haben mir Taktiken geschildert, die sie gegen Frauen anwenden. Ich werde sie Ihnen verraten und Methoden vorschlagen, mit deren Hilfe Sie sich dagegen wehren können.

Was ich Ihnen dringend rate, ist, sich mit anderen berufstätigen Frauen zusammenzutun, um die Taktiken, die Männer gegen Sie anwenden, besser zu durchschauen. Geteiltes Leid ist halbes Leid. Die Frauen meiner Gruppe entwickelten herrlich einfallsreiche Strategien, um einander beizustehen. Es fiel ihnen leichter, kreativ zu sein, wenn sie nicht diejenigen waren, die attackiert wurden. Am wirkungsvollsten fanden sie diejenigen Methoden, welche ihrer Persönlichkeit entsprachen. Es gibt mehr als nur eine Möglichkeit, Attacken abzuwehren. Gemeinsame Überlegungen mit einer Gruppe anderer Frauen werden Ihnen helfen, Strategien zu entwickeln, die Ihnen persönlich zusagen und gleichzeitig Ihrer Lage dienlich sind.

14

Wenn auf Ihre Weiblichkeit angespielt wird

Die Taktiken, die ich in diesem Kapitel schildere, verdanken ihre Wirkung dem in unserer Kultur traditionsbedingten Klischee von der passiven und nachgiebigen Frau. Männer benutzen diese Taktiken, damit Sie sich als das »gute, kleine Mädchen« fühlen und auch so aussehen und nicht wie die kompetente Kollegin, die Sie sind.

Hugh, Arbeitsvermittler, erklärt:

»Wenn ich eine Frau als Gesprächspartnerin vor mir habe, fange ich als erstes an zu flirten. Ich achte auf ihre Kleidung, ihre Haltung, schätze ihre Reaktion ab. Ich möchte herausfinden, ob ich sie als Frau oder als Person behandeln soll.«

Hugh fuhr dann in der Schilderung verschiedener Taktiken fort, die er bei Frauen und generell bei »Leuten« anwendet. Er ist sehr stolz auf seine Geschicklichkeit. Obwohl die meisten der von mir interviewten Männer sich nicht so frei heraus äußerten wie Hugh, setzten sie doch alle die Taktiken ein, die ich in diesem Kapitel beschreiben werde. Es gibt keine klare Trennlinie zwischen ihnen und sexueller Belästigung. Das ist nur eine graduelle Frage. Wenn besagte Taktiken ausgesprochen unangenehm sind oder viele von ihnen konstant angewandt werden, dann werden sie eben zu sexueller Belästigung.

Die »Kosenamen«

Cynthia, Vizepräsidentin eines Vertriebs:

»Bill, Jerry, Herbert und ich legten eine Präsentation bei der »Great Big Corporation« vor. Wir stellten uns als Bill Smith, Jerry Jones, Herbert White und Cynthia Hunter vor. Der Chefingenieur von Great Big sagte daraufhin: »Es ist mir ein Vergnügen, Sie kennenzulernen, meine Herren. Und Sie natürlich auch, Schätzchen.«

Hat Sie bei einer geschäftlichen Zusammenkunft jemals irgend jemand mit »Schätzchen«, »Herzchen« oder einer albernen Verballhornung Ihres Namens angeredet? Hat jemand Sie mit Vornamen vorgestellt, während alle anderen mit »Herr Soundso« präsentiert wurden? Wenn ein Mann solche Diminutive bei Anreden benutzt, dann behandelt er Sie als Frau, nicht als Persönlichkeit. Er unternimmt den Versuch, Sie auf Ihren Platz zu verweisen, festzulegen, daß Sie im Rang unter ihm stehen. Er läßt deutlich durchblicken, daß er Sie nicht respektiert.

Wenn Sie sich nicht sicher sind, ob ein Mann dies absichtlich tut, so bitten Sie ihn höflich, Sie mit Ihrem Nachnamen oder Titel anzureden. Das wird seine Beweggründe aufdecken. Wenn er Sie aus reiner Gewohnheit »Schätzchen« nennt, ohne Sie beleidigen zu wollen, so wird er damit aufhören oder wenigstens den Versuch dazu unternehmen. Wenn er mit Grobheit reagiert oder keinerlei Miene macht, Ihrem Wunsch nachzukommen, dann wissen Sie, daß Sie es mit einem Gegner zu tun haben. Bereiten Sie sich darauf vor, mit ihm zurechtkommen zu müssen.

Eine Möglichkeit, einer solchen Taktik entgegenzuwirken, ist die, dieses Verhalten zu ignorieren, sosehr es Sie auch verunsichern mag. Wenn Sie sich nicht anmerken lassen, daß es Sie stört, »Herzchen« genannt zu werden, so wird der gewünschte Erfolg nicht erzielt und der Betreffende hört möglicherweise damit auf. Wenn ein Mann diese Taktik als Waffe benutzt und merkt, daß er Sie mit »Süße« und »Schnuckelchen« irritieren kann, können Sie sicher sein, daß er damit weitermacht, denn die Waffe wirkt ja.

Es gibt auch Anlässe, bei denen solche »Kosenamen«, wenn Sie vor einem Publikum damit angeredet werden, die Einstellung der Zuhörer Ihnen gegenüber beeinträchtigt. Wenn Sie die einzige Person sind, die mit Vornamen genannt wird, so nehmen die Leute an, daß Sie allenfalls eine Assistentin und keine Gleichgestellte sind. Wenn ein Mann konstant Diminutive benutzt, sobald er Sie anredet, so beginnen andere, ihn als Vaterfigur oder als eigentlichen Fachmann und Sie als Kind oder Anfängerin zu betrachten. Leider können Sie, wenn Sie ihn wütend ersuchen, damit aufzuhören, wie ein trotziges Kind dastehen. Sie scheinen so verletzbar zu sein, wie Sie seiner Ansicht nach wirken sollen.

Setzen Sie Ihren Humor ein, um die Situation umzukehren. Versuchen Sie, in Tonfall und Körperhaltung Belustigung auszudrücken. Milde dreinzublicken, sich auf herablassende Art amüsiert zu zeigen ist ein wirksames Mittel, die Sache wieder in den Griff zu bekommen. Wenn Sie belustigt dreinsehen, statt Ärger erkennen zu lassen, dann fängt Ihr Gegenüber an, albern zu wirken.

Jennifer, Bankfachfrau, fand eine andere Methode:

»Bei einer Besprechung redete mich mein Verhandlungspartner, ein älterer, distinguiert wirkender Herr, fortgesetzt in herablassendem Ton mit »Schätzchen« an. Ich mußte ihm das abgewöhnen. Also sprach ich ihn nonchalant mit »Süßer« an. Offensichtlich war ihm das noch nie passiert. Er war völlig verblüfft und begann, mich beim Namen zu nennen.«

Jennifers Taktik war deshalb so wirkungsvoll, weil es ihr gelungen war, ebenso unbefangen zu wirken, wie ihr Verhandlungspartner, wenn sie ihn mit diesem »Kosenamen« ansprach.

Wenn jemand Sie »Kindchen« nennt, fragen Sie sich erst einmal, ob Ihnen das persönlich etwas ausmacht. Wenn Sie sich emotional nicht beeinträchtigt fühlen und in den Augen anderer nicht herabgesetzt, wird auch Ihre Arbeit nicht davon beeinflußt. Es mag Sie verunsichern, aber Sie tragen keinen Schaden davon. Wenn es Sie ärgert, so halten Sie Ihre Gefühle unter Kontrolle, indem Sie daran denken, daß der Betreffende diese Taktik lediglich anwendet, weil er mit seinen eigenen Fähigkeiten allein nicht die Oberhand gewinnen kann. Er sucht nach einer Methode, Sie zu verwirren. Haben Sie Mitleid mit dem armen Schatz – er übernimmt sich. Wenn Sie die Sache einfach auf sich beruhen lassen, schrumpft er auf Normalgröße zurück.

Ritterlichkeit

Charlotte, Unternehmensberaterin:

»Als er mir die Tür aufhielt, einen Stuhl für mich heranzog und mir aus dem Mantel half, lächelte ich bloß. Aber als er versuchte, mir auch noch die Aktentasche abzunehmen, lehnte ich das energisch ab. Er sagte: »Ich wollte doch nur höflich sein.« Aber es lag nicht an dem, was er sagte oder tat, sondern an seiner Haltung. Er versuchte, mir einen Anstrich von Schwäche und Hilflosigkeit zu geben.«

Für manche Männer ist Ritterlichkeit nicht mehr als eine anerzogene Gewohnheit. Sie glauben, eine Frau fühle sich beleidigt, wenn sie sich nicht wie ein Gentleman verhielten.

Wenn ein solcher Mann Ihnen die Tür aufhält oder einen Stuhl für Sie heranzieht, so akzeptieren Sie das. Aller Wahrscheinlichkeit nach will er Ihnen lediglich Respekt erweisen und keineswegs versuchen Sie herabzusetzen.

Andere Männer wiederum benutzen Galanterie als Waffe, um Sie mehr als »kleines Mädchen« und weniger als fachkundige Kollegin hinzustellen. Wenn Männer Ritterlichkeit in dieser Weise einsetzen, so ist sie im allgemeinen verbunden mit einem herablassenden Ton, übertrieben guten Manieren und Bemerkungen über die Notwendigkeit, Sie zu beschützen.

Allein durch Galanterie kann ein Mann Ihnen schon den Anschein von Hilflosigkeit geben. Unausgesprochen vermittelt er die Botschaft: »Sie braucht meinen Schutz, und ich bin stark genug, ihn zu bieten.« Aber wenn sich Ihnen bereits die Haare sträuben, nur weil er Ihnen die Tür aufhält oder Ihnen einen Stuhl bereitstellt, so wirken Sie ausgesprochen unfreundlich. Sie setzen sich der Kritik der Überreaktion aus. Wenn Sie die Aufmerksamkeit auf sein Verhalten lenken, tragen Sie dazu bei, besagte Botschaft zu verstärken.

Ich glaube, die beste Reaktion ist es, in diesem Fall gar keine Reaktion zu zeigen. Wenn ein Mann übertriebene Manieren einsetzt, um Sie zu irritieren oder zu enervieren, und Sie gehen einfach nicht darauf ein, wird er damit aufhören. Trotzdem, wenn Sie finden, daß sein Verhalten die Einstellung anderer Leute Ihnen gegenüber beeinträchtigt, müssen Sie wohl doch irgendwie reagieren. Vielleicht sagen Sie: »Oh danke – so etwas tut ja heutzutage niemand mehr.« Das klingt dann nach Anerkennung, und zugleich wirkt Ihr Gegenüber anachronistisch. Wie bei den meisten Taktiken dieser Art ist Sinn für Humor von unschätzbarem Wert. Sie können seine überzogene Höflichkeit zu Ihrem Vorteil nutzen, indem Sie auf humorvolle Weise andeuten, Ihnen stünde ja Ehrerbietung zu, und er sei nicht mehr als ein dienstbares Wesen.

Klischees

Celeste, Rechnungsprüferin:

»Ich war zornig, als Will, einer meiner Kollegen, meinen Bericht geändert hatte. Er hatte mich nicht konsultiert, und einige der Änderungen waren schlicht falsch. Ich wies ihn in aller Ruhe auf die Fehler hin und bat ihn, mich künftig zu Rate zu ziehen, bevor er »Verbesserungen« vornähme. Ich war ganz zufrieden mit der Art und Weise, wie ich das Problem gelöst hatte. Dann hörte ich, wie er zu Joe sagte: »Bleib' bloß heute von ihr weg. Sie muß ihre Tage haben.«

Klischees über Frauen gibt es viele:

> Blondinen sind dumm.
> Rothaarige haben ein hitziges Temperament.
> Frauen sind schlecht gelaunt, wenn sie ihre Tage haben.
> Frauen sind zu emotional.

Klischees sind eine Art Stenographie des Denkens, stereotype Vorstellungen, eine bequeme Form der Wahrnehmung. Wenn alle Menschen die Welt unter dieser Perspektive betrachten, ersparen sie sich die Mühe, herausfinden zu müssen, wie sie in Wirklichkeit ist. Es ist schwierig, an Klischees vorbeizukommen. Manchmal ist es sogar unmöglich. Vielleicht gelingt es Ihnen nicht, einen Mann, der in Schablonen denkt, dazu zu bringen, Sie als diejenige zu behandeln, die Sie in Wirklichkeit sind, und nicht als die, die seinen Vorstellungen entspricht. Fühlen Sie sich also nicht beleidigt, wenn er Sie stark vereinfachend in irgendeine Kategorie einordnet. Dies ist lediglich ein Zeichen seiner mangelnden Wahrnehmungsfähigkeit – nicht Ihres eigenen Versagens.

Wenn Sie Klischees schon nicht aus der Welt schaffen können, so können Sie sie doch zu Ihrem Vorteil nutzen. Wenn jemand Sie nach schablonenhaften Maßstäben behandelt, bedeutet das, daß er Sie nicht richtig einschätzt. Er weiß nicht, wer Sie in Wirklichkeit sind. Das verschafft Ihnen den Vorteil eines Überraschungsmoments.

Wenn ein Mann Sie als passives Geschöpf betrachtet, das Sie in Wirklichkeit gar nicht sind, so können Sie ihn durch Kompetenz und Durchsetzungsvermögen völlig außer Gefecht setzen. Er erwartet nämlich, daß er bei Ihnen in jeder Situation, ohne sich anstrengen zu müssen, die Oberhand behält. Er wird keinerlei Verteidigungsstrategie gegen Sie entwickelt haben, weil er Sie ohnehin nicht für eine Herausforderung hält. Und danach können Sie ohne weiteres samt Ihrer Goldmedaille abtreten.

Ein Wort der Warnung: Wenn Sie nicht so passiv reagieren, wie er es von Ihnen erwartet, müssen Sie sich hinterher auf eine feindselige Haltung gefaßt machen. Ihr Gegenspieler wird wütend sein, weil Sie sich nicht so verhalten haben, wie er angenommen hat. Er wird sich ausgetrickst fühlen. Es spielt dabei keine Rolle, daß nicht Sie ihn, sondern er sich selbst ausgetrickst hat. Ein solcher Mann wird sich in die Ecke gedrängt fühlen, weil er Sie für eine leicht zu besiegende Gegnerin gehalten hat. Und außerdem wird er sich zu sehr gedemütigt fühlen, um freiwillig den Rückzug anzutreten. Vielmehr sieht er sich gezwungen, seinen Standpunkt zu verteidigen, selbst wenn das Ergebnis für Sie beide sehr negativ ausfällt.

Versuchen Sie, diesen Mann daran zu hindern, sich mit Gewalt durchzusetzen oder sich selbst zum Narren zu machen, vor allem wenn es sich um einen Kollegen handelt, mit dem Sie häufig zusammenarbeiten. Versuchen Sie, das Verhalten dieses rücksichtslosen Burschen im voraus abzuschätzen, und vermeiden Sie eine Konfrontation – vor allem in der Öffentlichkeit. Denken Sie an die Spielregel, nach der man dem Gegenspieler die Möglichkeit zur Wahrung des Gesichts einräumen muß. Setzen Sie Ihre Kreativität ein, um ihm einen Ausweg offen zu lassen, selbst wenn er noch so dürftig ist. Schlagen Sie ihm vor, unter vier Augen miteinander zu reden. Stimmen Sie einem Teil seiner Forderungen zu. (Noch detailliertere Ratschläge hinsichtlich Ihres Verhaltens bei dieser Art von verbalem Kampf hält Kapitel 17 für Sie bereit.)

Wahrscheinlich handelt es sich um einen Mann, den Sie am liebsten mit dem Absatz zertreten würden – also halten Sie sich im Zaum, um *Ihret* –, nicht um seinetwillen! Wenn Sie ihn nicht irgendwie zur Ruhe bringen, endet alles damit, daß Sie einen zu hohen Preis dafür zahlen müssen, ihn in die Bredouille gebracht zu haben; es tut Ihnen ebenso weh wie ihm, wenn er seinen Groll für ewig hegt und pflegt.

Wenn jemand Sie klischeehaft behandelt, empfinden Sie möglicherweise den seltsamen Drang, sich dem anzupassen. Wenn ein Mann Ihnen gegenüber väterliche Töne anschlägt und Sie wie ein Kind behandelt, so ist die Reaktion, ihn als Vaterfigur zu betrachten, ganz natürlich. Es ist schwierig, *nicht* so zu reagieren, wie der andere es erwartet. Hüten Sie sich davor, in das Rollenklischee zu schlüpfen, in das Sie gedrängt werden – aber achten Sie ebensosehr darauf, eine Überreaktion zu vermeiden, indem Sie sich wie das genaue Gegenteil gebärden. Wenn Sie das tun, wird Ihr Kontrahent nach wie vor Ihre Verhaltensweise steuern können, genau das, was von vornherein in seiner Absicht lag.

Wenn jemand Sie in ein Klischee pressen möchte, so liegt die wirkungsvollste Methode, den Betreffenden von seinem Irrtum zu heilen, in Ihrem eigenen Verhalten – seien Sie einfach Sie selbst!

Erniedrigende Aufträge

Sharon, neuernannte Vizepräsidentin in einer Software-Firma:

»Ich war freudig erregt, als ich zur Konferenz zugezogen wurde, und hatte das Gefühl, daß meine Position im Unternehmen deutlich festgelegt sei. Aber als wir uns alle im Konferenzsaal versammelten, wandte sich der Chefingenieur an mich: »Bitte, bringen Sie unserem Gast Kaffee.« Ich war nächst ihm die höchstrangige Person im Saal, aber die einzige Frau.«

Was bedeutet es, wenn er Sie bittet, Kaffee zu besorgen? Es ist ein Trick seinerseits, Sie eher als dienstbaren Geist denn als Fachkollegin hinzustellen, mit der man zu rechnen hat. Diese und andere Ansinnen – Sie zu bitten, das Mittagessen zu bestellen, Reservierungen vorzunehmen etc. – stellen eine Machtdemonstration dar. Das Ziel ist klarzustellen, wer hier wem befehlen kann. Er versucht, Ihnen zu beweisen, daß er derjenige ist, der das Sagen hat.
Die direkte Reaktion: »Ich mache keinen Kaffee« ist die am wenigsten wirkungsvolle. Männer pflegen dann die Augen zu rollen, einander verständnisvolle Blicke zuzuwerfen und herablassend zu reagieren. Sie büßen mehr an Status ein, als wenn Sie den Kaffee herbeischaffen würden.
Eine Möglichkeit, dem betreffenden Herrn die Kontrolle zu entziehen ist die, die Attacke vorzusehen. Bieten Sie Kaffee an, bevor er Gelegenheit hat, Sie damit zu beauftragen. Dann hat nicht er Sie dazu aufgefordert, und Sie haben die Rolle der charmanten Gastgeberin übernommen. Oder planen Sie im voraus und sorgen Sie dafür, daß jemand aus dem Kreis der Angestellten, der dafür zuständig ist, sich darum kümmert.

Toni, leitende Versicherungsangestellte, fand eine einfache Lösung.

»Andy treibt immer seine Machtspielchen, also war ich auf der Hut. Zu Beginn einer wichtigen Konferenz, als wir soeben mit der Präsentation beginnen wollten, bat er mich, für unsere Kunden Kaffee zu besorgen. »Das ist ein ausgezeichneter Gedanke«, sagte ich, rief meine Sekretärin und beauftragte sie damit.«

Wenn alle Stricke reißen, können Sie die Wirkung des Befehls dadurch mildern, daß Sie erwidern: »Ach ja, darauf hätte ich auch Lust. Ich werde für uns beide welchen besorgen.« Damit haben Sie das Spielchen – nämlich *ihm* Kaffee zu bringen – zu Ihren Gunsten verändert, weil sie ihn in erster Linie für sich selbst holen.

Eine Technik, die Psychologen gelegentlich anwenden, um widerspenstige Patienten zu beschwichtigen, ist die, ihnen etwas zu essen oder trinken zukommen zu lassen. Probieren Sie das einmal aus – die Macht der Nahrung ist verblüffend. Wenn Sie also den Kaffee tatsächlich holen, vergessen Sie nicht, daß Sie zwar etwas einbüßen, zugleich aber auch etwas gewinnen. Die Männer werden nicht wissen warum, aber sie empfinden Ihnen gegenüber Sympathie. Nutzen Sie das zu Ihrem Vorteil.

Flirt

Jane: »Ich fühle mich bei der Zusammenarbeit mit Sam unbehaglich. Ich weiß nie genau, ob er dabei an Flirt oder an Arbeit denkt. Also achte ich grundsätzlich darauf, nicht mit ihm allein zu sein.«

Jean: »Sam ist ein solcher Charmeur. Ich fand ihn reizend und dachte, er würde gern mit mir zusammenarbeiten. Als er dann Herman mit dem Bericht beauftragte, war ich überrascht und verletzt.«

Dies sind zwei Ansichten über den gleichen Mann. Keine von beiden ist der Karriere der Aussagenden zuträglich. Als Waffe ist Flirten äußerst wirkungsvoll. Entweder lassen wir uns dadurch verführen, es schmeichelt oder es irritiert uns, weil es so offensiv ist.

Jeder sonnt sich gern in der Vorstellung, sexuell attraktiv zu sein. Eine positive Reaktion auf Annäherungsversuche erfolgt unbewußt und automatisch. Wenn Sie sich dabei ertappen, daß Sie genau das tun, denken Sie daran, daß verführerisches Verhalten innerhalb der beruflichen Umgebung fehl am Platz ist. Wenn der betreffende Mann Sie damit »herumkriegen« möchte, ist das ein beleidigendes Verhalten. Wenn er an Ihnen ehrlich interessiert ist, kann er nach der Arbeit mit Ihnen Kontakt aufnehmen. Wenn er Sie wirklich gern hätte und respektierte, so würde er auf kollegiale Weise mit Ihnen umgehen.

Die einfachste Methode, mit Annäherungsversuchen fertig zu werden ist, sie zu ignorieren. Dies macht Ihrem flirtenden Kollegen deutlich, daß Sie weder interessiert, noch ohne weiteres zu manipulieren und zudem von seinen Reizen nicht überwältigt sind. Natürlich lassen sich Annäherungsversuche nicht immer einfach übergehen. Gelegentlich können sie zerstörerisch wirken. Sie werden so zornig, daß Sie Konzentrationsschwierigkeiten bekommen oder die Situation so anstößig finden, daß Sie dem betreffenden Mann aus dem Weg gehen und sich an wichtigen Zusammenkünften nicht mehr beteiligen.

Wenn Sie einen Mann vom Flirten abhalten wollen, erkundigen Sie sich auf freundliche Weise bei ihm, ob er genau das im Sinn hat. Die Frage ist besonders wirkungsvoll, wenn Sie dabei amüsiert dreinblicken. Sie fordern ihn mit seinen eigenen Waffen heraus. Wenn er abstreitet, Verführungsabsichten zu hegen, wird es ihm anschließend schwerfallen, weitere Flirtversuche zu unternehmen, ohne albern zu wirken. Wenn er zugibt, Sie verführen zu wollen, können Sie ihm unverblümt mitteilen, daß Sie nicht interessiert seien.

Sich Ärger anmerken lassen bringt mehr Schaden als Nutzen. Wenn Sie den Herrn mit feindseliger Stimme auffordern, den Unsinn zu lassen, so muß er natürlich alle Annäherungsversuche abstreiten. Aller Wahrscheinlichkeit nach wird er sauer vor sich hinmurmeln, er müsse ja blöde sein, wenn er mit ihnen flirten wolle. Dies bringt ihm meistens Gelächter von seiten anderer Männer ein. Und so stehen am Ende dann Sie als albern da und verlieren an Gesicht – was von seinem Standpunkt aus wohl auch beabsichtigt war.

Manche Männer sind von ihrer Anziehungskraft so überzeugt, daß sie sich gar nicht vorstellen können, ihr verführerisches Gehabe könnte irgend etwas anderes als hochwillkommen sein. Von ihnen werden Sie niemals als beruflich gleichwertig anerkannt werden, ganz gleich wie kompetent Sie sind. Erwarten Sie dann nicht, daß so jemand Ihrem mehr oder minder zart angedeuteten Wunsch nachkommt, Sie als Kollegin zu behandeln. Hüten Sie sich vor einem solchen Mann. Wenn Sie auf seine Versuche, Sie mit seinem Charme zu betören, nicht in seinem Sinn reagieren, so werden Sie seinem Ego einen beträchtlichen Schlag versetzen. Wenn er Sie mit seinen Verführungskünsten nicht unterbuttern kann, dann wird er es auf andere Weise versuchen.

Es gibt eine hauchdünne Trennungslinie zwischen Flirt aus Manipulationsgründen und charmanten Umgangsformen. Wie können Sie den Unterschied erkennen? Beobachten Sie, wie der Betreffende mit anderen Männern und Frauen umgeht. Tauschen Sie Ihre Meinung mit Kolleginnen aus, die mit ihm zusammenarbeiten. Und vor allem – vertrauen Sie auf Ihren Instinkt!

15

Ausschluß

Diese Art von Taktik basiert auf der Wichtigkeit, die Männer dem Begriff »Jungenteam« beimessen. Bill Wattersons Comic-Strip *Calvin und Hobbes* illustriert das vortrefflich. Es handelt sich dabei um Calvin, einen kleinen Jungen, und seinen besten Freund Hobbes, einen imaginären Tiger. In dem Strip finden Calvin und Hobbes unentwegt Möglichkeiten, Susie, ein »typisches« Mädchen, zu quälen. Sie bilden sogar einen exklusiven Jungenclub, der GROSS[1] heißt *(Get Rid Of Stupid Girls* – Werdet die blöden Mädchen los).

Im Erwachsenenzustand versuchen Männer auch weiterhin, Frauen von ihren »Clubs« fernzuhalten. Manchmal ganz offenkundig, einfach dadurch, daß Frauen nicht zugelassen werden. Ein andermal läuft es auf subtilere Weise, z.B. indem Frauen nicht als Teammitglieder anerkannt werden. Jede dieser Taktiken ist eine Form des Auschlusses.

Frauen aus dem Umkleideraum fernhalten

Im September 1990 wollte Lisa Olson, eine Sportreporterin für den *Boston Herald*, ihrer Arbeit nachgehen. Sie begab sich in den Umkleideraum der *New England Patriots*, um nach dem Spiel ein Interview zu machen. Während sie Maurice

Hurst vor seinem Spind interviewte, stellten mehrere seiner Teammitglieder ostentativ ihre Genitalien zur Schau und machten obszöne Bemerkungen. Der Rest des Teams feuerte sie an. Dies bewog Miss Olson, den Umkleideraum zu verlassen.

Miss Olson war in eines der geheiligten, ausschließlich Männern vorbehaltenen Refugien eingedrungen – den Umkleideraum. Victor Kiam verteidigte seine Spieler. »Warum sollten sie nicht (nackt) vor ihr stehen, wenn sie dort eindringt?« wollte er wissen.[2]

Glücklicherweise war der Beauftragte der National Football League nicht einverstanden. Nach einer entsprechenden Untersuchung des Vorfalls verhängte er gegen drei der Spieler eine Strafe von insgesamt 22.000 Dollar und verdonnerte den Club zu einer Spende von 25.000 Dollar an Erziehungseinrichtungen. Aber nicht alle Umkleideraumaffären enden so. Viele Männer stehen nach wir vor auf Mr. Kiams Seite. Für sie war Miss Olson tatsächlich ein Eindringling.

Männer benötigen ihren Umkleideraum und andere ausschließlich Männern vorbehaltene Enklaven zur Behauptung ihrer Identität. Schon kleine Jungen versuchen ihre Identität als Männer zu definieren, indem sie ordinäre Lieder oder Sprüche ablassen. Männer erzählen dreckige Witze. Die Vehemenz, mit der einige Männer weibliche Wesen aus ihrem Umkleideraum fernhalten, ist ein Maßstab für die Intensität, mit der sie ihre Männlichkeit bestätigt sehen wollen.

Miss Olson betrat einen echten Umkleideraum, aber Männer betrachten jeden Ort, von dem traditionellerweise Frauen ferngehalten werden, als symbolischen Umkleideraum. An Orte zu gehen und sich für Aktivitäten zu engagieren, bei denen Frauen ausgeschlossen sind, bildet einen wichtigen Bestandteil männlichen Zusammengehörigkeitsgefühls. Männer befinden sich in einem symbolischen »Umkleideraum«, wenn sie gemeinsam Poker spielen, trinken, jagen oder angeln, Männerclubs beitreten oder an der Theke stehen und über Sport debattieren. In diesen »Umkleideräumen« können Männer Männer sein, können fluchen, sich betrinken, schweinische Witze erzählen und sich über ihre sexuellen Heldentaten auslassen.

Sowohl in echten wie in symbolischen Umkleideräumen beschweren sich Männer auch über ihre Ehefrauen oder Freundinnen – und reden übers Geschäft. Als berufstätige Frau können Sie sich gar nicht leisten, solche Orte grundsätzlich zu meiden; es würden Ihnen zu viele wichtige Informationen entgehen. Der Aufenthalt mag Ihnen nicht zusagen, aber besagte Informationen brauchen Sie. Versuchen Sie, wenigstens gelegentlich mit dabei zu sein. Möglicherweise werden die Männer Sie dazu nicht einladen, aber sie werden Sie nicht ausschließen, wenn Sie darum bitten. Tauchen Sie bei den sportlichen Veranstaltungen innerhalb Ihrer Firma auf. Gehen Sie nach der Arbeit mit auf einen Drink. Versuchen Sie sich ausreichend zu informieren, um an den einschlägigen Diskussionen teilnehmen zu können.

Wie sehr Sie sich auch bemühen und ganz gleich, wie feinfühlig sich die Männer verhalten – zeitweise *werden* Sie ausgeschlossen sein. Seien Sie sich bewußt, daß Ihnen dann möglicherweise wichtige Informationen vorenthalten werden. Wenn Sie also nicht in den »Umkleideraum« hineinkommen, versuchen Sie die Informationen auf anderem Weg zu bekommen. Bitten Sie einen Freund, Sie auf dem laufenden zu halten. Bleiben Sie wachsam. Wann immer Sie die Vermutung hegen, daß es da etwas gibt, was Sie nicht wissen, fragen Sie nach.

Wie gefährlich es werden kann, wenn man nicht im Umkleideraum ist, erfuhr ich einmal als einziger weiblicher Skipper, als wir vor der Küste von Maine segelten. Da sich in diesem reichlich mit Felsen versehenen Gewässer Navigationsfehler als verheerend erweisen können, besprachen die

Skipper jeden Morgen die Route des Tages und den Zielort. Eines Morgens sah ich mit Entsetzen, wie die vier anderen Boote abrupt davonsegelten und mich schlicht zurückließen. Zum Glück gelang es mir, meine Crew schnell zusammenzutrommeln und wenigstens eines der Boote einzuholen. Als ich wissen wollte, wieso sie abgelegt hatten, ohne mir den Tagesplan mitzuteilen, erwiderte der Skipper: »Aber natürlich hast du gewußt, wohin es geht. Wir haben doch alles heute früh unter der Dusche diskutiert.«

Der Irrtum der Männer hätte beinahe zu einer möglicherweise sehr gefährlichen Situation geführt, und für mich war es eine Lektion, die ich nie vergessen werde.

Frauen von Runden und Macht fernhalten

Catherine, in der Werbebranche tätig:

»In meiner Firma ist für das berufliche Weiterkommen Reiseerfahrung erforderlich. Als mein Vorgesetzter nicht mich, sondern Joe mit einem wichtigen Auslandsauftrag betraute, fragte ich ihn nach dem Grund. Er antwortete: »Wir dachten, Sie würden sich nicht gern von Ihrer Familie trennen.« Darauf fragte ich ihn, ob Joe sich seiner Ansicht nach gern von seiner Familie trenne. Er verstand den Wink.«

Amy, Architektin:

»Abe, mein Abteilungschef, erwähnte beiläufig, daß Jim, mein Kollege, und er nach der Arbeit gemeinsam mit einem Bekannten zum Essen gingen. Ich dachte mir nichts dabei. Am nächsten Tag erfuhr ich, daß es sich bei dem Bekannten um einen wichtigen Kunden gehandelt hatte.«

Sowohl Catherine wie Amy wußten, daß ihnen für ihr berufliches Weiterkommen maßgebliche Erfahrungen vorenthalten wurden. Catherines Chef hielt sie zu Hause fest, entzog ihr damit eine wichtige Arbeit. Abe lud Jim zu internen Besprechungen mit einem Kunden ein und schloß Amy davon aus. Warum wohl?

Margaret Mead hat darauf hingewiesen: Männer müssen jeden Wettkampf zu ihren Gunsten entscheiden, der zwischen ihnen und Frauen stattfindet. Sie müssen gewinnen und das Heft in der Hand behalten. Sie kämpfen, um die Merkmale von Macht und männlichem Prestige beizubehalten. Macht ist nur in begrenztem Umfang verfügbar; Männer stehen hier auch mit anderen Männern in Konkurrenz, aber noch mehr mit Frauen. Dadurch, daß Frauen von Orten ferngehalten werden, an denen sich einflußreiche Leute treffen, und indem man Frauen daran hindert, ihrer beruflichen Entwicklung förderliche Erfahrungen zu sammeln, bleibt diese Macht in männlichen Händen.

Frauen den Zugang zum Geflecht geschäftlicher Beziehungen zu verwehren ist eine äußerst wirkungsvolle Methode, um sie von der Macht fernzuhalten. Dieses Beziehungsgeflecht (im Amerikanischen *Old Boys Network* genannt) ist zumeist eine lose Verbindung von Bekannten, häufig Leuten, die man seit der Schul- oder Collegezeit kennt. Man trifft sich in Vereinen und Clubs jeder Art. Und man trifft sich im Umkleideraum des Sportvereins.

Old Boys Network wird sowohl formell als auch informell aufrechterhalten. Man bezeichnet sich untereinander als Freunde. Man verkehrt gesellschaftlich miteinander und hilft sich in geschäftlicher wie auch sonstiger Hinsicht. Dieses »Netzwerk« blüht und gedeiht in Organisationen und an Orten, von denen Frauen ausgeschlossen sind, angefangen von bestimmten Clubs bis zu beruflichen Zusammenkünften. Den informellen Bestandteil dieses Geflechts können Frauen nicht aufbrechen – Freundschaften unterliegen keinen Gesetzen –, aber den instutionalisierten Teil durchaus.

Frauen gewinnen Prozesse gegen Organisationen, von denen sie ausgeschlossen bleiben. Eine nach der anderen dieser ausnahmslos männlichen Bastionen fällt. Die Zeit und die Kosten, die Männer aufwenden, um diese Prozesse anzufechten, zeigen, wie wichtig eine solche Exklusivität für die Männer in unserer Gesellschaft ist. Letzten Endes werden sie die formellen Methoden des Ausschlusses von Frauen aufgeben müssen, aber sie werden sie immer auf informelle Weise fernhalten können, indem z.B. weiterhin Frauen zu zwanglosen gesellschaftlichen Anlässen nicht eingeladen werden. Auf diese Weise bleiben sie auch von der Macht ausgeschlossen.

Es gibt tatsächlich keine Möglichkeit, diese Barriere zu durchbrechen. Frauen von Orten, Aktivitäten und Erfahrungen fernzuhalten, die ihrer beruflichen Entwicklung förderlich wären, hat gar nichts Heimliches an sich. Es geschieht ganz offenkundig und zielbewußt. Aber Sie können es sich einfach nicht leisten, sich ausschließen zu lassen. Seien Sie auf der Hut, und weisen Sie auf jeden diesbezüglichen Vorfall hin. Wenn Sie in Ihrem erwählten Beruf vorankommen wollen, müssen Sie Zugang zu wichtigen Kunden oder Klienten haben und um jeden Auftrag kämpfen, den Ihre Firma als unerläßlich für das Erlangen einer leitenden Stellung ansieht. Eine der besten Strategien zur Lösung des Aussperrungsproblems ist die, einfach alles ans Licht zu bringen. Nehmen Sie also kein Blatt vor den Mund und verkünden Sie laut und deutlich, wo und wann Sie einbezogen werden wollen.

Das Ableben von *Old Boys Network* wird erst dann erfolgen, wenn sich außerhalb dieser Beziehungsgruppen mehr Macht entwickelt hat als innerhalb – oder wenn ein *Old Girls Network* über ebensoviel Einfluß verfügt. In dem Maß, in dem Frauen im Berufsleben erfolgreich werden, wird es für Männer zu kostspielig, sie davon auszuschließen.

In Finnland ist die »Sauna-Barriere« das Äquivalent des amerikanischen Umkleideraums. Saunas stellen einen wichtigen Bestandteil im Leben der Finnen dar. Selbst wichtige nationale Sicherheitsdebatten wurden in der nach Geschlechtern getrennten Sauna des Verteidigungsministeriums abgehalten. Mit dieser Gewohnheit wurde gebrochen, als 1991 Elizabeth Rehn erste Verteidigungsministerin des Landes wurde.

Ich war entzückt über einen Artikel des *Philadelphia Inquirer* am 8. März 1992:

Im Zuge der Maßnahmen, die Feministinnen sich ausdenken, um in Finnlands von Männern beherrschte Saunakultur einzubrechen, hat Verteidigungsministerin Rehn entdeckt, daß sie befugt ist, jederzeit von ihren Generalen die ministerielle Sauna anzufordern. So hat sie beispielsweise in der vergangenen Woche alle sieben Ministerinnen der finnischen Regierung eingeladen, sich mit ihr an dem Ort zu treffen, der bisher als Inneres Heiligtum männlicher Macht gegolten hat. Die Tagesordnung für die Diskussion wurde nicht bekanntgegeben, und es machte niemand irgendwelche Aufzeichnungen.[3]

Durchaus eine Möglichkeit, Frau Rehn!

Die Weigerung, Frauen zu helfen

Manchmal wollen Männer Ihnen einfach nicht helfen. Hören Sie, was Denise, Finanzanalytikerin, erzählt:

»Als ich in die Firma eintrat, bat mich mein Abteilungschef, Berichte abzufassen, die ich in dieser Form noch nie zuvor gemacht hatte. Meine Bitte um Hilfe lehnte er brüsk ab und er-

klärte mir, ich sei zu wenig selbstsicher. Ich solle selbst dahinterkommen, wie man das bewerkstelligte. Zu dem Zeitpunkt nahm ich an, das sei eben der Stil des Unternehmens. Aber als dann Joe in die Firma eintrat, mußte ich eine andere Erfahrung machen. Joe wirkte nicht besonders intelligent oder kompetent, aber er kam mit der neuen Arbeit wesentlich schneller zurecht als ich. Ich fragte mich schon, was eigentlich mit mir los wäre, bis ich zufällig hörte, wie mein Abteilungschef ihn Schritt für Schritt in die neue Materie einarbeitete.«

Männer helfen einander aus Tradition. Im Sport steht ein stärkerer Spieler einem schwächeren bei, wenn der sein Bestes gibt. Diese Tradition wird auf den Beruf übertragen. Aber Männer behandeln Sie, eine Frau, nicht immer als Teammitglied.

Ihnen nicht zu helfen ist eine subtile Methode, Ihre Kompetenz zu unterminieren. Sie können, wenn Sie mit einem neuen Projekt beginnen, einfach nicht so gut oder so schnell arbeiten, wenn Sie jede Einzelheit selbst herausfinden müssen. Indem sie Ihnen Hilfe versagen, bringen Männer Sie in die Zwickmühle. Bitten Sie um Beistand, werden Sie mangelnder Selbstsicherheit bezichtigt. Bitten Sie nicht darum, wirft man Ihnen Passivität vor.

Aber gelegentlich kann die Verweigerung von Hilfe auch unbeabsichtigt und nicht aus feindseliger Einstellung heraus erfolgen. Männer ihrerseits helfen einander manchmal durch zwanglose Unterhaltungen in ihren »Umkleideräumen«.

Tim teilte seine Enttäuschung über die Art und Weise mit, in der seine Frau Shirley, Bankfachfrau, behandelt wurde:

»Harry, der Vizepräsident, wußte genau, daß Shirley die neuen Durchführungsbestimmungen nicht kannte. Sie waren noch nicht offiziell bekanntgegeben worden, aber sie

brauchte sie, um in der Konferenz wirkungsvoll auftreten zu können. Wenn mir klar ist, daß einer meiner Leute während einer Konferenz vertrauliche Informationen benötigt, nehme ich ihn am Arm, schleppe ihn in die Besenkammer und unterrichte ihn unter vier Augen über alles Maßgebliche.«

Dann erfuhr Tim, daß Harry genau das mit Norman, Shirleys Mitarbeiter, getan hatte – aber offensichtlich nicht mit Shirley selbst.

Wenn Sie den Verdacht hegen, daß Ihnen die erforderliche Hilfe nicht zuteil wird, forschen Sie nach, ob die männlichen Kollegen Ihrer beruflichen Ebene sie bekommen. Wenn nicht, so ist das eben der Stil Ihres Unternehmens. Wenn aber doch, so müssen Sie Ihrerseits darauf bestehen. Leiden Sie nicht schweigend vor sich hin, aber achten Sie darauf, wie Sie Ihr Ersuchen um Hilfe formulieren. Vermitteln Sie den Eindruck, daß Sie bereits Ihr Bestes unternommen haben. »Ich habe es mit A, B und C versucht, aber das Resultat befriedigt mich nicht. Können Sie mir irgendeine andere Methode vorschlagen?« So etwas ist häufig wirkungsvoll. Es verrät den betreffenden Herrn, daß Sie sich bemüht haben, so gut Sie nur können – aus ihrer sportlichen Tradition heraus werden sie Ihnen helfen.

Wenn Männer Ihnen in der Hoffnung auf Ihr Versagen ihre Hilfe verweigern, so werden sie dafür irgendeine Ausrede finden. Die übliche ist die, daß Sie doch viel intelligenter seien als der Kollege Sowieso. Er bräuchte Hilfe – aber Sie doch nicht! Kaufen Sie ihnen das nicht ab. Ohne Hilfe entgeht Ihnen vielleicht ein Stück entscheidender Information, die Sie sich auf eigene Faust nicht aneignen können. Es gibt einfach Zeiten, in denen eine Hilfestellung nicht nur ein Ihnen erwiesener Gefallen ist, sondern eine Lebensnotwendigkeit. Ignorieren Sie die Ausreden und beharren Sie auf Beistand. »Ich weiß, daß ich klüger bin als Herr Sowieso, aber ich brauche trotzdem Ihre Hilfe.« Der Betreffende weiß natürlich, daß Sie recht haben. Wenn Sie fest bleiben, werden Sie die Unterstützung bekommen, die Sie brauchen.

Ignorieren, was Frauen sagen

Ruth, Werbeleiterin, schildert ein weithin bekanntes Problem:

»Phil, Joe, Sam, Arthur und ich trafen uns mit dem Vizepräsidenten, um unsere neuesten Pläne vorzulegen. Die meisten der wichtigen Vorschläge betrafen meine Produktion. Ernie, der Vizepräsident, ging auf alle Vorschläge der anderen ein, nur nicht auf meine. Wann immer ich etwas vorbrachte, wurde sein Blick starr.
Als ich einen neuen Plan vorschlug, um ein altes Produkt wieder auf den Markt zu bringen, nickte Ernie lediglich und ging darüber weg. Dann rückte Joe mit dem gleichen Vorschlag heraus. Alle fanden ihn plötzlich ausgezeichnet und gratulierten Joe zu seinem Ideenreichtum. Als ich die Besprechung verließ, war ich bereit zu kündigen.«

Von Männern ignoriert zu werden ist die häufigste Beschwerde, die Frauen bei mir vorbringen. Die Männer, die ich interviewte, schilderten bereitwillig viele Taktiken, die sie bei Frauen anwenden, aber bei keinem von ihnen fiel das Wort »ignorieren«. Obwohl ich sie ausdrücklich danach fragte, bestritten sie durchweg, dies je zu tun. Logen sie alle? Das glaube ich nicht einmal. Manche tun Fauen so automatisch ab, daß sie es nicht einmal wahrnehmen.

Sozialpsychologen, die Kommunikationsstudien betrieben haben, stoßen häufig auf dieses Verhaltensmuster selektiver Nichtachtung im Umgang zwischen Frauen und Männern. Ihre Studien haben ergeben, daß Männer zwar auf die Stimme einer Frau schneller reagieren als auf die eines Mannes, jedoch sehr viel aufmerksamer dem zuhören, was letzterer zu sagen hat. Wenn zum Beispiel in einem Kino Feuer ausbricht, so wäre es am wirkungsvollsten, wenn eine Frau »Hilfe!« schreien und dannach ein Mann Anweisungen geben würde, wie man am besten zum Ausgang gelangt.

Andere Männer wiederum ignorieren Frauen ganz bewußt. Nicht beachtet zu werden hat eine verheerende Wirkung, egal, ob beabsichtigt oder nicht. Es vermittelt jedem das Gefühl eigener Belanglosigkeit. Als Frau fangen Sie an sich zu fragen, ob das, was Sie zu sagen haben, überhaupt wichtig ist. Sie zögern, Ihre eigenen Ideen beizusteuern, weil Sie plötzlich daran zweifeln, ob sie gut genug sind. Wenn die Gruppe um Sie herum Ihre Vorschläge dann ignoriert, einem Mann, der sie lediglich wiederholt, jedoch applaudiert, so werden Sie für Ihre eigentliche Fachkenntnis niemals anerkannt oder belohnt werden. Sie dürfen einfach nicht zulassen, daß Männer Sie ignorieren. Sie müssen dieser Taktik etwas entgegensetzen.

Wenn die Gruppe Ihre Aussage ignoriert und dann einen Mann lobt, der sie nur nachplappert, versuchen Sie es doch einmal mit einem: »Ja, ich bin so froh, daß Joe mit mir übereinstimmt. Wie ich vorhin schon gesagt habe...« und dann wiederholen Sie noch einmal Ihre ursprüngliche Darstellung. Wenn einer der Kollegen Sie ignoriert, stellen Sie ihm Fragen oder formulieren Sie Ihre Ansicht in Frageform, um damit eine Antwort zu erzwingen. »Ich finde, die grüne Packung ist wirkungsvoller. Sind Sie nicht auch meiner Meinung, Roger?« Wenn er Sie unbeabsichtigt ignoriert, so wird ihn das zu sich bringen. Falls er Sie bewußt ignoriert, muß er in irgendeiner Form darauf reagieren oder er wird lächerlich wirken.

Manchmal nützt nur eine Konfrontation Auge in Auge. Tun Sie das ganz *privat*, auf eine direkte, sachliche Art.

Führen Sie typische Beispiele an und versuchen Sie, sich den Zorn und die Empörung, die Sie wahrscheinlich empfinden, nicht anmerken zu lassen. Vermutlich wird der andere nicht zugeben, Sie absichtlich zu ignorieren, aber wenn Sie einmal Ihren Standpunkt klargemacht haben, stehen die Chancen gut, daß sich das nicht wiederholt. Wenn Sie ihn unter vier Augen und ohne jegliche Feindseligkeit damit konfrontieren, gestatten Sie ihm, das Gesicht zu wahren.

Wenn er Sie weiterhin ignoriert, weisen Sie in derselben gelassenen Manier erneut darauf hin. Wenn das auch nicht hilft, müssen Sie überlegen, ob Sie ihm nicht coram publico entgegentreten. Möglicherweise ist ihm das dann peinlich genug, um damit aufzuhören. Wenden Sie diese Taktik sparsam an – sie wird Ihnen einige Feinseligkeit eintragen. Bevor Sie den Betreffenden öffentlich zur Rede stellen, teilen Sie ihm mit, daß Sie dies vorhaben, falls er Sie weiterhin ignoriert. Das ist eine faire Warnung. Wenn er sich danach noch immer nicht anders verhält, weisen Sie öffentlich auf sein Benehmen hin. Zeigen Sie ihm, daß Sie nicht kneifen und sein beleidigendes Verhalten schweigend hinnehmen werden.

Eine Abart der Nichtachtung ist es, mit Papieren zu rascheln oder im Hintergrund deutlich hörbar zu flüstern. Athena, Rechnungsprüferin in einer Brauereigesellschaft, schildert ihre Reaktion:

»Wie gewöhnlich, wenn ich die neuesten Berichte dem Vorstand vorlege, war ich die einzige Frau im Raum. Inmitten meiner Ausführungen begann Jason, der Marketing-Direktor, hörbar in seinen Papieren zu kramen. Statt den Versuch zu unternehmen, das Geraschel mit der Stimme zu übertönen, brach ich einfach ab und wartete, bis er damit fertig war. Hatte der einen roten Kopf, als er merkte, daß alle ihn anstarrten! Während meines restlichen Vortrags war von ihm nichts mehr zu hören.«

In manchen Unternehmen herrscht eine solche Frauenfeindlichkeit, daß das Nichtbeachten von Frauen zur Selbstverständlichkeit geworden ist. Wenn dies auf Ihre Firma zutrifft, können Sie nichts dagegen tun. Hüten Sie sich nur davor, sich durch ein solches Verhalten Ihre Selbstachtung zerstören zu lassen. Wenn die Männer in Ihrem Unternehmen Ihre Fähigkeiten nicht anerkennen wollen, so ist das zu ihrem eigenen Schaden. Gehen Sie woanders hin, wo man Ihre Fachkenntnis zu schätzen weiß.

16

Verdeckte Feindseligkeit

Männer, die eine der in diesem Kapitel geschilderten Taktiken anwenden, sind Wölfe in Schafspelzen. Sie verbergen ihre negativen Absichten hinter einer freundlichen Fassade. Oberflächlich betrachtet können ihre Bemerkungen sachlich oder liebenswürdig klingen, aber sie schmerzen trotzdem. Und sie sollen auch verletzen und Ihre Wirksamkeit untergraben. Ein paar Beispiele:

»Kommen Sie, ich werde Ihnen zeigen, wie Sie es machen müssen.«
»Ich werde diese Akten tragen. Für Sie sind sie zu schwer.«
»Was – *Sie* sind die neue Vertreterin?«

Sich offen dagegen zu wehren kann frustrierend wirken. Kommen Ihnen folgende Gegenantworten nicht bekannt vor?

»Ich habe doch bloß Spaß gemacht. Haben Sie denn gar keinen Humor?«
»Das ist nun der Dank. Ich wollte ja bloß helfen.«
»Ich habe mir nichts dabei gedacht. Sie sind überempfindlich.«

Wenn man diesen Männern Gelegenheit gibt, so zu reagieren, können sie sich als die unschuldigen Opfer präsentieren. Also müssen Sie darauf achten, daß Ihre eigenen Reaktionen auf besagte Taktik ebenso verdeckt erfolgen, wie die herabsetzenden Bemerkungen es waren. Sie müssen diesen Herrn dann nicht ausdrücklich mitteilen, daß ihr Trick bei Ihnen nicht verfängt – sie merken es von selbst.

Ablenkungsmanöver

Julia, Treuhandbeauftragte:

»Bei unserer letzten Besprechung blieb Frank beharrlich dabei, daß wir Absatz drei unserer Vereinbarung nicht erfüllt hätten. Er redete und redete, und ich war so darauf konzentriert, ihn zu widerlegen, daß mir fast die Veränderungen entgangen wären, die er in Absatz sechs einschmuggeln wollte.«

Franks Versuch, Julia abzulenken, ist eine weitverbreitete Taktik. Er bemühte sich, ihre Aufmerksamkeit so ausschließlich auf einen Punkt zu konzentrieren, daß ihr ein anderer wesentlicher Punkt beinahe völlig entgangen wäre. Ein naher Verwandter dieser Taktik ist der Versuch, Sie zornig zu machen. Dies geschieht häufig in Form von vor sich hingemurmelten Bemerkungen. Die Männer, die ich interviewte, bestätigten, daß sie diese Taktik gleichermaßen bei Männern und Frauen anwenden, Frauen dabei aber verletzbarer seien.

Die beste Methode, sich gegen solche Attacken zu verteidigen ist die, im voraus zu planen. Machen Sie sich vor der Besprechung das zu lösende Problem sowie das zu erreichende Resultat in allen Einzelheiten klar. Verlieren Sie dabei Ihr Ziel nie aus den Augen. Entscheiden Sie im voraus, wo und wie weit Sie zu einem Kompromiß bereit sind, und halten Sie an diesem Entschluß fest. Denn wenn Sie genau wissen, was Sie erreichen wollen, können Sie jeden Faktor, jedes Argument und jedes diesem Ziel zuwiderlaufende Angebot abwägen.

Vermeiden Sie es nach Möglichkeit, Ihre Strategie während der Verhandlung zu ändern. Wenn Sie nach Beginn der Besprechung doch zu der Einsicht gelangen, Methode oder Zielsetzung müßten variiert werden, so müssen Sie sicher sein, daß Sie dies nur aus dem Grund tun, weil Sie vor neue Tatsachen gestellt wurden, und nicht, weil Ihr Gegner versucht hat, Sie auf eine falsche Fährte zu locken. In den meisten Fällen ist es das beste, beim ursprünglichen, wohldurchdachten Plan zu bleiben.

Eine nützliche Angewohnheit ist es, die Verhandlungsthemen kurz zu umreißen und zu Papier zu bringen – möglichst auf eine einzige Seite oder noch weniger. Damit haben Sie immer die wichtigsten Punkte vor sich liegen. Diese Notizen werden Sie bei der Stange halten. Wenn Ihr Gegenüber Sie abzulenken versucht, kreuzen Sie den Punkt an, den Sie zu klären versuchten, bevor ein läppischer Einwand kam oder eine irrelevante Diskussion entfacht wurde. Wenn das Ablenkungsmanöver vorüber ist, können Sie ganz leicht dort weitermachen, wo Sie unterbrochen wurden. Auf diese Weise fallen wesentliche Aspekte nicht unter den Tisch.

Hilfsangebote

Sarah, Biochemikerin:

»Tully bot lauthals an, mir zu zeigen, wie der neue Bericht abgefaßt werden muß. Aber ich wußte, daß er gar nicht wirklich helfen wollte. Das konnte er schon deshalb nicht, weil er nicht mehr davon versteht als ich. Er wollte mir nur den Anstrich von Unfähigkeit verpassen.«

Wie kann man jemandem so etwas unterstellen, wo doch nur versucht wurde, Ihnen behilflich zu sein? Ganz leicht, wenn das Angebot dazu benutzt wird, Sie herabzusetzen. Wir alle können ein bißchen Beistand gebrauchen, aber bevor Sie ihn akzeptieren, fragen Sie sich erst einmal selbst, wer davon wirklich profitiert. Ehrliche Hilfe ist immer willkommen, aber bei einem solchen Anerbieten kann es sich auch um eine verdeckte Beleidigung handeln. »Sie wissen nicht, wie das gemacht wird, oder? Na ja, ich will's Ihnen zeigen.«

Nehmen Sie keine Hilfe an, wenn sie in herablassender oder gehässiger Weise angeboten wird. Finden Sie das, was Sie wissen müssen, anderswo heraus. Und lassen Sie sich nie von einem Kontrahenten helfen – er ist der letzte, dem Sie trauen sollten. »Ich werde Ihnen zeigen, wie man mit dem Computer umgeht« kann in Wirklichkeit bedeuten: »Ich möchte Ihr Kennwort herausbekommen, damit ich Ihre Daten klauen kann.«

Wenn Sie wirklich Hilfe brauchen und niemand anderer sie Ihnen bieten kann, dann schlucken Sie Ihren Stolz hinunter und nehmen Sie sie an. Aber überzeugen Sie sich, daß das auf korrekte Art geschieht. Vergessen Sie nicht, Männer neigen dazu, alles zu wissen und in jeder Hinsicht Experten zu sein. Ich habe Männer erlebt, die keine Ahnung hatten, wie diese Hilfe aussehen mußte, und infolgedessen gewaltigen Schaden anrichteten.

Demi, Biologin, erzählte mir folgendes:

»Ich kam an Juanitas Schreibtisch vorbei und hörte, daß sie Burt fragte, wie sie nach Beendigung ihres Programms den Computer, mit dem sie nicht vertraut war, abschalten sollte. Er behauptete, sie könne ihn abschalten, ohne das Programm zu sichern, da der Computer über ein automatisches Sicherungssystem verfüge. Ich habe denselben P.C. und wußte, daß

das einfach nicht stimmte. Gerade rechtzeitig konnte ich sie davon abhalten, Burts Rat zu befolgen. Danach gab er zu, noch nie mit einem solchen Computer gearbeitet zu haben – seine Auskunft beruhte auf einer reinen Annahme.«

Herablassende Bemerkungen

»Solche Dinge verstehen Sie eben nicht.«
»Nicht schlecht für eine Frau.«
»Wieso kommen *Sie* zu dieser Konferenz?«

Herablassende Bemerkungen sind ein unmittelbarer Angriff. Sie verdienen noch nicht einmal eine Antwort. Die beste Reaktion ist in diesem Fall Schweigen. Sie können im Kontext mit Ihrer Arbeit die Berechtigung solcher Äußerungen widerlegen. Wenn Sie auf derartige Bemerkungen eingehen, werden Sie garantiert in Zukunft noch mehr in dieser Richtung zu hören bekommen.

Fühlen Sie sich ruhig ermuntert, wenn jemand sich Ihnen gegenüber herablassend äußert. Der Betreffende verhält sich nur so, weil er weiß, daß Sie über mehr Fähigkeiten verfügen als er selbst. Er versucht Sie herabzusetzen, weil Ihre Kompetenz ihm Angst einjagt. Wenn Sie sein gönnerhaftes Gehabe ignorieren, zwingen Sie ihn damit, sich mit Ihnen als Fachfrau auseinanderzusetzen – genau das, was er vermeiden wollte.

Es fällt schwer, auf eine Beleidigung nicht zu reagieren. Wenn Sie befürchten, daß Ihr Temperament mit Ihnen durchgehen könnte, denken Sie daran: Ein Mann macht herablassende Bemerkungen, weil er Sie für zu beeindruckend hält, um mit Ihnen kollegial umzugehen. Betrachten Sie das als Kompliment.

Bissiger Humor

Molly, Neurologin:

»Ich hasse es, wenn Alphonse höhnische Bemerkungen macht. Wenn ich ihn bitte, damit aufzuhören, mimt er den Überraschten. ›Sei doch nicht so humorlos. Ich habe nur Spaß gemacht.‹«

Beinahe jede Beileidigung kann als »Spaß« verbrämt werden. Meistens können Sie selbst beurteilen, ob der vorgebliche Humor einen freundlichen oder einen feindseligen Hintergrund hat, aber gelegentlich ist das Motiv auch unklar.

Wenn Sie sich da nicht sicher sind, fragen Sie. Wenn eine Bemerkung Sie verletzt, sagen Sie es. Wenn der Spaßvogel das nicht beabsichtigt hat, wird er sich entschuldigen. Wir alle vergreifen uns gelegentlich im Ton oder machen gedankenlose Bemerkungen. Wenn der »Spaß« aber gehässig gemeint war, wird der Betreffende sich verteidigen – so wie Alphonse es tat.

Männer wie Alphonse sind schwierig im Umgang. Je häufiger Sie das Gespräch an so jemanden richten, desto mehr wird er sich über Sie lustig machen, vor allem, solange er ein Publikum hat. Wenn Ihnen seine Witze weh tun, lassen Sie es sich ihm gegenüber nicht anmerken. Molly schaffte es schließlich, Alphonse mit Hilfe wortloser Reaktionen zum Verstummen zu bringen. Als sie damit begann, ihn als überalterten Halbwüchsigen hinzustellen, veranlaßte ihn der Ausdruck amüsierter Geringschätzung auf ihrem Gesicht schlagartig, mit seinen Witzeleien aufzuhören.

Männer und Frauen wenden Humor auf verschiedene Weise an. Dadurch kann es zu Mißverständnissen kommen. Männer sehen im Humor sowohl eine Möglichkeit Verbindungen herzustellen als auch eine Methode, jemanden zu verletzen oder zu beleidigen. Sie pflegen ihre persönlichen Beziehungen durch grobe Späße, einander auf den Rücken klopfen und Ringkämpfe. Wenn sie sich physisch nicht austoben können, wenden sie derben Humor an.

Männer genießen derbe Späße. Einander zunehmend beleidigendere Bemerkungen an den Kopf zu werfen ist ein beliebtes männliches Spiel. Ein Mann, der an sich Ihnen gegenüber um Freundlichkeit bemüht ist, möchte Sie möglicherweise in dieses Spiel miteinbeziehen. Entsprechende Bemerkungen sollen nur komisch sein, nicht verletzend. Er rechnet nicht damit, daß Sie sie erst nehmen könnten. Er glaubt, Sie wüßten, daß sie nicht seine tatsächlichen Gefühle Ihnen gegenüber widerspiegeln.

Also interpretieren Sie solche Bemerkungen nicht als feindselig. Wenn Ihnen derbe Späße Vergnügen bereiten, machen Sie mit. Wenn Ihnen das Spiel nicht gefällt, so machen Sie das deutlich. Männer, die gut mit Ihnen stehen wollen, lassen es dann sein. Und ein Mann, der wie Alphonse nicht damit aufhört, ist nicht Ihr Freund, weder in beruflicher oder anderer Hinsicht.

Persönliche Fragen, die nicht zur Sache gehören

Manche Fragen sollen Sie lediglich ablenken oder ärgern:

»Übrigens, wie alt sind Sie eigentlich?«
»Sind Sie verheiratet?«
»Wie lange sind Sie denn schon im Beruf?«

Fragen, wie die nach Ihrem Alter oder Ihrem Familienstand, gehören nicht zur Sache und liegen hart an der Grenze dessen, wo Beleidigung aufhört und sexuelle Belästigung beginnt. Solche Fragen brauchen Sie nicht zu beantworten. Sie können sie mit der ruhigen Gegenfrage: »Was spielt das für eine Rolle?« oder »Warum wollen Sie das wissen?« abbiegen. Das wird die Beweggründe Ihres Gegenübers klären.

Männer, die Sie mit derartigen Fragen aus der Fassung bringen wollen, greifen dann meist zu irgendwelchen durchsichtigen Ausreden: »Äh ... ich wollte bloß wissen, wie alt Sie sind, weil ich jemand kenne, der ungefähr Ihr Alter hat und auf den Sie vielleicht schon mal gestoßen sind.« Wenn Sie so etwas hören, ist es das beste, derartig lahme Begründungen einfach zu übergehen. Sie haben bereits mit Erfolg gezeigt, daß man Sie auf diese Weise nicht nervös machen kann.

Die »weichen Seiten« der Frauen ausnutzen

In unserer Kultur werden Frauen in die Kategorie der Hegerinnen und Pflegerinnen eingeordnet. Mädchen wird beigebracht, möglichst niemanden absichtlich zu verletzen oder weh zu tun. Die meisten Frauen sind eher geneigt zu geben als zu nehmen, eher zu trauen als zu tricksen. Das sind positive weibliche Eigenschaften, an denen Sie festhalten sollten. Diese positiven Merkmale bedeuten jedoch eine besondere Verletzbarkeit, wenn sie von jemandem ausgenutzt werden.

»Da ist Doug mit seinem Mädchen«, sagte Christina mit einem Seufzer, als wir den Korridor entlang zu ihrem Büro gingen. »Ich habe schon versucht, die jungen Angestellten zu warnen, aber sie wollen nicht hören. Sie finden Doug liebenswürdig und väterlich, deshalb tun sie alles, was er will. Es ist ihnen nicht klar, daß er gar nicht daran denkt, irgend jemanden von ihnen zu befördern. Er nutzt sie einfach aus, um selbst gut dazustehen. Ich habe früher auch einmal dazugehört und mußte erst seine Abteilung verlassen, um weiterzukommen.«

Die meisten Unternehmen haben irgendwo ihre Dougs sitzen. Doug heimst den Ruhm ein, während seine Helfer(innen) sich im Hintergrund abmühen. Er erzählt ihnen, daß er sich für ihre Beförderung einsetzen wird, aber das tut er nicht. Er möchte, daß sie alle so lang wie möglich für ihn arbeiten. Doug sucht sich Frauen, die dazu erzogen sind, Gehilfinnen zu sein, und nutzt sie entsprechend aus. Statt ihre Entwicklung zu fördern, fördert er ihre Abhängigkeit.

Zu viele Frauen geben sich damit zufrieden, im Hintergrund hart zu arbeiten, immer in der Erwartung, dafür einmal belohnt zu werden. Dazu wird es nicht kommen. Um an Ihrem Arbeitsplatz weiterzukommen, brauchen Sie Anerkennung. Lassen Sie sich nicht auf diese Weise manipulieren. Sie können durchaus Ihren Kollegen helfen und Ihre Vorgesetzten unterstützen. Aber sorgen Sie dafür, daß Ihnen die verdiente Anerkennung zuteil wird.

Lawrence beutet Frauen auf andere Art aus. Colette erzählte mir:

»Ich bot all meinen Mut auf und bat Lawrence um eine Gehaltserhöhung. Sein Gesicht bekam einen ausgesprochen verletzten Ausdruck. »Glauben Sie denn nicht, ich würde Ihnen eine Gehaltserhöhung zukommen lassen, sobald wir mehr Geld verdienen?« sagte er. Ich machte sofort einen Rückzieher und hatte ein schlechtes Gewissen. Später erfuhr ich, daß er erst in der vergangenen Woche Matthew eine Gehaltserhöhung zugestanden hatte.«

Lawrence weiß, daß Frauen ungern andere verletzen. Indem er entsprechend dreinblickt, kann er leicht seine Absichten durchsetzen. Wenn Lawrence durch einen schmerzlichen Gesichtsausdruck nicht erreicht, was er will, täuscht er Ärger vor. Er weiß, daß Frauen niemanden gern zornig machen. Sorgen Sie dafür, daß Sie fair und objektiv behandelt werden.

Wenn Sie jedesmal zurückzucken, wenn jemand Sie mit verletztem oder schmerzlichem Ausdruck ansieht, werden Sie jeden Kampf verlieren.

Ich rate Ihnen nicht, unsensibel oder kaltherzig zu werden. Ignorieren Sie Ihr Einfühlungsvermögen oder Mitgefühl nicht. Aber lassen Sie nicht zu, daß sie zu gegen Sie gerichteten Waffen werden.

17

Einschüchterungsmethoden

Männer, die Einschüchterungsmethoden anwenden, sind Grobiane. Sie wollen Sie aus der Fassung bringen. Sie brüllen, fluchen, beschimpfen Sie und setzen ihre physische Anwesenheit ein, um Sie in Angst zu versetzen. Davon erhoffen sie sich, daß Sie aufgeben, sich ihren Forderungen fügen oder sich so enervieren lassen, daß Sie Fehler begehen.

Diese Taktik ist nicht allein den Frauen vorbehalten, sie wird auch gegen andere Männer angewandt. Keiner schätzt es, wenn er angeschrieen wird – Männer sind jedoch gewöhnt daran, zu schreien und angeschrieen zu werden. Das passiert zur Genüge während des gemeinsam betriebenen Sports. Bei Leitern von Sportteams ist es schon Tradition, daß sie herumbrüllen und die Schiedsrichter bedrohen, auch wenn das strafbar ist.

Männer lernen, Grobheiten zu tolerieren und davon unberührt zu bleiben. Als Frau können Sie dasselbe lernen. Denken Sie an Ihre eigene Kraft. Grobiane wenden solche Taktiken an, weil sie Sie in einem fairen Wettkampf nicht schlagen können. Sie fürchten Ihre Kompetenz. Wenn Sie sich durch derartige Drohungen nicht einschüchtern lassen, werden Sie auf Grund Ihrer Fähigkeiten die Oberhand gewinnen.

Anbrüllen

Augusta, Marketingberaterin:

»Mein Abteilungsleiter Jerome möchte, daß wir jeden Vorschlag prüfen und gemeinsame Entschlüsse fassen – es sei denn, er will etwas auf seine Weise durchsetzen. Dann wird nicht diskutiert – er schreit. Jerome meint, wenn er immer lauter brüllt, dann werde ich stillschweigend nachgeben.«

Männer wie Jerome versuchen, Sie durch Gebrüll so weit einzuschüchtern, daß Sie sich ihren Forderungen beugen. Es ist schwierig, gelassen zu bleiben, wenn jemand Sie anschreit. Genau das soll damit auch erreicht werden. Wenn Sie verängstigt sind, lassen Sie es sich nicht anmerken. Wenn ein Mann zu brüllen anfängt, holen Sie tief Luft und bewahren Sie Fassung.

Es ist hilfreich, sich einen tobenden Mann als Kind vorzustellen, das einen Rappel bekommen hat. Ein erwachsener Mensch würde vernüftig reden, nicht kreischen. Behandeln Sie ihn also so, als wäre er ein Kind. Wenn Sie einem Kind anläßlich eines Wutanfalls nachgeben, so bekommt es ihn jedesmal, wenn es etwas haben will. Wenn Sie das Geschrei einfach ignorieren, wird es damit aufhören. Wenn Sie das Gebrüll eines Mannes ignorieren, wird er schließlich ebenfalls damit aufhören.

Allerdings können Sie nicht immer einfach darüber hinweggehen. Gelegentlich müssen Sie etwas dagegen unternehmen. Luanne, Arbeitsvermittlerin, erklärte mir, sie würde, wenn ein Mann sie am Telefon anbrülle, einfach stillschweigend aufhängen. Anschließend ruft sie den Betreffenden sofort wieder an und tut so, als seien sie aus Versehen unterbrochen worden. Der andere weiß zwar, daß sie in Wirklichkeit aufgelegt hat, kann es aber nicht beweisen. Falls seine Wut echt war, hatte er einen Augenblick Zeit, um sich wieder abzukühlen. Wenn er nur gebrüllt hat, um sie einzuschüchtern, dann weiß er, daß das so nicht klappt.

Manche Leute finden es hilfreich, betont leise zu sprechen, wenn andere schreien – letztere müssen dann schließlich schweigen, um zuzuhören. Bei einer persönlichen Begegnung kann die Körpersprache ein wirkungsvolles Instrument sein. Mit Gesichtsausdruck und Haltung können Sie je nach Bedarf Langeweile, Amüsiertheit, Angewidertsein oder mütterliche Nachsicht ausdrücken. Dadurch können Sie nicht nur dem Schreihals und eventuellen Zuhörern klarmachen, daß Sie keine Angst haben, sondern auch ihn selbst eher klein und lächerlich als groß und stark erscheinen lassen.

Zurückbrüllen ist in den meisten Fällen unzweckmäßig. Unter Umständen eskaliert dann die Situation. Bei bestimmten Gelegenheiten kann diese Methode jedoch recht wirkungsvoll sein. Wenn Sie selten und zudem wohlüberlegt von ihr Gebrauch machen, kann sie wie ein Guß kalten Wassers für die nötige Abkühlung sorgen.

Charlene, die für den Manager eines Berufssportteams arbeitet, befand sich schon in Situationen, in denen ein ruhiger Tonfall wenig nützt. Für den Umgang mit einem Maulhelden, der nicht aufhörte, sie zu übertönen und sie völlig ignorierte, schlug sie folgendes vor:

»In diesem Sportmilieu gewinnt derjenige, der am lautesten brüllt. Rocky wird mich, wenn ich normal rede, einfach überschreien. Aber wenn ich loslege, um mich seiner Stimmlage anzupassen, dann wird er ruhiger. Es ist wie ein Spiel. Was ich dann sage, ist belanglos, ich muß ihm nur Widerstand entgegensetzen. Gleich, was ich sage, ich muß die Stellung halten.«

Lassen Sie sich von niemandem durch Wutausbrüche oder Lautstärke einschüchtern. Schreien und Schimpfen sind die Waffen eines unsicheren Mannes. Er fürchtet Sie im Grund mehr, als Sie ihn jemals fürchten können.

Den Zornigen spielen

Germaine, Vizepräsidentin einer Werbefirma:

»Ich dachte, Dave würde explodieren, als ihm der Drucker heute erklärte, die Korrekturfahnen seien noch nicht fertig. Als wir hinausgingen, versuchte ich Dave zu beruhigen. Er überraschte mich damit, daß er in völlig gelassenem Ton sagte: »Haben Sie nicht gemerkt, daß ich nur Theater gespielt habe? Ich wollte bloß, daß sich der Drucker das nächste Mal an mich erinnert.«

Männer wissen um die Macht des Zorns. Zorn beinhaltet die Androhung von Gewalt. Wir reagieren darauf ganz instinktiv, auch wenn wir wissen, daß gar keine physische Gefahr besteht. Zorn wirkt so überzeugend, daß manche Männer ihn vortäuschen, wenn sie glauben, mit seiner Wirkung rechnen zu können.

Männer setzen Zornesausbrüche ein, um Einfluß auszuüben – so wie Dave. Aber eine besonders wirkungsvolle Waffe sind sie gegenüber Frauen. Da die meisten Männer physisch stärker und größer sind, empfindet eine Frau männlichen Zorn umso erschreckender. Das wissen Männer. Sie wissen auch, daß Frauen dazu erzogen wurden, anderen zu Gefallen zu sein und wütende Leute zu beschwichtigen. Männer hoffen also, daß eine Frau sie eher beruhigen als selber zurückschlagen will.

Sie müssen selbst entscheiden, ob es effektiver ist, den

Kampf aufzunehmen oder die Wogen zu glätten. Wenn es sich um einen Konflikt handelt, den Sie unbedingt ausfechten wollen, dann lassen Sie sich durch den Zorn Ihres Gegenübers nicht aufhalten. Es spielt dabei keine Rolle, ob dieser Zorn echt oder nur gespielt ist – er bildet keine Gefahr für Sie. Wie groß ist die Wahrscheinlichkeit, daß Ihr Gegner körperliche Gewalt anwendet? Sehen Sie Ihrer Angst ins Auge. Widerstehen Sie dem Impuls, um jeden Preis den Frieden zu erhalten. Sie haben mehr zu verlieren, wenn Sie nachgeben, als wenn Sie standhalten.

Körperliche Wirkung

Nina, Ausbilderin in einer großen Management-Beratungsfirma:

»Ich arbeite ausgesprochen ungern mit Arnold zusammen. Er ist so groß. Wenn wir uns über etwas nicht einig sind, stellt er sich grundsätzlich dicht neben mich und überragt mich um Längen. Ich fühle mich wie ein Kind, wenn ich mit jemandem diskutieren muß, der mir von oben herab auf den Kopf blickt.«

Beverly, Architektin:

»Ich habe bei der Vorlage einer Arbeit ähnliche Probleme mit Dino. Er ist fast einen Meter neunzig groß, ich knapp einen Meter sechzig. Andere Leute reagieren so, als ob er mehr zu entscheiden hätte als ich. Sie behandeln ihn respektvoller als mich. Er achtet darauf, möglichst neben mir zu stehen, damit der Größenunterschied noch augenfälliger wird.«

An der Körpergröße können Sie nichts ändern, aber Sie können verhindern, daß sie zum Handicap wird. Sicherlich kann Ihre eigene geringe Größe die Einstellung anderer Ihnen gegenüber negativ beeinflussen. Leute empfinden größere Menschen nun einmal auch als stärker. Es ist tatsächlich unangenehm, wenn jemand Sie um Haupteslänge überragt. Männer nutzen ihre Größe auch zu ihrem Vorteil gegenüber anderen, kleineren Männern aus, aber noch besser funktioniert das häufig bei Frauen.

Dabei läßt es sich durchaus vermeiden, daß ein Mann seine Körpergröße gegen Sie ausspielt. Hindern Sie ihn bei einer Auseinandersetzung daran, sich neben Sie zu stellen oder sich zu Ihnen herabzubeugen. Es wirkt bedrohlich, wenn ein großer Mann neben Ihnen aufragt und dabei womöglich noch brüllt. Wenn Sie mit einem vergleichsweisen Riesen verhandeln müssen, bringen Sie ihn so schnell wie möglich dazu, sich hinzusetzen. Falls das nicht möglich ist, halten Sie Distanz. Je enger Sie beisammenstehen, desto spitzer ist der Winkel zwischen Ihnen und seinen Augen. Wenn Sie Abstand von ihm halten, dann gleicht sich das ein bißchen aus.

Achten Sie auf Ihre Körpersprache. Sie werden sich selbst stärker fühlen – und auch äußerlich so wirken –, wenn Sie aufrecht stehen und Augenkontakt halten. Ihre Stimme sollte kräftig und gelassen klingen. Wählen Sie Ihre Worte sorgfältig, und sprechen Sie in bestimmendem Tonfall. Wenn Sie Ihren Standpunkt behaupten, wird Ihre Kompetenz mehr ausrichten als seine Körpergröße dies vermag.

Fluchen

Monica, Inhaberin eines Party-Service, über einen ihrer Lieferanten:

»Als ich auf seine Bedingungen nicht einging, nannte er mich ein Sch...luder. Niemand hat bis dahin mich so bezeichnet. Bildet er sich ein, ich würde mich daraufhin nicht mehr trauen, ihm zu widersprechen? Ich hoffe ja, nie mehr etwas mit ihm zu tun zu haben – aber wenn doch, dann habe ich ein Tonbandgerät bei mir.«

Fluchen ist gleichzusetzen mit miesen Umgangsformen. Ein Mann, der Sie rüde behandelt, tut das entweder in voller Absicht oder er ist insgesamt ein Grobian. So oder so stellt er keine Bedrohung dar; er ist einfach ein ungehobelter Flegel.

Für manche Männer ist das Fluchen Bestandteil ihres üblichen Umgangstons. Es mangelt ihnen an Worten, die Beschimpfungen ersetzen könnten. Solche Männer glauben, Sie seien nicht bei Trost, wenn Sie an ihrer Ausdrucksweise Anstoß nehmen, und werden Ihre Beschwerden als Grund benutzen, nicht mit Ihnen zusammenzuarbeiten. Die meisten Männer wissen jedoch genau, daß Fluchen von der Mehrzahl der Frauen als widerwärtig empfunden wird.

Fluchen und Beschimpfen sind deutliche Einschüchterungsversuche. Je weniger Sie sich von beidem enervieren lassen, desto weniger werden Männer Sie damit traktieren – warum sich anstrengen, wenn es doch nicht verfängt? Sie brauchen selbst keine Schimpfworte zu benutzen, lassen Sie sich einfach nicht durch die des anderen beeindrucken.

An vorwiegend mit Männern besetzten Arbeitsplätzen ist Fluchen fast unvermeidlich. Männer fluchen, um anderen Männern wie auch Frauen ihre Männlichkeit zu beweisen.

Das Maß an Fluchen, das Männer für angemessen halten, variiert je nach Arbeit und Unternehmenskultur. Bei traditionellen »Macho«-Beschäftigungen wie Fernfahren und auch im Baugewerbe ist es einfach Bestandteil des Vokabulars. Wenn Sie in einem dieser Gewerbe arbeiten wollen, müssen Sie entsprechende Toleranz walten lassen.

Je nach Einstellung und Herkunft haben wir verschieden hohe Toleranzschwellen für Fluchen und Schimpfen. Ganz gleich, wie hoch Ihre persönliche Schwelle ist, es gibt einen Punkt, an dem beides zu beleidigend wird und gestoppt werden sollte.

Sie können manche Männer zum Schweigen bringen, indem Sie ein ungerührtes Gesicht machen und in sehr höflichem Ton zu ihnen sagen: »Entschuldigung, ich habe Sie nicht verstanden. Würden Sie das noch einmal wiederholen?« Nur in den seltensten Fällen wird dann ein Mann seinen Fluch oder seine Beschimpfung ein zweites Mal von sich geben. Die meisten fühlen sich unbehaglich. Männer fühlen sich auch peinlich berührt oder herabgesetzt, wenn man mütterlich nachsichtig bzw. herablassend amüsiert dreinblickt. Dann sehen sie sich in die Rolle des Schuljungen versetzt, der etwas ausgefressen hat.

Geben Sie einem groben Mann zu erkennen, daß Sie es nicht schätzen, wenn jemand so respektlos mit Ihnen spricht, aber verlieren Sie wegen seiner Ausdrucksweise nicht die Fassung. Jeder Mann, dessen beste Angriffsmethode aus einer Beschimpfung besteht, verfügt über zu wenig Stärke oder Intelligenz, als daß man noch einen Gedanken an ihn verschwenden sollte.

Wortgefechte

Einschüchterungsmethoden sind Terroristenmethoden. Männer, die sie anwenden, versuchen damit ihr Vis-à-Vis so einzuschüchtern, daß Sie eher den Rückzug antreten, als um das, was Sie erreichen wollen, zu kämpfen. Einem wütenden, unvernünftigen Mann standzuhalten ist nicht leicht. Je mehr Vertrauen Sie in Ihre Fähigkeit setzen, einen Kampf durchzufechten, desto leichter wird es.

Wortgefechte zu führen ist etwas, das man lernen kann. Experten darin – Redner, Politiker, Interviewer, Verhandler, Anwälte, Talkshowmaster – sind Meister verbaler Sparring-Techniken. Auch Sie können derartige Techniken erlernen. Nehmen Sie jede Gelegenheit wahr, solche Experten zu beobachten. Medieninterviews, vor allem die von Politikern, bieten viele gute Beispiele. Lernen Sie zu erkennen, wenn diese Techniken gegen Sie selbst angewandt werden. Experimentieren Sie. Schulen Sie sich in verbalen Gefechten. Achten Sie darauf, was Sie selbst dabei empfinden und wie Ihr Kontrahent darauf reagiert.

Je mehr Selbstvertrauen Sie gewinnen, umso weniger verletzbar werden Sie sich fühlen.

A) Drängen Sie ihn nicht noch mehr in eine Abwehrhaltung hinein

Mit jemandem, der sich in die Defensive gedrängt fühlt, kann man nicht vernüftig reden. Durch vorsichtige Formulierung Ihrer Fragen und eine Ausdrucksweise, die Ihren eigenen Gefühlen entspricht statt irgendwelche Beschuldigungen zu implizieren, haben Sie die beste Chance für eine positive Reaktion.

Wenn Sie jemanden zu einem anderen Verhalten veranlassen wollen, versuchen Sie es einmal mit folgenden Formulierungen, um Ihr Anliegen klar zum Ausdruck zu bringen:

Wenn Sie...	*(beschreiben Sie das Verhalten des Betreffenden)*
So ist die Wirkung...	(beschreiben Sie sie in möglichst konkreten Worten)
Ich fühle mich...	(drücken Sie aus, was Sie denken und fühlen)
Ich würde vorziehen...	(führen Sie an, welches Verhalten Ihnen zusagen würde)
Das Resultat wird sein...	(schildern Sie die Konsequenzen, die die erwünschte Verhaltensänderung bzw. deren Verweigerung haben wird)

Hier zwei Beispiele

Wenn Sie...	verlangen, einen riesigen Auftrag in zwei Stunden zu erledigen,
ist die Wirkung...	die, daß ich nicht in der Lage bin, gründliche Arbeit zu leisten.
Ich fühle mich...	frustriert, weil ich nicht mein Bestes geben kann.
Ich würde vorziehen...	daß Sie mir mehr Arbeitszeit einräumen.
Das Resultat wird sein...	daß ich mit größerem zeitlichen Spielraum bessere Arbeit leiste.
Wenn Sie...	laut schreien,

ist die Wirkung...	die, daß ich Ihre Erläuterungen nicht hören kann.
Ich fühle mich...	frustriert, weil ich auf Ihre Beschwerden nicht antworten kann.
Ich würde vorziehen...	wenn Sie mir Ihr Anliegen in Ruhe vortragen.
Das Resultat wird sein...	daß ich, wenn Sie Ihr Anliegen in Ruhe vorbringen, darauf eingehen kann. Wenn Sie schreien, gehe ich hinaus, bis Sie sich beruhigt haben.

B) Versuchen Sie, seine Aufmerksamkeit wieder auf das bestehende Problem zu lenken und Emotionen beiseite zu lassen

Jemandes Aufmerksamkeit wieder auf den Kernpunkt eines Problems zu lenken hat eine beruhigende Wirkung und trägt zu einer klareren Denkweise bei. Hier mehrere Vorschläge, um das zu erreichen:

1. Versuchen Sie, die Unterhaltung aufzuschieben, bis jeder sich beruhigt hat.
   Beispiel: Ich wäre froh, wenn wir die Diskussion dann fortsetzen würden, wenn Sie sich beruhigt haben. Reden wir später darüber, wenn wir mehr Zeit haben. Könnten wir uns um zwei Uhr wieder treffen?

2. Wiederholen Sie in aller Ruhe das, was Ihr Gesprächspartner gesagt hat. Wenn der die Unvernunft seiner eigenen Worte hört, kommt er möglicherweise zu sich und wird ruhiger.

Beispiel: Sie sind ärgerlich, daß der Bericht von über fünfzig Seiten, den Sie mir vor einer Stunde aufgetragen haben, noch nicht fertig ist. Sie halten mich für eine komplette Idiotin, die ihre Arbeit niemals rechtzeitig erledigt.

3. Stellen Sie Fragen. Gelegentlich werden Sie dabei ein Mißverständnis aufdecken können. Falls nicht – wird der andere gezwungen, seine Tiraden zu unterbrechen, weil er Ihre Fragen beantworten muß. Das beschwichtigt ihn, und er wird zu rationalerem Denken veranlaßt.
Beispiel: Die einschlägigen Leute sagen, der Bericht sei morgen fällig. Hat es da eine Änderung gegeben? Warum wollen Sie ihn heute schon haben? Ist der Termin unwiderruflich? Was passiert, wenn Sie ihn erst morgen bekommen? Wer könnte außer mir noch an diesem Bericht mitarbeiten?

4. Halten Sie an einem Gedankengang fest. Viele Leute verlieren den Faden, wenn sie aufgeregt sind. Sie bringen dann nicht dazugehörige emotionale Gesichtspunkte in die Diskussion mit ein. Behalten *Sie* den Faden in der Hand. Bestehen Sie darauf, nur ein Problem auf einmal zu behandeln.
Beispiel: Unterhalten wir uns jetzt nicht darüber, wer die älteren Rechte hat. Das hat mit dieser Berechnung nichts zu tun. Ich möchte gern wissen, weshalb Sie den Anruf selbst beantwortet haben, statt die telefonische Nachricht an mich weiterzuleiten.

5. Äußern Sie Ihre Zustimmung zu irgendeinem Punkt, den Ihr Geschäftspartner anführt, und machen Sie anschließend Ihren Standpunkt klar. Die Einzelheit, über

die Sie mit ihm einig sind, muß nicht unbedingt mit der Sache zu tun haben, auf die Sie selbst hinauswollen. Aber wenn Sie ihm irgendwo beipflichten, wirken Sie auf Ihren Gegenspieler wie eine vernünftige Gesprächspartnerin. Er wird sich dann Ihre Ansicht bereitwilliger anhören.

Beispiel: Ich stimme völlig mit Ihnen überein, daß Ihr Format das beste für diesen Bericht ist. Was nun Punkt drei, vier und fünf betrifft, so sollte man…

6. Benutzen Sie Wiederholungen.
   a) Gehen Sie *kurz* auf irgendwelche berechtigten Einwürfe des anderen ein, während Sie Ihren Standpunkt wiederholen. Machen Sie ihn deutlich, reagieren Sie aber auf jeden vernünftigen Einwand, und wiederholen Sie dann erneut Ihre Ansicht.

Beispiel: Ich finde, Felice ist am geeignetsten für diesen Job. Sie kennt sich im Material besser aus als sonst jemand. Ja, Tammi ist schon länger hier, aber Felice verfügt in dieser Sache über mehr Kenntnisse.

   b) Ignorieren Sie bewußt Einwände, die für Sie unvorteilhaft sind. Ignorieren sie Kritik oder fragliche Punkte. Beharren Sie auf Ihrem Standpunkt. Das ist ein beliebter Politikertrick bei Nachrichteninterviews.

Beispiel: Ich möchte betonen, daß Felice für diesen Job am geeignetsten ist, weil sie am besten mit den anfallenden Problemen vertraut ist und sie eindeutig von der Mehrheit der Leute, die mit ihr zusammenarbeiten werden, favorisiert wird. Ich hege nicht den geringsten Zweifel, daß sie die Arbeit bewältigen kann.

C) Akzeptieren Sie niemals ein Nein!

Wenn Sie mit einer Bitte beim ersten Versuch keinen Erfolg haben, beharren Sie immer wieder auf Ihrem Standpunkt. Manche Leute sagen automatisch nein, bevor sie auch nur das Gewicht einer Forderung in Betracht gezogen haben. Es werden mehr Ansuchen beim zweiten- und drittenmal erfüllt als beim erstenmal.

Haben Sie keine Angst davor, lästig zu fallen. Seien Sie lästig. Seien Sie eine Pest. Seien Sie penetrant wie ein quietschendes Wagenrad. Es wirkt!

18

Sexuelle Belästigung und Diskriminierung

Stacy, Finanzplanerin:

»Ich habe gekündigt, weil mein Boss mich sexuell belästigt hat. Er drohte mit einer schlechten Berurteilung, wenn ich nicht mit ihm schlafen würde. Als ich nicht darauf einging, machte er seine Drohung wahr. Ich befürchtete, daß ich, wenn ich die Sache öffentlich zur Sprache bringen würde, keine Anstellung in der Industrie mehr bekäme.«

Maxine, Managerin in der Buchhaltungsabteilung einer Immobiliengesellschaft:

»Wir waren vier Manager in meinem Areal, bevor meine Firma entschieden hat, das ganze Gebiet zu einer einzigen Region zusammenzuschließen. Die drei anderen, alles Männer, wurden auf entsprechende Posten in anderen Bezirken versetzt, und ich blieb hier. Dann holte man sich einen anderen Mann, der nun für meine Region zuständig und mein Vorgesetzter ist. Ich bin bei weitem erfahrener und qualifizierter als er. Der Vizepräsident behauptete, er habe das instinktive Gefühl, daß dieser Mann das Zeug habe, den Posten auszufüllen – im Gegensatz zu mir. Ich muß nun entscheiden, ob ich kündigen oder eine Beschwerde durchfechten soll.«

Jill, Maklerin:

»Sie sind erwachsene Männer, verhalten sich aber wie Halbwüchsige. Kalender mit nackten Frauen an den Wänden, anzügliche Bemerkungen und Gesten, wenn ich das Zimmer betrete, schmutzige Andeutungen, auf welche Weise ich angeblich meinen Job bekommen hätte. Nichts, was ich sage, bringt sie dazu, damit aufzuhören. Als Harry anschaulich schilderte, was er mit mir vorhätte, und die anderen Beifall klatschten, bekam ich es mit der Angst zu tun und reichte eine Beschwerde ein. Seither habe ich keinen maßgeblichen Auftrag mehr erhalten.«

Doris, Graphikerin:

»Im gehobenen Management meiner Firma gibt es keine Frauen – und natürlich wurde mein Antrag auf Beförderung abgelehnt. Mein Abteilungsleiter behauptete, ich sei fachlich nicht gut genug und zudem hätte ich ein schroffes Auftreten, sei aggressiv und könne nicht mit Leuten umgehen. Weiterhin führte er an, daß ich Mutterschaftsurlaub genommen hätte. Weniger tüchtige Männer, die eine ausgesprochen grobe Art haben und aggressiver sind, als es mir je möglich wäre, werden routinemäßig befördert. Hans, der befördert wurde, während man mich überging, blieb im vergangenen Jahr länger wegen Grippe zu Hause als ich im Rahmen meines Mutterschaftsurlaubs. Ich klage jetzt vor Gericht.«

Sexuelle Belästigung und Diskriminierung bilden für die heutigen berufstätigen Frauen ein ernsthaftes Problem. Angesichts dessen, daß heute mehr Frauen als früher höhere Posten in der Arbeitswelt einnehmen, wird sich dieses Problem wahrscheinlich erst einmal verschlimmern, bevor alles besser wird. Warum belästigen Männer Frauen? Was bewegt ein ganzes Unternehmen, sexuelle Diskriminierung walten zu lassen? Was tun, wenn Ihnen das zustößt?

Sexuelle Belästigung und Diskriminierung haben das gleiche Motiv – den Drang zur Macht. Bei sexueller Belästigung handelt es sich um eine Waffe, die Männer einsetzen, um Frauen zu ängstigen, einzuschüchtern und zu manipulieren. Bei sexueller Diskriminierung benutzen Männer ihre administrative Macht, um Frauen Arbeitsplätze oder Beförderung zu versagen, nur weil sie Frauen sind. Je weniger Frauen in höhere Stellungen gelangen, desto mehr Macht bleibt den Männern.

Sexuelle Belästigung ist die widerlichste Taktik, die Männer gegen Frauen anwenden können. Beim Thema »Einschüchterungsmethoden« habe ich im vorigen Kapitel geschildert, wie Männer mit Gewalt drohen. Sexuelle Belästigung *ist* Gewalt. Es dreht sich um Macht, nicht eigentlich um Sex. Sex ist lediglich die Waffe, die diese Männer benutzen, um Frauen zu ducken und zu demütigen.

Sexuelle Belästigung ist ein ebenso monströses, schmerzhaftes und belastendes Verbrechen wie Vergewaltigung. Und genau wie bei Vergewaltigungsopfern wird auch den Opfern sexueller Belästigung die Schuld für das, was ihnen zugestoßen ist, in die Schuhe geschoben. Bei beiden Verbrechen werden Frauen, wenn sie vor Gericht klagen, unter Umständen zu doppelten Opfern: erst zu dem des Belästigers oder Vergewaltigers und dann zu denen der Justiz. Genau wie Vergewaltigung bedeutet auch sexuelle Belästigung eine immense psychische Belastung für die betroffenen Frauen.

Opfer sexueller Belästigung erleiden emotionelle Traumata, die denen vergewaltigter Frauen ähnlich sind. Sie haben Depressionen, Ängste, fühlen sich schuldig und gedemütigt. Ihre Selbstachtung sinkt. Sie bekommen Alpträume. Dr. Mary P. Koss, Professorin für Psychiatrie an der medizinischen Fakultät der Universität von Arizona, hat über fünfzehn Jahre lang Studien über sexuelle Aggression und Belästigung innerhalb der Bevölkerung durchgeführt.[1] Sie haben ergeben, daß letztere, da sie sich im allgemeinen über einen bestimmten Zeitraum erstreckt und zudem häufig von Leuten ausgeht, die als vertrauenswürdig gelten sollten, unter Umständen noch ernstere und länger andauernde emotionelle Konsequenzen nach sich zieht als eine Vergewaltigung.

Viele sexuell belästigte Frauen weisen posttraumatische seelische Störungen auf – ähnlich denen von Vietnam-Veteranen und Überlebenden nach Erdbebenkatastrophen.[2] Sie leiden an immer wiederkehrenden belastenden und quälenden Erinnerungen und an Träumen, die von diesen Vorfällen handeln. Oft empfinden sie starke Ängste, wenn sie Situationen ausgesetzt sind, die diesen traumatischen Erlebnissen gleichen oder sie symbolisieren, und sie meiden nach Möglichkeit solche Situationen, Gedanken, Gefühle, Unterhaltungen, Orte und Leute, die sie daran erinnern. Sie sind ängstlich, sind gereizt, nervös und erfüllt von Zorn. Manche Opfer empfinden so etwas wie eine allgemeine innere Erstarrung oder ein Gefühl des Abgesondertseins von anderen Menschen. Streßbedingte posttraumatische Störungen sind nicht nur quälend, sie erschweren auch aufs äußerste jede berufliche und häusliche Arbeit.

Unsere kulturelle Umgebung bestärkt Frauen darin, sich, wenn sie sexuell belästigt werden, selbst die Schuld zu geben. In unserer Gesellschaft gilt der Grundsatz, daß es der Verantwortung der Frau obliegt, die Sexualität des Mannes in Schach zu halten. In Fällen sexueller Belästigung ebenso wie auch in Fällen von Vergewaltigung bei Verabredungen oder gemeinsamen Unternehmungen sind Behauptungen des Täters, er sei überzeugt gewesen, die Frau würde sein Verhalten billigen, sie habe nicht ausreichend protestiert oder ihn sogar stimuliert, durchaus üblich.

Unglücklicherweise lassen sich manche Frauen von diesem

Gedanken beeinflussen. Opfer sexueller Belästigung fühlen sich oft schuldig und dafür selbst verantwortlich. Sie fragen sich, was sie getan haben, um die Belästigung hervorzurufen. Wenn sie erfolgt, dann deshalb, weil Sie eine Frau sind und nicht, weil Sie irgend etwas getan oder nicht getan haben. Wenn man Sie sexuell belästigt, *ist es nicht Ihre Schuld*!

Als Anita Hill nicht davor zurückschreckte, vor dem Untersuchungsausschuß des amerikanischen Senats auszusagen und ihre Erfahrungen mit Clarence Thomas zu schildern, veränderte sie dadurch das Leben vieler Frauen und steigerte das Bewußtsein eines ganzen Landes. Sie verdient unsere Dankbarkeit und unseren Respekt. Nach ihrer Aussage begannen Frauen, die sexuell belästigt worden waren, den Mund aufzumachen. Männer und Frauen, die sexuelle Belästigungen beobachtet hatten, packten aus. In Amerika wurde nicht länger bestritten, daß solche Dinge zu den Problemen am Arbeitsplatz gehören. Sozialwissenschaftler hatten schon seit langem die Vermutung gehegt, daß sexuelle Belästigungen zu den Verbrechen gehörten, die unter den Teppich gekehrt wurden, aber bis Anita Hill die Schleusentore öffnete, war ihnen nicht klar gewesen, in welchem Umfang das geschehen war. Die *Equal Employment Opportunity Commission* berichtete, daß schon in den ersten drei Monaten nach den Verhören Hill/Thomas 1244 gerichtliche Anklagen wegen sexueller Belästigung erhoben wurden. Im Vergleich dazu waren es während der gleichen Monate im Jahr zuvor nur 728 gewesen.

Zahlreiche Frauen, die vorher nie zugegeben hatten, belästigt worden zu sein, begannen über ihre Erfahrungen zu reden. Sie hatten aus vielen Gründen gezögert, damit herauszurücken: Sie hatten Angst, daß man ihnen nicht glauben würde, sie waren sich nicht sicher gewesen, daß es sich bei dem, was sie erlebt hatten, tatsächlich um sexuelle Belästigung gehandelt hatte. Sie hatten sich vor den Auswirkungen gefürchtet. Manche hatten versucht, in ihrer Firma jemand anderem davon zu erzählen, und waren entweder ignoriert, der Lüge beschuldigt oder gemaßregelt worden. Anderen war es gelungen, den Übelstand abzustellen, sie wollten jedoch, daß niemand davon erführe, aus Furcht, dann als Unruhestifterin dazustehen.

Die neueren Umfragestatistiken können einem den Atem verschlagen. 1981 brachte die *Harvard Business Review* das Resultat einer Befragung von 7408 Managern. In 63% dieser Unternehmen war es zu sexuellen Belästigungen gekommen.[3] 1989 ergab eine Umfrage bei 500 Unternehmen, daß 90% von ihnen diesbezügliche Beschwerden bekommen hatten. Bei 34% dieser Firmen war es zu Prozessen gekommen. Firmen mit klaren Richtlinien zur Verhinderung sexueller Belästigungen berichteten darüber, daß 95% der Beschwerden, die sie erhielten, als stichhaltig anerkannt wurden.[4]

Die meisten Leute nehmen an, daß sexuelle Belästigung vorwiegend in Fabrik- und Bauarbeiterkreisen und in den unteren Rängen der Belegschaften stattfindet und zudem nur naiven Frauen zustößt. Das entspricht nicht den Tatsachen. 1990 hatte die *Young Lawyers Division* (Abteilung junger Rechtsanwälte) der *American Bar Association* (Anwaltskammer) Rechtsanwältinnen befragt, ob sie schon sexuellen Belästigungen ausgesetzt gewesen seien. 85% bejahten die Frage.[5] Im gleichen Jahr veröffentlichte das *Journal of the American Medical Association* eine Studie, der zufolge 55% der befragten Medizinstudentinnen bei ihrer Arbeit in unterschiedlichem Ausmaß derartige Belästigungen erlebt hatten.[6] Keine Schicht von Berufstätigen ist dagegen gefeit. Jeder Frau kann dies widerfahren.

Die Klischeevorstellungen von einem Belästiger, ein derber und taktloser Mann, der in seinen Annäherungsversuchen bei Frauen einfach ungeschickt vorgeht, ist genau das – nämlich ein Klischee und keine Realität. Sexuelle Belästigung ist im allgemeinen Bestandteil eines an sich beleidigenden Verhaltensmusters. Die meisten dieser Männer können auf ganze Reihen von Frauen zurückblicken, die sie einmal bedrängt haben. Männer, die Frauen belästigen, befriedigen damit ihren Machttrieb und versuchen ihr eigenes Unsicherheitsgefühl auf Kosten anderer zu verdrängen. Einige von ihnen sind einfach primitiv. Sie sind der Meinung, sexuell anstößiges Verhalten sei der normale Weg, Beziehungen mit Frauen aufzunehmen. Andere sind Frauen gegenüber feindlich eingestellt, sehen sie als Konkurrenz und haben insgesamt etwas gegen eine Frau an ihrem Arbeitsplatz. Einen primitiven Mann können Sie vielleicht stoppen, wenn Sie ihm rechtzeitig und in deutlichen Worten klarmachen, daß sein Verhalten widerwärtig, falsch und illegal sei. Aber nichts, was Sie vorbringen, wird einen echten »Weiberfeind« bremsen. Er verlangt nach Blut.

Opfer sexueller Belästigung oder Diskriminierung hatten in Amerika bis 1964 keine Möglichkeit gerichtlich dagegen vorzugehen. Sexuelle Diskriminierung wurde erst damals in den *Civil Rights Act* (Zivilrecht) aufgenommen. In den sechziger Jahren, als die Vorschriften erfaßt wurden, war der Blick der Nation auf Rassendiskriminierung gerichtet. Die Klausel über sexuelle Diskriminierung wurde fast nur wie ein nachträglicher »Einfall« hinzugefügt.

Abschnitt VII des Civil Rights Act 1964 legte fest, daß sich Unternehmen strafbar machen, die Arbeitnehmer auf Grund ihrer Rasse, Hautfarbe, Religion, ihres Geschlechts oder ihrer nationalen Herkunft nicht einstellen, sie diskriminieren oder einschränken und damit in irgendeiner Weise gegen deren Status verstoßen. Sexuelle Belästigung wurde im Act nicht eigens erwähnt. 1980 entwickelte die *Equal Employment Opportunity Commission (EEOC)* ganz spezielle Richtlinien für Fälle sexueller Belästigung. 1986 legte das Oberste Bundesgericht in Amerika fest, daß nach Abschnitt VII des Civil

Rights Acts sexuelle Belästigung sexueller Diskriminierung gleichzusetzen sei. Seitdem hat *EEOC* jährlich rund fünftausend Klagen wegen sexueller Belästigung erhalten.

Die *EEOC*-Richtlinien sind sehr wichtig, weil sie die für die Gerichte maßgebliche Definition sexueller Bleästigung vorgeben.

Unter sexueller Belästigung, so wie sie von der *EEOC*[7] festgeschrieben wird, ist folgendes zu verstehen:

(Die im folgenden kursiv gedruckten Sätze sind Beifügungen der Verfasserin.)

Jede unerwünschte sexuelle Annäherung, Forderungen nach sexuellen Gefälligkeiten oder anderem verbalem oder physischem Verhalten sexueller Natur bildet eine sexuelle Belästigung, wenn:

1. ein solches Verhalten ausgesprochen oder unausgesprochen eine Redewendung oder eine Bedingung enthält, die sich auf den beruflichen Abhängigkeitsstatus des Individuums bezieht. *(Wenn du den Job haben willst, mußt du mit mir schlafen!)*
2. die Unterwerfung unter ein solches Verhalten oder dessen Ablehnung als Basis für die Arbeitsbedingungen des betreffenden Individuums dient. *(Schlafe mit mir, wenn du befördert werden willst!)*
3. ein solches Verhalten dem Zweck dient oder die Wirkung hat, auf unzumutbare Weise die Arbeitsausübung eines Individuums zu beeinträchtigen oder ein einschüchterndes, feindseliges oder beleidigendes Arbeitsmilieu zu schaffen. *(Pornografische Bilder an den Wänden, drastische schmutzige Späße auf Ihre Kosten, anzügliche und laszive Bemerkungen, allgemein beleidigendes Benehmen.)*

EEOC teilt sexuelle Belästigung in zwei Kategorien ein: »Quid-pro-quo-Belästigung« und Belästigung durch feindseliges Verhalten. »Quid pro quo« bedeutet, daß etwas im Austausch für etwas anderes gegeben wird. Stacys Beschwerde am Anfang dieses Kapitels ist ein Beispiel für eine Quid-pro-quo-Belästigung: Ihr Boss versuchte sie durch seine Drohung zu erpressen, er würde ihr eine schlechte Beurteilung ausstellen, wenn sie nicht mit ihm schlafen würde.

Belästigung durch Schaffen eines feindseligen Milieus liegt vor, wenn eine Person mit unerwünschten sexuellen Annäherungsversuchen, Einschüchterung, Feindseligkeit oder beleidigendem Benehmen bei der Arbeit gequält wird. Jills Erfahrung mit schmutzigen Späßen und Anzüglichkeiten ihrer Mitarbeiter bildet hierfür ein Beispiel.

Belästigungen, die durch eine feindselige Arbeitsatmosphäre verursacht werden, sind schwer nachzuweisen und werden subjektiver empfunden als eine Quid-pro-quo-Belästigung. Da die Menschen beleidigendes Verhalten unterschiedlich definieren, hat die Rechtsprechung den Begriff des für »weibliche Normen Zumutbaren« entwickelt. Das belästigende Verhalten muß also für die »weibliche Norm« unzumutbar sein. Um ein Verhalten als Ursache für ein feindseliges Arbeitsmilieu einzustufen, muß es vorherrschend sein und sich wiederholen. Ein Vorfall allein reicht nicht aus, es sei denn, er ist besonders gravierend.

Häufig ist man sich nicht darüber einig, was eigentlich eine sexuelle Belästigung ist und was nicht. Studien ergeben, daß Männer und Frauen sich in ihren diesbezüglichen Definitionen unterscheiden[8]. Frauen empfinden eine größere Zahl von Verhaltensweisen beleidigender als Männer. Andererseits gibt es auch unter den Frauen unterschiedliche Meinungen zu diesem Punkt. Alle werden darin übereinstimmen, daß widerwärtige Verhaltensweisen – wie eine Frau in eine Kammer zerren, um sie zu betasten, oder die Selbstentblößung eines

Mannes – eine sexuelle Belästigung darstellen. Aber wie steht es mit sexistischen Kommentaren über das Benehmen einer Frau, schweinischen Bemerkungen, schmutzigem Grinsen, Vorzeigen von Pornographie, sexuellen Andeutungen oder Angeboten? Diese Verhaltensweisen erfüllen alle den Tatbestand der sexuellen Belästigung, wenn sie den Grad des Permanenten und Vorherrschenden erreichen, aber Frauen sehen sie sehr viel wahrscheinlicher als sexuelle Belästigung an, als Männer das tun werden.

Sexuelle Belästigung ist *jeder* unerwünschte Annäherungsversuch, *jedes* nicht provozierte Angebot in dieser Richtung, *jeder* beleidigende verbale oder physische Kontakt. Wenn Sie jemand auffordern, ein derartiges Benehmen zu unterlassen, und er leistet dieser Bitte nicht Folge, so werden Sie damit belästigt. Sie haben das Recht, in einer Umgebung zu arbeiten, in der Sie nicht eingeschüchtert und feindselig oder beleidigend behandelt werden.

Und Sie können sexuelle Belästigung nicht einfach ignorieren, denn sie wird daraufhin nicht unterbleiben. Nichtbeachtung ist bei einigen der Taktiken, die Männer gegenüber Frauen anwenden, die beste Abwehrwaffe: Wenn Sie einfach nicht reagieren, lassen die Männer davon ab. *Aber nicht so bei sexueller Belästigung*. Das ist die eine Taktik, die Sie *niemals* ignorieren sollten. Sie müssen sich ihr entgegenstellen.

Die erste Reaktion der meisten Leute ist in solchen Fällen die, sie zu bagatellisieren. »Er hat doch nur Spaß gemacht«. »Männer sind eben Männer«. »Er hat's zu Hause eben auch nicht leicht.« Ihre Umgebung wird Ihnen liebend gern eine rationale Begründung liefern, denn die Mehrheit will sich damit nicht weiter befassen.

Aber niemand hat das Recht, Sie zu verletzen. Sexuelle Belästigungen beeinträchtigen wahrscheinlich maßgeblich Ihre Selbstachtung und untergraben Ihr Selbstwertgefühl. Frauen, die dem unterworfen sind, fühlen sich im allgemeinen isoliert, hoffnungs- und hilflos und demoralisiert. Genau das ist es, was der Belästiger auch beabsichtigt. Es ist schwer kämpfen, wenn ein Gefühl von Hoffnungslosigkeit sich ausbreitet, macht diesen Kampf aber unerläßlich für Ihr Wohlergehen. Was also tun?

1. Reden Sie mit jemandem, dem Sie vertrauen – mit einem Freund, einer Freundin, mit jemandem, der für Sie von Bedeutung ist, einem Kollegen oder einer Kollegin. Sie werden emotionale Unterstützung brauchen um durchzuhalten. Schweigen nützt nur dem Belästiger. Er kann leicht einer Frau nach der anderen zu nahe treten, ohne daß notwendigerweise die eine von der anderen weiß.
2. Sagen Sie dem Belästiger in eindeutiger Form, daß er aufhören soll. Erklären Sie ihm, seine Annäherungsversuche seien unerwünscht. Drücken Sie sich klar, direkt und offen aus: »Ich lege keinen Wert auf Sex mit Ihnen. Unterlassen Sie Ihre Versuche.« »Nehmen Sie die Finger von meiner Brust, und rühren Sie mich nicht wieder an.« »Mich ›Puppe‹ zu nennen ist eine Beleidigung, hören Sie auf damit.«
3. Führen Sie Buch über ungehöriges Verhalten. Das ist sehr wichtig. Notieren Sie den Vorfall so bald wie möglich, nachdem er sich ereignet hat. Dann erinnern Sie sich am ehesten an die Details. Diese Notizen könnten als Beweismaterial bei einer Gerichtsverhandlung zugelassen werden, wenn sie zum Zeitpunkt der Vorfälle niedergeschrieben wurden.
4. Wenn derjenige, der Ihnen zusetzt, nicht damit aufhört, beschweren Sie sich bei Ihrem Chef. Falls er derjenige ist, der Sie belästigt, so gibt es in der Hierarchie Ihrer Firma sicher noch jemand, der ihm übergeordnet ist.
5. Wenn Sie mit der Reaktion Ihres Arbeitgebers nicht zufrieden sind oder die Belästigungen nicht aufhören, wen-

den Sie sich an einen Anwalt, der auf derartige Fälle spezialisiert ist, denn sie sind häufig schwer nachzuweisen. Sie können es sich nicht leisten, hier Fehler zu machen. Gerechtigkeit und gesunder Menschenverstand sind nicht immer deckungsgleich.

Wenden wir uns nun der Diskriminerung zu. In Fällen geschlechtlicher Diskriminierung benutzen die Männer, die über Anstellungen und Beförderungen entscheiden, ihre administrative Macht, um Frauen an ihren Platz zu verweisen – nämlich an einen hinter den Männern. Maxine und Doris, von deren Geschichte am Anfang des Kapitels die Rede war, sind Opfer einer solchen Form geschlechtlicher Diskriminierung geworden. Maxines Firma löste sie als Gebietsleiterin ab, und Doris' Unternehmen versagte ihr eine Beförderung, nur weil sie beide Frauen waren.

Genau wie die Opfer sexueller Belästigung fühlen sich auch die Opfer geschlechtlicher Diskriminierung hilflos, hoffnungslos, ohnmächtig, verängstigt, deprimiert und demoralisiert. In vieler Hinsicht zweifeln sie an ihrer eigenen Urteilsfähigkeit. Sie wissen, daß sie auf unfaire Weise benachteiligt wurden, aber die Männer in den Machtstellungen dementieren das beharrlich. Sie rechtfertigen ihre Handlungsweise mit vagen Ausreden. Die meisten ihrer Opfer empfinden Verwirrung und wissen zuerst gar nicht recht, was ihnen da zugestoßen ist.[9]

Die Schuldigen pflegen Unterhaltungen, die in Wirklichkeit stattgefunden haben, abzustreiten oder erfinden andere Gespräche, die es nie gegeben hat. An Ihrer Arbeit, die Sie bisher für gut gehalten haben, wird plötzlich herumkritisiert. Abteilungsleiter finden Fehler, die gar nicht existieren. Ihr Geschick im Umgang mit anderen, das Ihnen immer zugute kam, wird plötzlich als unzureichend bezeichnet. Man erklärt Ihnen, Sie seien zu schroff, es fehle Ihnen an Diplomatie, Sie verhielten sich passiv, seien unsachlich und es mangele Ihnen an Tüchtigkeit. Wenn so etwas passiert, empfinden manche Frauen einen Realitätsverlust – so als befänden sie sich in einer Art Dämmerzustand.

Wenn Sie glauben, ein Opfer geschlechtlicher Diskriminierung zu sein, reden Sie mit jemand Vertrauenswürdigem. Sie bedürfen dringend der Klarsicht eines Außenstehenden, um den Glauben an Ihr eigenes Urteilsvermögen zurückzugewinnen. Manchmal ist das entwürdigende Verhalten, das Ihnen zuteil wird, so eklatant, daß Sie keinen Augenblick an sexueller Diskriminierung zweifeln können, aber Sie fühlen sich nicht in der Lage, die Situaiton zu ändern. In anderen Fällen wieder bringt der betreffende Vorgesetzte Sie dazu, tatsächlich an Ihrer Urteilsfähigkeit zu zweifeln, fragt Sie, ob Sie vielleicht überempfindlich seien oder die Situation absichtlich mißverständen. Es ist ganz leicht, in diese Falle zu tappen und dann zu glauben, alles sei in Wirklichkeit Ihre eigene Schuld. Bevor Sie aber daran gehen, die Situation zu ändern, müssen Sie völlige Klarheit darüber haben, daß Sie tatsächlich Ihres Geschlechts wegen diskriminiert werden.

Wenn Sie also davon überzeugt sind:

1. Betrachten Sie Ihre Situation unter so vielen Aspekten wie möglich. Sie müssen sich ganz sicher sein, *daß* Sie diskriminiert werden und zwar Ihres Geschlechts wegen. Fragen Sie sich:
   a) Werden Sie anders behandelt als Ihre männlichen Kollegen? Wenn möglich, erkundigen Sie sich bei einer Kollegin oder einem Kollegen, der oder dem Sie vertrauen, nach deren Meinung.
   b) Werden Sie so unterschiedlich behandelt, weil Sie eine Frau sind? Könnte es auch einen anderen Grund dafür geben?
   c) Werden Ihre Mitarbeiter beiderlei Geschlechts wirk-

lich anders behandelt als Sie? Wenn ja, in welcher Beziehung?

d) Wird Ihnen von anderen dieselbe Kritik zuteil? Wenn nicht, wessen Urteilsvermögen bewerten Sie dann höher? Wenn die anderen sagen, Sie leisteten gute Arbeit, dann trifft das wahrscheinlich zu.

e) Könnte es doch stimmen, daß Sie keine gute Arbeit leisten? Schätzen Sie sich einmal sachlich ein und seien Sie sich selbst gegenüber dabei absolut ehrlich.

2. Wenn Sie kritisiert werden, fragen Sie nach Tatsachen, Unterlagen, Details und spezifischen Vorfällen. In den meisten Fällen sexueller Diskriminierung sind die Beanstandungen vage und subjektiv, und Unterlagen sind nicht vorhanden.
3. Führen Sie Buch. Machen Sie sich nach jeder Unterhaltung, die Ihrer Ansicht nach Beweise für sexuelle Diskriminierung erbracht hat, sofort Notizen. An je mehr Einzelheiten Sie sich erinnern, desto besser.
4. Falls Sie sich Einblick in Ihre persönlichen Akten verschaffen können, machen Sie davon Gebrauch.

   a) Inwiefern unterscheidet sich Ihre derzeitige Beurteilung von früheren Beurteilungen?

   b) Gibt es etwas in Ihren Akten, wovon Sie nichts wußten?
5. Reden Sie mit einem Anwalt, der auf diesem Gebiet Spezialist ist. Das bedeutet noch nicht, daß Sie prozessieren müssen. Ein Jurist kann Sie über Ihre Rechte aufklären und Ihnen bei der Entscheidung helfen, ob Sie es zu einem Prozeß kommen lassen wollen oder nicht. Er kann Sie beraten, Ihnen bei Verhandlungen mit Ihren Arbeitgebern beistehen oder selbst für Sie verhandeln.

Sexuelle Belästigung und Diskriminierung am Arbeitsplatz sind unerträglich. Derartige Praktiken müssen im Keim erstickt werden. Wenn Sie sich wehren, in welcher Form auch immer, tragen Sie dazu bei. Wenn Sie nur schweigend leiden, erhalten Sie diese Praktiken am Leben. Zum Glück werden Arbeitgeber durch die Furcht vor Prozessen dazu gezwungen, ihre Einstellung gegenüber Frauen zu überdenken.

Ein aus den angegebenen Gründen geführter Prozeß ist eine häßliche Angelegenheit. Er fordert einen enormen Tribut von Ihnen.[10] In emotionaler Hinsicht kann er zu völliger Erschöpfung führen, er wird Ihren professionellen Ruf beeinträchtigen und Ihnen die Ausübung Ihres Jobs erschweren. Ich habe gewaltigen Respekt vor Frauen, die über den Mut und das Durchhaltevermögen verfügen, solch einen Prozeß zu überstehen. Nicht alle von uns bringen beides auf.

Der Entschluß, ob Sie klagen wollen oder nicht, ist ein sehr persönlicher. Jeder Mensch, jede Situation sind anders. Es gibt keine allgemeingültige Antwort auf diese Frage. Die meisten Fälle erledigen sich ohne Prozeß; man einigt sich irgendwie mit dem Unternehmen. Aber manche Arbeitgeber kämpfen bis zum bitteren Ende. Also gehen Sie innerlich nicht allzu hart gegen sich vor, wenn Sie zu dem Schluß kommen, daß ein Prozeß für Sie zu quälend oder zu furchterregend sein würde. Ihre Ängste sind berechtigt. Ganz gleich wie der Prozeß endet, auf emotionalem Gebiet werden Sie durch die Mangel gedreht. Selbst wenn Sie gewinnen, wird es Ihnen vielleicht unmöglich gemacht, Ihren Job zu behalten. Andere Arbeitgeber auf Ihrem Gebiet werden vielleicht zögern, Sie einzustellen. Wenn es eine gütliche Lösung für Ihre Kontroverse gibt, akzeptieren Sie sie. Man muß es Ihnen trotzdem hoch anrechnen, daß Sie das Problem erkannt und versucht haben, ihm ein Ende zu bereiten.

Frauen sind heutzutage ein wichtiger Bestandteil des Arbeitskräftepotentials, und sie werden es in Zukunft noch mehr sein. Kein Unternehmen kann es sich leisten, kompetente Mitarbeiterinnen zu verlieren. Wenn Sie Belästigung oder Diskriminierung in Ihrem Betrieb nicht unterbinden können, gehen Sie von dort weg. Arbeiten Sie für ein Unternehmen, in dem Sie respektiert und Ihre Fähigkeiten anerkannt werden. Setzen Sie Ihr Können nicht dafür ein, auch noch zum Wachstum eines frauenfeindlichen Betriebs beizutragen. Ein ständiger Strom von Mitarbeiterinnen, die eine Firma verlassen, wird sie lebenswichtige Effizienz kosten. Außerdem trägt Ihre Kündigung dazu bei, Frauen, die aus berechtigten Gründen Anklage erheben wollen, darin zu bestärken. Schlagen Sie den Weg ein, der Ihnen der beste erscheint.

Wir können Belästigung und Diskriminierung am Arbeitsplatz dadurch eliminieren, daß wir beides nicht tolerieren. Das Problem zu ignorieren oder so zu tun, als bestünde es nicht, fördert nur sein Wachstum. Wenn Sie sexuell belästigt oder diskriminiert werden, *tun Sie etwas dagegen*! Suchen Sie die Unterstützung guter Freunde und Freundinnen. Wenden Sie sich an einen kompetenten Anwalt. Sie können versuchen, das Klima an Ihrem Arbeitsplatz zu verbessern, Sie können den Job wechseln, Sie können vor Gericht klagen.

Sie sind ein wertvolles menschliches Wesen. Sie verdienen es, mit Respekt behandelt und für Ihr Können entsprechend belohnt zu werden. Durch Schweigen und Passivität können Belästigung und Diskriminierung weiter gedeihen. Wenn jede Frau sich dagegen zur Wehr setzte, würden diese Praktiken bald ein Ende nehmen.

19

Wie soll es also weitergehen?

Selbst wenn du auf dem richtigen Weg bist,
wirst du überrannt, wenn du stehenbleibst.
WILL ROGERS

Anpassung an Veränderungen

Die Welt verändert sich, und der Arbeitsplatz der Zukunft wird sich mit ihr verändern. Um erfolgreich zu bleiben müssen sich Arbeitgeber und Arbeitnehmer in gleicher Weise anpassen. Das hierarchisch gegliederte, auf Konkurrenz gründende männliche Modell ist nicht die einzige Möglichkeit, ein Unternehmen zu strukturieren. Viele Unternehmen wenden sich neuen Mustern zu, wie ein Geschäft geführt werden kann, und finden diese wirkungsvoller und rationeller.

Die Popularität des Konzepts der »Neukonstruktion«, so wie es in Michael Hammers und James Champys Bestseller *Reengineering the Corporation*[1] beschrieben wird, ist Beweis dafür, daß die Geschäftswelt die Notwendigkeit einer Veränderung anerkennt. Die Management-Gurus Hammer und Champy behaupten, daß Unternehmer, die im 21. Jahrhundert erfolgreich sein wollen, ihre Methoden grundlegend ändern müssen. Sie müssen auf laufende Prozesse abgestimmt werden, nicht nur auf Aufgaben und Ziele. Geschäfte müssen flexibler abgewickelt werden, man muß Methoden entwickeln, um Warenlieferungen und Dienstleistungen für die Kunden individueller zu gestalten. Viele Firmen experimentieren mit *lean management* (einer Reduzierung der Managerposten) und der Entwicklung von Arbeitsgruppen, die sich selbst verwalten. Selbst IBM, Inbegriff des hierarchischen, konservativen Unternehmens, sorgt nun für mehr Dezentralisation, Kooperation und größere Befugnisse für einzelne Mitarbeiter[2].

Der Fortschritt erfolgt langsam, aber in Amerika ist doch allmählich eine Verschiebung in der Arbeitskultur zu erkennen. Man rechnet nicht mehr damit, daß Arbeitskräfte ihr gesamtes Berufsleben in einer einzigen Firma zubringen. Der durchschnittliche Amerikaner, ob männlich oder weiblich, hat an seinem oder ihrem vierzigsten Geburtstag acht verschiedene Jobs hinter sich gebracht[3]. Also müssen die Unternehmen neue Wege einschlagen, um ihre Leute zu erhalten und produktiv einzusetzen. Die Firmen bewegen sich mehr in Richtung offene, kooperative Strukturen. Arbeitnehmer beiderlei Geschlechts wollen Autonomie, Selbstverwirklichung und eine gesunde Balance zwischen Arbeit und Familienleben. Einrichtungen wie flexible Arbeitsplanung, Kindergärten und Mutter- und Vaterschaftsurlaub werden immer wichtiger, sofern man gute Arbeitnehmer bekommen und sich erhalten möchte. Der zunehmende Einsatz von Computer und Telekommunikation macht es möglich, daß Arbeitszeiten, Teilzeitarbeit, Heimarbeit und Job-sharing brauchbare Alternativen für das Erwerbsleben darstellen.

Frauen werden im Berufsleben gebraucht

Es gibt ebenso viele Stilarten des Managements wie es Manager gibt. Jede diesbezügliche Studie zeigt, daß männliche und weibliche Verhaltensweisen teilweise übereinstimmen, aber es gibt doch Unterschiede. Judy Rosener, Professorin an der Universität von Kalifornien in Irvine verglich den Führungsstil von 230 Mitgliedern des *International Women's Forum* mit ihren entsprechenden männlichen Kollegen.[4] Sie fand heraus, daß männliche Führungskräfte arbeiten, indem sie die ihnen vom Betrieb eingeräumte Macht voll ausnutzten. Sie denken in Begriffen wie »Transaktionen«, bieten Belohnungen an oder ein Äquivalent für erwiesene Dienste. Frauen konzentrieren sich darauf, Untergebene dazu zu bringen, ihre Eigeninteressen mit den umfassenderen Interessen des Unternehmens in Einklang zu bringen. Sie tun das, indem sie sie zur Mitwirkung ermutigen und setzen eher Charisma und persönliche Kontakte als ihren Status und ihre Machtbefugnisse ein. Im allgemeinen sind Frauen an Macht weniger interessiert als Männer und mehr vom Wunsch getrieben, ihren Job gut zu machen.

Im Berufsleben sind Frauen unerläßlich. Das Schrumpfen des Arbeitskräftepotentials bedeutet, daß Unternehmen ohne die Fähigkeiten, über die vorwiegend Frauen verfügen, nicht konkurrieren können. Frauen bringen zudem einen Managementstil ein, der den modernen Bedürfnissen entspricht. Die neuesten Bücher mit Leitlinien für modernes Management drängen führende Kräfte, Ideen aus der Belegschaft bei ihren Entscheidungen miteinzubeziehen und Kooperation zu fördern. Um die Leistungsfähigkeit zu verbessern, bringen moderne Betriebe ihre Maschinen und andere Arbeitshilfsmittel auf den neuesten Stand und trachten danach, Waren herzustellen und dorthin zu liefern oder Dienste anzubieten, wo sie wirklich gebraucht werden. Unternehmen verlangen, daß ihre Manager die erforderlichen Eigenschaften erwerben, um diese Ziele zu erreichen: Einfühlungsvermögen, Verständnis, Kontaktfreudigkeit und Aufmerksamkeit für Details. Dieser Managementstil kommt vielen Frauen sehr entgegen.

Auch Männer nehmen allmählich davon Notiz. In einem 1993 erschienenen Artikel in der Zeitschrift *Management Today* schreibt Tom Lester, es gäbe »eine zunehmende Erkenntnis, daß weibliche Fähigkeiten im Management wertvolle Resourcen darstellten, die zu ignorieren sich keine Gesellschaft oder Berufsgruppe mehr leisten könne.«[5]

Bleiben Sie sich selbst treu

Mit diesem Buch wollte ich Sie ermutigen, sich die Spielregeln anzueignen, die Ihnen helfen sollen, sich am Arbeitsplatz, so wie er nun einmal beschaffen ist, zu behaupten und die Männer, mit denen Sie zusammenarbeiten, besser zu verstehen. Lernen Sie diese Regeln und nutzen Sie sie zu Ihrem Vorteil. Aber ich möchte nicht, daß diese Botschaft eine andere überschattet: *Schätzen Sie Ihre eigenen Kräfte richtig ein, bleiben Sie sich selbst treu und verkaufen Sie sich nicht an ein System, das der Veränderung bedarf.*

Hören Sie auf Ihre »weibliche Intuition«. Ziehen Sie bei Entscheidungen Ihre Gefühle ebenso in Betracht wie Ihren Intellekt. Tappen Sie nicht in die Falle, einen »logisch denkenden Mann« imitieren zu wollen. Intuition basiert auf »unbewußtem Wissen« – einem Wissen, das von unschätzbarem Wert, aber nicht in Worten auszudrücken ist. Das Unbewußte hat seine eigene Art der Logik. Richten Sie sich nach ihm, vertrauen Sie ihm, aber versuchen Sie es nicht zu erklären. Nur weil es nach männlichen Begriffen unlogisch ist, bedeutet das noch nicht, daß es unrecht hat. Im Gegenteil, es hat meistens recht.

Die traditionelle männliche Moral ist die der individuellen Rechte. Der traditionellen weiblichen Moral entspricht die Ethik der Verantwortlichkeit. Das Problem männlicher Moral besteht darin, daß sie sich auf Lösungen konzentriert und dabei ignoriert, wie weit durch diese Lösungen andere Menschen beeinträchtigt werden. Das Problem weiblicher Moral ist, daß sie dazu führt, sich auf eigene Kosten um alle anderen zu kümmern. Streben wir nach einer Synthese zwischen diesen beiden Möglichkeiten – einer Moral, die die Balance hält zwischen jedermanns individuellen Rechten, *einschließlich den eigenen*, und dem Bemühen, dabei niemand zu verletzen. Mit einer solchen Synthese könnten die Bedürfnisse von Frauen besser befriedigt werden, und Männer könnten sich für die Erfordernisse anderer verantwortlicher fühlen.

»Durch die Gläserne Wand«

Veränderung ist ein langsamer Prozeß, und die Gegenwart ist weit von der Vollkommenheit entfernt. Vorurteile gegen Frauen und Minderheiten blühen und gedeihen. 1992 beriefen der Kongreß und Präsident Bush einen Zweiparteien-Ausschuß ein, bestehend aus Gesetzgebern, Unternehmensleitern und Repräsentanten von Gruppen des öffentlichen Interesses, um die Fortschritte zu untersuchen, die Frauen und Minderheiten in der Arbeitswelt gemacht hatten. Diese in Amerika sogenannte *Glass Ceiling Commission* veröffentlichte ihren Report im März 1995, und darin wurde dieser Prozeß des Fortschritts von Frauen und Minderheiten bei ihren Versuchen, die »Glaswand« zu zertrümmern, als »enttäuschend langsam«[6] bezeichnet. »Bevor jemand auch nur einen Blick durch die ›Glaswand‹ nach außen werfen kann, muß er erst ins Innere des Gebäudes gelangen«, wurde in dem Bericht sinngemäß geschrieben. »Tatsache ist, daß ein großer Teil der Minderheiten und Frauen aller Rassen und Volksgruppen noch nicht einmal an die Eingangstür von *Corporate America* gelangen.«

Trotzdem, Frauen sind mit Sicherheit in die unternehmerischen und geschäftlichen Bezirke eingedrungen. Die Richtung stimmt. Aber ich habe die Sorge, daß es nicht dabei bleibt. Ohne fortlaufende Veränderungen werden den

Frauen am Arbeitsplatz die Möglichkeiten vorenthalten, die Männer haben. Und das dürfen wir nicht akzeptieren.

In Regel Nr. 2: »Demonstrieren Sie Stärke«, habe ich Frauen geraten, an diese Maxime zu denken: Es ist unentschuldbar, nicht den Versuch zu unternehmen, eine Situation, die einem mißfällt, zu ändern. Wenn Ihnen etwas, das Ihre Regierung tut – oder unterläßt, nicht paßt, so nehmen Sie kein Blatt vor den Mund. Achten Sie auf das, was der Gesetzgeber unternimmt, und lassen Sie die Abgeordneten wissen, was Sie über die Probleme, die Sie betreffen, denken.

Die Spielregeln zu erlernen ist nur der *Anfang*. Derzeit gelten sie für das Berufsleben – aber dabei muß es nicht bleiben. Je mehr Frauen berufstätig sind und je mehr Frauen Zugang zu höheren Positionen finden, desto höher steigen die Chancen für eine Veränderung. Die Mentalität des Arbeitsplatzes der Zukunft kann und sollte eine sein, die den Wert des Menschen richtig einschätzt, auf Lebensqualität achtet und sich für familiäre Bedürfnisse verantwortlich fühlt – und die mehr bewirkt und leistungsfähiger ist als je zuvor. Sorgen wir gemeinsam dafür, daß dies geschieht.

Anhang

Regeln für das Spiel »Arbeit«

Regel Nr. 1: Wirken Sie kompetent.

1. Treten Sie auf, als wüßten Sie genau, was Sie tun, auch wenn Sie sich dessen nicht sicher sind.
2. Bitten Sie nur um Hilfe, wenn es unbedingt erforderlich ist.
3. Rühmen Sie sich Ihrer Leistungen, und stellen Sie Ihre Talente zur Schau.
4. Hängen Sie Ihre Fehler nicht an die große Glocke.

Regel Nr. 2: Demonstrieren Sie Stärke.

1. Versuchen Sie immer, das Heft in die Hand zu bekommen, und es dort zu behalten.
2. Meiden Sie offensichtliche Abhängigkeit von einem Vorgesetzten.
3. Lassen Sie Ihren Gesprächspartner niemals merken, daß er einen empfindlichen Nerv bei Ihnen getroffen hat.
4. Schmollen Sie nicht und beklagen Sie sich nicht, wenn etwas anders verläuft, als Sie es sich vorgestellt haben.
5. Treten Sie wie die kompetente Fachfrau auf, die Sie sind, und nicht wie das Klischee einer Geschäftsfrau.

Regel Nr. 3: Setzen Sie weiter auf Sieg, selbst wenn das Spiel keinen Spaß mehr macht.

1. Überstunden gehören zum Beruf.

2. Klienten oder Kunden zu werben oder Geschäfte anzukurbeln kann ebenso wichtig sein wie der Beruf selbst.
3. In manchen Situationen ist es das beste, es mit der Wahrheit nicht so genau zu nehmen oder sie zu umgehen.

Regel Nr. 4: Lassen Sie beim »Berufsspiel« Emotionen beiseite.

1. Nehmen Sie Bemerkungen von Kollegen und Gegenspielern nicht persönlich.
2. Binden Sie sich innerlich nicht allzusehr an Ihre Kundschaft oder an das, was Sie erreichen wollen.
3. Lassen Sie sich Ärger nur zum passenden Zeitpunkt anmerken.

Regel Nr. 5: Auch Aggressivität gehört zum Spiel.

1. Entscheiden Sie sich für das Team, das Ihnen zusagt, und bemühen Sie sich, dort aufgenommen zu werden.
2. Stellen Sie Ihr Licht nicht unter den Scheffel.
3. Bemühen Sie sich um interessante Arbeit.
4. Riskieren Sie etwas.

Regel Nr. 6: Kämpfen gehört ebenfalls zum Spiel dazu.

1. Kämpfen Sie fair.
2. Seien Sie weder zu passiv noch zu aggressiv.
3. Finden Sie die Achillesferse Ihrer Gegner heraus, und nutzen Sie dieses Wissen.
4. Erkennen Sie rechtzeitig, wann Sie aufhören müssen.
5. Bewahren Sie Ihren Gegner vor Gesichtsverlust.
6. Seien Sie eine charmante Gewinnerin und eine gute Verliererin.

Regel Nr. 7: Sie sind Teil eines Teams.

1. Achten Sie auf die Kleiderordnung.
2. Teamgefährten stehen einander bei.

3. Seien Sie Ihrem Team gegenüber immer loyal.
4. Das Wohl Ihres Teams kommt vor Ihren persönlichen Interessen.
5. Setzen Sie sich immer hundertprozentig ein … oder tun Sie wenigstens so.

Anmerkungen

1 Jungen bleiben Jungen

1 Carol Nagy Jacklin: *Female and Male: Issues of Gender*, in: *American Psychologist* (1989), S. 127– 133.
2 Nancy Chodorow: *Feminism and Psychoanalytic Theory*. Yale University Press, New Haven, CT (1989)
3 Christopher Leone und Kevin Robertson: *Some Effects of Sex-linked Clothing and Gender Schema on the Stereotyping of Infants* in: *Journal of Social Psychology* (1989), S. 609– 619.
4 Judith V. Jordan, Alexandra G. Kaplan, Jean Baker Miller, Irene P. Stiver, Janet L. Surrey: *Women's Growth in Connection: Writings from the Stone Center*. The Guilford Press, New York. (1991).
5 Janet L. Surrey: *The Self-in-Relation: A Theory of Women's Development*, in: Judith V. Jordan: *Women's Growth in Connection: Writings from the Stone Center*, S. 51–66.
6 Karen Horney: *The Dread of Women. International Journal of Psychoanalysis 13* (1932).

2 Spiele, Spiele, Spiele

1 George Herbert Mead: *Geist, Identität und Gesellschaft aus der Sicht des Sozialbehaviorismus.* University of Chicago Press (1934).

2 Eleanor Maccoby und Carol Nagy Jacklin: *The Psychology of Sex Differences.* Stanford University Press (1974).

3 Janet Lever: *Sex Differences in the Games Children Play* in: Social Problems 23 (1976) S. 478–483 und *Sex Differences in the Complexity of Children's Play and Games* in: American Sociological Review 34 (1978), S. 471–483.

4 S. Colby, L. Kohlberg, J. Gills, M. Lerberman: *A Longitudinal Study of Moral Judgment. Monographs of the Society for Research in Child Development 48* (1983), S. 1–96.

5 Daniel N. Maltz und Ruth A Borker: *A Cultural Approach to Male-Female Miscommunication* in: John J. Bumperez, ed., *Language and Social Identity,* Cambridge University Press (1982), S. 196–216. Siehe auch: Eleanor E. Maccoby: *Gender and Relationships: A Developmental Account* in: *American Psychologist* (1990), S. 513–520.

6 Eleanor E. Maccoby: *Gender and Relationships: A Developmental Account.*

3 Der Beruf ist ein Spiel

1 William Grimes: *Night of the Long Knives* in: *New York Times Magazine*, 28. April 1991, S. 69.

4 Regel Nr. 1: Wirken Sie kompetent

1 Lyn Mikel Brown und Carol Gilligan: *Meeting at the Crossroads: Women's Psychology and Girls' Development.* Ballantine Books, New York, 1993.

6 Regel Nr. 3: Setzen Sie weiter auf Sieg, selbst wenn das Spiel keinen Spaß mehr macht

1 Arlie Hochschild with Anne Machung: *The Second Shift: Working Parents and the Revolution at Home.* Viking, New York, 1989.

9 Regel Nr. 6: Kämpfen gehört ebenfalls zum Spiel dazu.

1 Daniel Perl: *Sky Warriors Take Would-be Flyboys on Flights of Fancy* in: *The Wall Street Journal*, 28. August 1991.

10 Regel Nr. 7: Sie sind Teil eines Teams

1 Sandra Forsythe, Mary F. Drake und Charles E. Cox: *Influence of Applicant's Dress on Interviewer's Selection Decisions*, in: *Journal of Applied Psychology* (1985), S. 374–378.

12 Passivität

1 American Association of University Women: *How Schools Shortchange Girls. AASUW Educational Foundation and National Education Association*, Washington D.C., 1992.
2 Irene P. Stiver: *Work Inhibitions in Women* in: Judith V. Jordan: *Women's Growth in Connetion: Writings for the Stone Center*, S. 223–236.
3 B. Weinerc; I. Frieze, A. Kukla, L. Reed, S. Rest, R.M. Rosenbaum: *Perceiving the Causes of Success and Failure.* General Learning Press, Morristown, NJ, 1971 und Julian

Rotter: *Generalized Expectancies for Internal Versus External Control of Reinforcement. Psychological Monographs* (1962).

4 V.J. Crandall, W. Katkovsky und A. Preston: *Motivational and Ability Determinants of Young Children's Intellectual Achievement Behaviours* in: *Child Development* (1962), S. 643–661.

5 Aaron T. Beck: *Cognition, Affect and Psychopathology* in: *Archives of General Psychiatry 24* (1971), S. 495–500. Und Aaron T. Beck: *Kognitive Therapie der Depression*, Urban und Schwarzenberg, München, 1981.

13 Von der Schwierigkeit, Prioritäten zu setzen

1 T.J. D'Zurilla and M.R. Goldfried: *Problem Solving and Behaviour Modification* in: *Journal of Abnormal Psychology 78* (1971), S. 107–126. Siehe auch: M.R. Goldfried: *Psychotherapy as Coping Skills Training*, in: M.J. Mahoney, ed.: *Psychotherapy Process: Current Issues and Future Directions*. Plenum, New York 1980 und T.J. D'Zurilla: Problem-Solving Therapy: A Social Competence Approach to Clinical Intervention. Springer, New York, 1986.

Einführung zu Teil 4

1 Margaret Mead: *Mann und Weib*, Rowohlt, 1958.

15 Ausschluß

1 Bill Waterson: *Calvin and Hobbes* in: *Sunday Inquirer*, 11. März 1990.

2 Greg Logan: *NFL Supports Olson vs. Pats. The Olson Controversy*, in: *Newsday*, 28. Nov. 1990, S. 163.
3 Michael Dobbs: *Social Climate Changes but Finns Still Hot for Sauna*, in: *Philadelphia Inquirer*, 8. März 1992.

17 Einschüchterungsmethoden

1 Arthur J. Lange und Patricia Jakubowski: Responsible Assertive Behaviour – *Cognitive/Behavioural Procedures for Trainers* Research Press, Champaign, Il. 1976, Und Elaina Zuker: *Mastering Assertiveness Skills: Power and Positive Influence at Work*. Amacom, New York, 1983.

18 Sexuelle Belästigung und Diskriminierung

1 M.P. Koss: *The Psychological Impact of Sexual Harassment*, in: Michele A. Paludi: *Sexual Harassment on Campus*, State University of New York Press, Albany, 1990.
2 D.G. Kilpatrick: *Treatment and Counseling Needs for Women Veterans Who Were Raped, Otherwise Sexually Assaulted, or Sexually Harassed During Military Service*. Zeugenaussage vor dem »Senate Committee on Veterans' Affairs«, 30. Juni 1992.
3 E.G. Collins und C. Blodgett: *Sexual Harassment. Some See It... Some Don't*, in: *Harvard Business Review 59* (1981), S. 76–95.
4 E. Bravo und E. Cassedy: *The 9 to 5 Gide to Combating Sexual Harassment. John Wiley & Sons, New York, 1992.*
5 Dale Moss: *Just as Vulnerable*, in: *The Pennsylvania Lawyer*, Pennsylvania Bar Association, März 1992, S. 8–10.

6 American Psychiatric Association: *Sexual Harassment Can Lead to Psychiatric Disfunction,* in: *Psychiatric News,* 6. April 1990, S. 18.

7 Louise Fitzgerald und Alayne J. Ormerod: Perceptions of Sexual Harassment. The Influence of Gender and Academic Context in: *Psychology of Women Quarterly 15* (1991), S. 281–294.

8 P. Crull: *Stress Effects of Sexual Harassment on the Job. Implications for Counseling,* in: *American Journal of Orthopsychiatry 52* (1982), S. 539–544. Siehe auch M. Junger: *Women's Experiences of Sexual Harassment. British Journal of Criminology 27* (1987), S. 358–383. Und J.E. Gruber und L. Bjorn: *Women's Responses to Sexual Harassment. Analysis of Sociocultural, Organizational and Personal Resource Models,* in: *Social Science Quarterly 67* (1986), S. 814–826.

9 vgl. oben, Anmerkung 8.

10 P. Crull *Sexual Harassment and Women's Health,* in: W. Chavkin, ed: *Double Exposure*: Monthly Review Press, New York, 1984. Siehe auch J. Hamilton und J. Dokart: *Working Paper on Legal Reform in the Area of Sexual Harassment: Contributions from Social Science.* Paper presented at the First National Conference to Promote Men and Women Working Productively Together, Bellevue, WA, März 1992. Und J.Dokart: *Working Paper on Legal Reform in the Area of Sexual Harassment. Procedural and Evidentiary Reform.* Paper presented at the First National Conference on Sex and Power Issues in the Workplace, Bellevue, WA, März 1992.

19 Wie soll es also weitergehen?

1 Michael Hammer und James Champy: *Reengineering the Corporation. A Manifest for Business Revolution*. Harper Collins Publishers, New York 1993.
2 Tom Lester: *A Woman's Place... (in Management)*, in: *Management Today 5* (1993).
3 Runzheimer Internatinal: *Jobs Held by Race, Sex and Age* 1995. *Information Please Business Almanac and Source*, Houghton Mifflin Co., Boston, 1994.
4 Judy B. Rosener: *Ways Women Lead*, in: *Harvard Business Review 120* (1990), S. 301.
5 Tom Lester: *A Woman's Place... (in Management)*, S. 46.
6 Frank Swoboda: *»Glass Ceiling« firmly in Place. Panel Finds Minorities, Women are rare in Management*, in: *The Washington Post*, 16. März 1995.